暨南大学高水平大学建设经费资助丛书

中央高校基本科研业务费专项资金资助（12JNQM017）

暨南史学丛书

汉宋相假：
中国学术思想史论集

赵灿鹏 著

中国社会科学出版社

图书在版编目(CIP)数据

汉宋相假：中国学术思想史论集/赵灿鹏著.—北京：中国社会科学出版社，2017.12
ISBN 978-7-5203-1807-5

Ⅰ.①汉… Ⅱ.①赵… Ⅲ.①学术思想—思想史—中国—文集 Ⅳ.①B2-53

中国版本图书馆CIP数据核字(2017)第315924号

出 版 人	赵剑英
责任编辑	刘 芳
责任校对	杨 林
责任印制	李寡寡

出　　版	中国社会科学出版社
社　　址	北京鼓楼西大街甲158号
邮　　编	100720
网　　址	http://www.csspw.cn
发 行 部	010-84083685
门 市 部	010-84029450
经　　销	新华书店及其他书店

印　　刷	北京明恒达印务有限公司
装　　订	廊坊市广阳区广增装订厂
版　　次	2017年12月第1版
印　　次	2017年12月第1次印刷

开　　本	710×1000　1/16
印　　张	18
插　　页	2
字　　数	277千字
定　　价	75.00元

凡购买中国社会科学出版社图书，如有质量问题请与本社营销中心联系调换
电话：010-84083683
版权所有　侵权必究

目　　录

汉代经学师法与家法问题探微 …………………………………（1）
杨慈湖与南宋后期的儒学格局 …………………………………（16）
"心之精神是谓圣"：杨慈湖心学宗旨疏解 ……………………（28）
论宋儒杨慈湖与道家思想之关系 ………………………………（53）
宋儒杨慈湖著述考录 ……………………………………………（67）
宋儒杨慈湖诗文佚作辑考 ………………………………………（95）
论清代四川的学风 ………………………………………………（119）
梁启超《中国近三百年学术史》成书问题辨析 ………………（146）
蒙文通《书目答问补正》按语拾遗 ……………………………（154）
蒙文通佚文《〈西洋近世史〉序》读后 …………………………（177）
徐中舒佚著《尚书讲义》的新发现
　　——兼论其与民国时期暨南大学校史的关系 ……………（185）
"古今劝善第一奇书"的产生：吕咸熙与《洞冥宝记》…………（196）
听松风楼读书笔记（十四则）……………………………………（219）
　（一）孔子的鞋 …………………………………………………（219）
　（二）沈曾植《月爱老人客话》…………………………………（225）
　（三）王葆心之死 ………………………………………………（226）
　（四）孙中山名言"文明之苦痛"出处 …………………………（228）
　（五）黄侃年谱缺失的一页 ……………………………………（230）
　（六）陈寅恪佚诗一首 …………………………………………（231）
　（七）《陈寅恪集》疏误拾遗 ……………………………………（231）
　（八）缪天绶何许人也？ ………………………………………（233）
　（九）钱穆早年的几篇佚文 ……………………………………（235）

1

（十）《刘咸炘学术论集》书后 …………………………………（236）
（十一）缪钺文字学佚著 ……………………………………（242）
（十二）劳思光与武侠小说 …………………………………（243）
（十三）杜正胜 ………………………………………………（244）
（十四）儒学"游魂"与文化危言 ……………………………（246）

论文原刊目录 ……………………………………………………（250）
引用书目 …………………………………………………………（252）
后记 ………………………………………………………………（283）

汉代经学师法与家法问题探微

关于汉代经学的"师法"与"家法"意义所指，晚清时著名经学家皮锡瑞（1849—1908）的解释是最为通行的观点，成为经学史上的常识。皮氏于清光绪三十一年（1905）著《经学历史》，[1]其中说：

>前汉重师法，后汉重家法。先有师法，而后能成一家之言。师法者溯其源，家法者衍其流也。师法、家法所以分者，如《易》有施、孟、梁丘之学，是师法；施家有张、彭之学，孟有翟、孟、白之学，梁丘有士孙、邓、衡之学，是家法。家法从师法分出，而施、孟、梁丘之师法又从田王孙一师分出者也。[2]

这种解释影响很大，为后来大多数经学史论著沿袭。如宣统三年（1911）姚洵发表《汉经师家法大指说》，提出："先汉多言师法，亲相授受，见而知之，后世所谓师承；后汉多言家法，私淑遗书，闻而知之，后世所谓宗旨。"[3]又如日本学者本田成之著《经学史论》，就根据皮锡瑞的解释，更加明白地表述道："由一师所传的教授"叫作师法，"而复分派"叫作家法，"最初的唤做师法，在后的为家法"，"即大宗和小宗的关系"[4]。马宗霍撰《中国经学史》谓：

---

[1] 皮名振：《皮鹿门年谱》，第94页。
[2] （清）皮锡瑞：《经学历史》，第136页。该书的最早版本是清光绪三十二年（1906）湖南思贤书局刊《师伏堂丛书》本。
[3] 姚洵：《汉经师家法大指说》，《国粹学报》（影印分类汇编本），第9387页，原载第82期（1911年9月12日）。
[4] ［日］本田成之：《经学史论》，第195—196页。

汉宋相假：中国学术思想史论集

> 今以《汉书·儒林传》证之，凡言某经有某氏之学，大抵皆指师法，凡言某家有某氏之学者，大抵皆言家法。如《易》有施、孟、梁丘之学，此为师法；施家有张、彭之学，孟有翟、白之学，梁丘有士孙、邓、衡之学，则家法也。①

此即袭用皮氏之说。②

皮锡瑞《经学历史》一书，曾由周予同于1928年做过注释，便于读者研习，数十年中迭经重印，是现当代最为流行的一部经学史。③皮氏观点的流行，也就是很自然的事情。

皮氏之说有两个要点：第一，前汉重师法，后汉重家法；第二，师法和家法是源流的关系，师法是源，家法是流，先有师法，后有家法，家法从师法分出。但是这些观点，其实并非皮锡瑞本人的发明。

在皮氏活动时代之前约一百年，著名学者王鸣盛（1722—1797）在他的名著《十七史商榷》中，撰有《师法》一条，略谓："汉人说经重师法……又称家法，谓守其一家之法，即师法也。……盖前汉多言师法，而后汉多言家法。不改师法，则能修家法矣。"④王鸣盛的解释有开创之功，确立了此后二百年间，讨论汉代经学师法与家法问题的基调。后世关于师法、家法的解释，万变不离其宗，追源溯始，都出于此。

皮锡瑞关于师法和家法的解释，上文已经归纳为两个要点。这里

---

① 马宗霍：《中国经学史》，第39页。
② 其他袭用皮氏说的，例如刘师培《国学发微》（载《刘师培史学论著选集》，第139页）、毛邦伟著《中国教育史》（第115页）、郑鹤声等著《中国文献学概要》（第57页）等。
③ 《经学历史》周予同注释本于1928年11月，由商务印书馆首次刊行，收入《学生国学丛书》；次年10月由商务印书馆再版，收入《万有文库》。前者有商务印书馆1931年、1934年、1937年重印本。据笔者见闻所及，并有北京中华书局1959年、1981年、2004年，上海书店1996年，香港中华书局1961年，台北艺文印书馆1959年、1966年、1974年、1975年、1987年、1996年、2000年，台北世界书局1960年，台湾商务印书馆1963年、1966年、1968年、1972年、1978年、1984年，台北河洛图书出版社1974年，台北汉京文化出版公司1983年、2004年，台北庄严出版社1984年，台北学海出版社1986年，台北鸣宇出版社1986年等各版。
④ （清）王鸣盛：《十七史商榷》，卷27，第227—228页。按：《十七史商榷》于清乾隆五十二年丁未（1787）刊成（参见黄文相《清王西庄先生鸣盛年谱》，第60页），《师法》一条之作，当不晚于是年。

据见闻所及，举出皮氏之前学者关于师法、家法问题的相近阐述，可以清楚地看出皮氏说的渊源由来。由此也能说明皮氏的观点，可以代表清代学者关于汉代经学师法与家法问题的基本见解。

甲、皮锡瑞："前汉重师法，后汉重家法。"

  王鸣盛："盖前汉多言师法，而后汉多言家法。"①

  阮元（1764—1849）："前汉多言师法，后汉多言家法。"②

  赵春沂："大抵前汉多言师法，而后汉多言家法。"③

  蒋湘南（1793—1854）："西汉专称师法，而无家法之名……不言家法，东汉乃专称家法矣。"④

  缪荃孙（1844—1919）："东京经术盛于西都，而其守家法益严……盖前汉多言师法，而后汉多言家法。"⑤

乙、皮锡瑞："有师法，而后能成一家之言。师法者溯其源，家法者衍其流也……家法从师法分出。"

  王鸣盛："不改师法，则能修家法矣。"⑥

  赵春沂："有所师，乃能成一家之言。师法者溯其源，家法者衍其流也。"⑦

  缪荃孙："不改师法，则能修家法矣。"⑧

关于师法、家法的解释，虽然在皮锡瑞之前已有学者为之先河，

---

① （清）王鸣盛：《十七史商榷》，卷27，第228页。
② （清）阮元：《王西庄先生全集序》，《揅经室集·揅经室二集》，卷7，第546页。
③ （清）赵春沂：《两汉经师家法考》，载（清）阮元辑《诂经精舍文集》，11：13b。按：本书注释引用古籍标注卷次、页码时，为了节约篇幅及避免重复，较多采用数字标注方式，"11：13b"指卷十一，第十三叶下。下同例。
④ （清）蒋湘南：《经师家法说》，《七经楼文钞》，卷1，第9页。
⑤ 缪荃孙：《汉经师家法考》，《艺风堂文漫存·癸甲稿》，卷3，第251—252页。
⑥ （清）王鸣盛：《十七史商榷》，卷27，第228页。
⑦ （清）赵春沂：《两汉经师家法考》，载（清）阮元辑《诂经精舍文集》，11：13b、14a。
⑧ 缪荃孙：《汉经师家法考》，《艺风堂文漫存·癸甲稿》，卷3，第252页。

汉宋相假：中国学术思想史论集

但皮氏亦有新的内容增入，即将师法和家法作了具体的落实。后人无论赞同或是反对他的观点，都曾受到以下这段论述的影响，并把它作为讨论问题的基本框架：

> 师法、家法所以分者，如《易》有施、孟、梁丘之学，是师法；施家有张、彭之学，孟有翟、孟、白之学，梁丘有士孙、邓、衡之学，是家法。家法从师法分出，而施、孟、梁丘之师法又从田王孙一师分出者也。

在笔者看来，皮锡瑞关于汉代经学师法与家法的解释，上文归纳的两个要点都存在疑问，有重新讨论的必要。只是汉代史书率多遗佚，一代学术之详细曲折，多湮没而不彰，存世文献中关于经学师法、家法的记载，又多语焉不详。学者研究此一问题，仅可凭借蛛丝马迹，仿佛其模糊影响，可谓艰辛之至。笔者学识浅陋，不敢妄称有所窥见，力图征诸史传，折衷群言，间下案断，献愚者千虑一得，谨供学者参考。

一 "前汉重师法，后汉重家法"辨

皮锡瑞"前汉重师法，后汉重家法"之说的来源，上文已经较为详细地举出，即王鸣盛、阮元、赵春沂、缪荃孙等人所说："前汉多言师法，而后汉多言家法。"蒋湘南说得更加清楚："西汉专称师法，而无家法之名……不言家法，东汉乃专称家法矣。"①

据笔者统计，"师法"一语，在班固《汉书》中出现九处；在范晔《后汉书》中出现六处，其中包括李贤注引谢承《后汉书》一处，又有一处为郅恽劝谏傅俊语："将军如何不师法文王……"（《后汉书·郅恽传》，卷二九，第1026页），② 与本文讨论无关，剔除后实际上只有四处。"家法"一语，不见于《汉书》，仅一见于《史记》，

---

① （清）蒋湘南：《经师家法说》，《七经楼文钞》，卷1，第9页。
② 以下引文所用正史版本均为北京中华书局原点校本，随文标明卷次、页码。

4

意义又与经学无关。① 在范晔《后汉书》中，"家法"出现有九处。这应该就是清人所谓"前汉多言师法，而后汉多言家法"之说的根据，但实际上这种认识并不可靠。我们最多只能说《前汉书》多言"师法"，而《后汉书》多言"家法"。

王鸣盛、阮元、赵春沂、缪荃孙等人，说到"前汉多言师法，而后汉多言家法"的时候，使用语辞"盖"或"大抵"，还有表示出于推测的意味。皮锡瑞进而把"多言"改为"重"，意义所指有很大的不同，他在错误认识的方向上就走得更远了。

皮锡瑞并没有注意到他立论的自相矛盾。上文说过，他将师法与家法作了具体的落实：

> 师法、家法所以分者，如《易》有施、孟、梁丘之学，是师法；施家有张、彭之学，孟有翟、孟、白之学，梁丘有士孙、邓、衡之学，是家法。家法从师法分出，而施、孟、梁丘之师法又从田王孙一师分出者也。

我们根据皮氏的观点，把所有这一类的师法与家法都列举出来，标明出处，来看个究竟。

表一　　　　　　　　皮锡瑞所谓师法与家法一览表

师　　法	家　　法	出　　处
繇是《易》有施、孟、梁丘之学。	繇是施家有张、彭之学。 繇是有翟、孟、白之学。② 繇是梁丘有士孙、邓、衡之学。	《汉书·儒林传》
繇是《易》有京氏之学。		《汉书·儒林传》
繇是《易》有高氏学。		《汉书·儒林传》

---

① 《史记·梁孝王世家》（卷58，第2091页）载袁盎等言曰："方今汉家法周，周道不得立弟，当立子。"
② （清）王鸣盛《十七史商榷》（卷27，第229页）认为："繇是有翟、孟、白之学，以上文施雠、下文梁丘贺二段例之，此当云'繇是孟有白、翟之学'。"（清）钱大昕《三史拾遗》（见《廿二史考异》附录一，卷3，第1438页）亦云："当云孟家有白、翟之学，文有脱误尔。"

汉宋相假：中国学术思想史论集

续表

师　法	家　法	出　处
又有东莱费直……为费氏学。		《后汉书·儒林传》
由是《尚书》世有欧阳氏学。	由是欧阳有平、陈之学。	《汉书·儒林传》
由是《尚书》有大小夏侯之学。	由是大夏侯有孔、许之学。 由是小夏侯有郑、张、秦、假、李氏之学。	《汉书·儒林传》
汉兴，鲁申公为《诗》训故，而齐辕固、燕韩生皆为之传……三家皆列于学官。（《汉书·艺文志》）	由是鲁《诗》有韦氏学。 由是鲁《诗》有张、唐、褚氏之学。 由是张家有许氏学。	《汉书·儒林传》
	由是齐《诗》有翼、匡、师、伏之学。	《汉书·儒林传》
	由是韩《诗》有王、食、长孙之学。	《汉书·儒林传》
由是《礼》有大戴、小戴、庆氏之学。	由是大戴有徐氏，小戴有桥、杨氏之学。	《汉书·儒林传》
由是《公羊春秋》有颜、严之学。	由是颜家有泠、任之学。 故颜氏复有筦、冥之学。	《汉书·儒林传》
由是《谷梁春秋》有尹、胡、申章、房氏之学。		《汉书·儒林传》

　　从以上表格中，我们可以看出，皮锡瑞所谓师法与家法，出处都是《汉书》；倒是"又有东莱费直……为费氏学"一条，照皮锡瑞的解释，当属师法，反出自《后汉书·儒林传》。他所说的各个家法分支都出现在西汉，怎么能说"前汉重师法，后汉重家法"呢？此一不通。而且《汉书·儒林传》说："由是《谷梁春秋》有尹、胡、申章、房氏之学。"此下就没有分支了，不知道这应该属于师法，还是家法？此二不通。

　　笔者曾经梳理《后汉书》《三国志》中题名的东汉博士，把他们的师承授受关系粗略地作了考察，结果是发现他们的家派多不能详细查明，不像西汉博士的经学家法都历历可数。下表为《后汉书》中出现的四十七位太学博士名录,其中有二十四人不知家派,其余二十三人的家派,除了因伏氏"家世传业"(《汉书·儒林传》,卷八八,第3613页),可知伏恭是齐《诗》伏氏学外,只能知道属于孟氏《易》、京氏《易》、梁丘《易》、欧阳《尚书》、小夏侯《尚书》、鲁《诗》、齐《诗》、韩《诗》、庆氏《礼》、《公羊春秋》、颜氏《春秋》、严氏《春秋》,按照皮锡瑞的看法,这些都是师法,而非家法。如何能够说是"前汉重师法,后汉重家法"呢?此三不通。

表二　　　　　　　　东汉博士家派表

家　派	姓　名
不详	蔡较、房植、郭凤、黄广、何临、焦贶、金子严、李充、李法、李颉、卢植、鲁平、申咸、王恽、邵仲信、延笃、杨伦、尹存、张佚、赵博、赵畅、赵咨、郑玄、周防
孟氏《易》	窪丹
京氏《易》	戴凭、樊英
京氏《易》、欧阳《尚书》	韩宗
梁丘《易》	梁恭、张兴
欧阳《尚书》	牟长、欧阳歙
小夏侯《尚书》	郭宪
鲁《诗》	高诩、魏应、许晃、右师细君
齐《诗》	伏恭
韩《诗》	薛汉
庆氏《礼》	董钧
《公羊春秋》	羊弼、李育
颜氏《春秋》	张玄
《公羊》严氏《春秋》	甄宇、丁恭、周泽
左氏《春秋》	李封

二　师法、家法源流关系辨

关于师法与家法的分别,皮锡瑞说:

汉宋相假：中国学术思想史论集

> 先有师法，而后能成一家之言。师法者溯其源，家法者衍其流也。师法、家法所以分者，如《易》有施、孟、梁丘之学，是师法；施家有张、彭之学，孟有翟、孟、白之学，梁丘有士孙、邓、衡之学，是家法。家法从师法分出，而施、孟、梁丘之师法又从田王孙一师分出者也。

按皮氏之意，师法和家法是源流的关系，师法是源，家法是流；先有师法，后有家法，家法从师法分出。

上文表一"皮锡瑞所谓师法与家法一览表"中，已经详细列出皮氏所谓师法，即施、孟、梁丘、京氏、高氏、费氏《易》，欧阳、大小夏侯《尚书》，齐、鲁、韩《诗》，大戴、小戴、庆氏《礼》，颜、严《公羊春秋》等。我们试以《公羊春秋》的情形为例，说明皮氏解释的矛盾之处。为了清楚起见，我们把表一的相关部分摘录出来，成为单独的一个表格：

表三　　　皮锡瑞所谓《公羊春秋》师法与家法一览表

师　法	家　法	出　处
由是《公羊春秋》有颜、严之学。	由是颜家有冷、任之学。故颜氏复有筦、冥之学。	《汉书·儒林传》

而《后汉书·儒林传》（卷七九下，第2581页）记东汉初年太学博士张玄事曰：

> 少习颜氏《春秋》，兼通数家法……及有难者，辄为张数家之说，令择所安，诸儒皆伏其多通……会颜氏博士缺，玄试策第一，拜为博士。居数月，诸生上言玄兼说严氏、冥氏，不宜专为颜氏博士。光武且令还署，未及迁而卒。

张玄"少习颜氏《春秋》，兼通数家法"，又博士弟子上言张玄兼说严氏、冥氏，由此可以知道，张玄兼通的家法，即指严氏、冥

8

氏；严氏《春秋》既然是家法，则颜氏《春秋》同样也应是家法，而并非如皮锡瑞所说，颜氏、严氏是师法，泠、任、筦、冥之学是家法。也就是说，《公羊春秋》颜氏、严氏、冥氏都是经学的家法。《隶释》卷七《车骑将军冯绲碑》载冯绲"治《春秋》严、韩《诗》仓氏"①，这是严氏《春秋》、韩《诗》仓氏都属于经学家法的又一铁证。

据此，表一"皮锡瑞所谓师法与家法一览表"中所列举的，都应属于汉代经学的家法，而不是如皮锡瑞所谓有师法、家法的分别。我们在上文曾经提出，《谷梁春秋》尹、胡、申章、房氏之学，究竟应该属于师法，还是家法的疑问，于是可以迎刃而解。而皮氏所谓师法、家法源流关系的论断，其谬误也就不言而喻了。

三　师法、家法释名

皮锡瑞关于师法、家法的落实，既然是一种不可靠的看法，难以信据，那么师法和家法究竟所指如何，它们的分别又在哪里？

今人黄开国说：师法实际上就是师说，因弟子尊奉为法式，故又名师法。② 这种看法给了我们很大的启示。笔者认为，师法与家法皆与解释经义的经说有关，师法为泛言，与师道、师言、师说同义。

《后汉书·鲁丕传》（卷二五，第884页）：鲁丕上疏谓"说经者，传先师之言，非从己出……法异者，各令自说师法，博观其义"。所谓师法，即是指"先师之言"。在汉代，老师所授经说，称之为

---

① （宋）洪适：《隶释》，卷7，第86页。按：原文"食"字作"仓"，当以形似致讹。（清）陆增祥撰《八琼室金石补正》（卷109，第768页）、高文等编《四川历代碑刻》（第176—177页）载宋崇宁三年（1104）重刊石刻作"食"，可证。
② 黄开国：《汉代经学的师法与家法》，《经学研究论丛》，第2辑，第83页。黄先生认为：师法有广、狭二义，一切经师的师说都可称为师法，可谓广义的师法，包含成一家之言与未成一家之言的师说；未成一家之言的师说因沿师法之名，为狭义的师法；广义的师法包含家法。家法有三个层次的含义：五经之各经家法、各经内的一家之学、由一家之学分出者，此三个层次依次有主从、包容的关系。关于师法广义、狭义的分别，家法的三个层次，在黄先生的论文中都没有坚实的证据支持。笔者赞同师法即指师说，但并不同意他的这种区分。

"师法",或是"师道"。《汉书·张禹传》(卷八一,第3347页):

> 甘露中,诸儒荐禹,有诏太子大傅萧望之问。禹对《易》及《论语》大义,望之善焉,奏禹经学精习,有师法,可试事。

又《汉书·匡衡传》(卷八一,第3331—3332页):

> 匡衡对《诗》诸大义说,望之奏衡经学精习,说有师道,可观览。

张禹"经学精习,有师法",匡衡"经学精习,说有师道",二者同出萧望之所奏,可知"师法"、"师道"意义相同。《汉书·朱云传》(卷六七,第2912—2913页):朱云"从博士白子友受《易》,又事前将军萧望之受《论语》,皆能传其业……受《易》颇有师道"。朱云《易》学的师道,即是从博士白子友所受的师法。又《后汉书·桓荣传》(卷三七,第1251页):"荣以太子经学成毕,上疏谢曰:'臣幸得侍帷幄,执经连年……臣师道已尽,皆在太子。'"桓荣是东汉初年欧阳《尚书》大师,师道即是他所传授的经说。

此外,"师言""师说"之意,也与师法相同。《后汉书·陈元传》(卷三六,第1232页):陈元上疏说:"臣元愚鄙,尝传师言。如得以褐衣召见,俯伏庭下,诵孔氏之正道,理丘明之宿冤……"何休《春秋公羊传序》说《公羊》颜、严二家学者"讲诵师言,至于百万,犹有不解"①。《颜氏家训·勉学》:"汉时贤俊,皆以一经弘圣人之道……末俗已来不复尔,空守章句,但诵师言,施之世务,殆无一可。"②

《三国志·魏书·三少帝纪》(卷四,第137页):《尚书》博士庾峻对曰:"臣奉遵师说,未喻大义,至于折中,裁之圣思。"《三国志·吴书·士燮传》(卷四九,第1191页):士燮"耽玩《春秋》",

---

① (清)阮元校刻:《十三经注疏》,第2191页。
② 王利器:《颜氏家训集解》,卷3,第176—177页。

为之注解。陈国袁徽与尚书令荀彧书曰：'交阯士府君既学问优博……官事小阕，辄玩习书传，《春秋左氏传》尤简练精微，吾数以咨问传中诸疑，皆有师说，意思甚密。'传中又言士燮"少游学京师，事颍川刘子奇（陶），治《左氏春秋》"。师说，即士燮之师刘陶关于《左传》的经说。学者所遵从、讲诵、传承的师言、师说，自然就是师法。《隋书·经籍志》（卷三二，第914—915页）言东汉杜林传古文《尚书》，"唯二十九篇……自余绝无师说"。到了隋代，传为孔安国撰《尚书传》与郑玄《尚书注》并行，"而郑氏甚微。自余所存，无复师说"。意谓贾逵、马融等诸家古文《尚书》，不复有师法存世。

家法的意义，自晚清经今古文问题的旧案重提，学者张皇幽渺，争持门户，言人人殊，莫衷一是，其实多缠凿之论。① 衡量众说，仍以唐人的解释明白可据。《后汉书·左雄传》（卷六一，第2020页）：左雄上言："……请自今孝廉年不满四十，不得察举，皆先诣公府，诸生试家法。"唐李贤等注："儒有一家之学，故称家法。"《汉书·儒林传》（卷八八，第3616页）：严彭祖、颜安乐"各颛门教授。由是《公羊春秋》有颜、严之学"。《汉书·夏侯胜传》（卷七五，第3159页）：夏侯建"卒自颛门名经"。唐颜师古注："颛与专同。专门者，自别为一家之学。"

现代学者中，以余嘉锡的解释最为平实：

> 家者合父子师弟言之。父传之子，师传之弟，则谓之家法。六艺诸子皆同，故学有家法。称述师说者，即附之一家之中……其学虽出于前人，而更张义例，别有发明者，则自名为一家之学。如《儒林传》中某以某经授某，某又授某，由是有某某之学也。其间有成家者，有不能成家者。学不足以名家，则言必称师，述而不作。虽笔之于书，仍为先师之说而已……②

---

① 参见钱穆《两汉经学今古文平议》，第3—4、183页；李学勤：《〈今古学考〉与〈五经异义〉》，《古文献丛论》，第318—328页。关于清代"家法"观念的演变与经今古文问题的重新提出，笔者另有专论，此不详及。

② 余嘉锡：《四库提要辨证》，卷11，第608页。

按照余先生的说法，称师法，是述而不作；学者治经，别有创获，独创一家之学，其一家之经说，即为一家之家法。师法为泛称，家法则有实指。

四　东汉经学家法考实之难

南朝宋范晔（398—445）撰写《后汉书》时，距离汉末已经有二百年之久。虽然范晔有前人所作的近十种后汉史书可以参考（这些史书现在几乎已全部亡佚），但是关于东汉经学授受的曲折始末，范书都缺少详细的记载，这与资料散佚的限制、历史时间的距离，以及因学术演变造成的隔膜不无关系。此点前人已有见及，如清人洪震煊谓范晔《后汉书》于"五经师之家法，未之或详也。故先儒议范史述儒林，不能如班氏之备"①。上一节中提到东汉博士家法多不可详考，原因当即如是。这里试举三个例子。

第一例，《后汉书·卓茂传》（卷二五，第869页）：卓茂"元帝时学于长安，事博士江生，习《诗》、《礼》及历算，究极师法，称为通儒。"唐李贤等注："江生，鲁人江翁也。昭帝时为博士，号鲁《诗》宗。见《前书》。"据《汉书·儒林传》（卷八八，第3617页）：宣帝时，征江公孙为《谷梁》博士。虽然"博士江公世为鲁诗宗"（第3610页），但作为《谷梁》博士，他所传授的应该是《谷梁春秋》。近人沈文倬认为"范书李注皆误"②。《后汉书》的记载应有所本，笔者并不认为卓茂学《诗》、《礼》、历算于江翁之事为误载，但这毕竟与《汉书》的记载以及西汉太学博士的规定扞格难通。

第二例，上文引《隶释》卷七《车骑将军冯绲碑》载：冯绲"治《春秋》严、韩《诗》食氏"，而《后汉书》本传（卷三八，第1280页）仅言冯绲"少学《春秋》、《司马兵法》"，唐李贤等注引谢承《后汉书》稍详，曰："绲学《公羊春秋》。"如果没有碑文为证，

---

① （清）洪震煊：《汉经师家法考》，载（清）阮元辑《诂经精舍文集》，11：16b。
② 沈文倬：《黄龙十二博士的定员和太学郡国学校的设置》，《宗周礼乐文明考论》，第492页。

那么冯绲所习经学的家派就不可考了。

第三例，东汉墓志《□通封记》（题延熹六年，163年）："父通，本治白孟《易》丁君章句，师事上党鲍公。"① 按两汉《易》学，有施、孟、梁丘、京、费、高数家，孟氏《易》复有翟、白之学。"白孟《易》"即指孟氏《易》之白氏学。至于"丁君章句"，按两汉孟氏《易》知名学者中并无丁姓一人，②《汉书·儒林传》（卷八八，第3597页）：丁宽"作《易说》三万言，训诂举大谊而已，今《小章句》是也"。宽授田王孙，再传施、孟、梁丘三家。"丁君章句"当即丁宽之解说。故"白孟《易》丁君章句"七字，追源溯流，丁、孟、白一系相承，此即显示其《易》学之家法。

□通之师上党鲍公，史无明文，试一考之。上党鲍氏为汉魏世家，《汉书·儒林传》（卷八八，第3604页）记欧阳《尚书》有平、陈之学，平当授九江朱普公文、上党鲍宣。鲍宣哀帝时任司隶校尉，为王莽所杀。子鲍永，习欧阳《尚书》。永子昱，少传父学，仕至太尉。昱子德，修志节，有名称，为南阳太守，修郡学，行礼乐，飨国老，宴诸儒，征拜大司农。德子昂，有孝义节行，举孝廉，辟公府，连征不至，卒于家。（《后汉书·鲍永传》，卷二九，第1017—1023页）□通之师上党鲍公，当即鲍昱后裔。据封记，□通殁于永和二年（137）；鲍昱殁于建初六年（81），往下数二世，每世以三十年为计，则为141年，则鲍昱之孙昂殁年，与□通殁年相近。故□通之师鲍公，当即鲍昱子鲍德或兄弟行。墓志铭记□通从鲍公治白孟《易》，而《后汉书》却没有关于鲍家传孟氏《易》之白氏学的记载。

《后汉书》于儒林传授既多有阙略，后人据以讨论经学家法，多流入穿凿附会，难以考实，其中道理，不言自明。

五 师法与家法的渊源

"师法"二字始见于《荀子》，清人沈钦韩、王先谦等据《荀

---

① 赵超：《汉魏南北朝墓志汇编》，第2页。
② 参见（清）唐晏《两汉三国学案》，卷1，第2页。

子·儒效篇》："有师法者，人之大宝也，无师法者，人之大殃也。"以为汉代的师法观念，远源出于荀子。① 徐复观已经指出这种观点的错误，他认为荀子所谓"法"，指"制度""礼义"而言，汉人的师法，是赋予师说以法的权威性，两者之间最多只是"名言"上的关系，而不是内容上的关系。②

笔者细检《荀子》，"师法"见于《修身》（一处）、《儒效》（五处）、《性恶》（四处）三篇，计有十处。常见称引的是《修身》篇中的一段话：

> 故非礼，是无法也；非师，是无师也。不是师法，而好自用，譬之是犹以盲辨色，以聋辨声也，舍乱妄无为也。

文中礼、法互称，师、法并举（《荀子》书中"无师无法"／"无师法"、"有师有法"／"有师法"并见），"师法"谓师所传授之礼法（礼制法度），与汉人所说的"师法"意义不同。徐复观的说法可为定论。

"师法"一语又见于《韩非子·八说》，文曰："错法以道民也，③而又贵文学，则民之所师法也疑。"王先谦谓"所"字为衍文，④则句当为"民之师法也疑"。上文又言"息文学而明法度"，此处"师法"，乃为效崇、学习法度，也与汉人所说的"师法"意谓不同。

关于师法、家法的渊源问题，清人蒋湘南有特别的见解，他说：

> 师法、家法皆本于古之官法。古者设官必有师……师者，即其官之长，以所掌之法传人者也。有官必有法，有法必有学，有学必有业。凡在官之执业者，皆学于其长，奉之为师，而习其法。而古之官人也又以世。……学于官者谓之师法，世其官者谓

---

① 王先谦：《汉书补注》，卷88，第1517页。
② 徐复观：《中国经学史的基础·西汉经学史》，第94—95页；并参见许道勋、徐洪兴《经学志》，第378页。
③ 清人王先慎谓："错，施行也。"见氏撰《韩非子集解》，卷18，第326页。
④ （清）王先慎：《韩非子集解》，卷18，第326页。

之家法。……官守学业，源出于一……儒生之师法仍本在官之师法……①

蒋氏文长不具引，他的观点似乎出自章学诚"六艺诸子出于王官"之论。蒋氏用来解释汉代经学的师法与家法，由此深化了对相关问题的理解。

在汉代以至中古时期，除了经学之外，其他各门学术也都有"师法"之传。谢承《后汉书·刘宽传》：刘宽"少学欧阳《尚书》、京氏《易》，尤明《韩诗外传》，星官、风角、算历，皆究极师法，称为通儒"②。《三国志·吴书·孙登传》（卷五九，第1363页）："权欲登读《汉书》，习知近代之事，以张昭有师法，重烦劳之，乃令休从昭受读，还以授登。"《隋书·经籍志二》（卷三三，第957页）："唯《史记》《汉书》，师法相传，并有解释。"《南齐书·高逸传》（卷五四，第947页）："诸张米道，符水先验，相传师法，祖自伯阳。"《隋书·天文志上》（卷一九，第507页）："宣夜之书，绝无师法。唯汉秘书郎郗萌，记先师相传云……"凡《史记》《汉书》、道教、天文、律历，百家之学，并有"师法"之称。

综而言之，关于汉代经学师法与家法的渊源流变问题，似不能局限于经学范围之内，而应当以整个古代学术的传承为背景，才能获得进一步深入的认识。相信蒋湘南提示的是一种富于启发性的思路，很可能以此为起点，从另一个方向上开始讨论，将会丰富我们对于汉代经学师法与家法问题的认识与理解。

---

① （清）蒋湘南：《经师家法说》，《七经楼文钞》，卷1，第9页。按蒋氏字子潇，先世回部，迁居河南固始，清道光十五年（1835）举人，授虞城教谕不就，先后主讲陕西关中、同州书院，著作有《七经楼文钞》六卷、《春晖阁诗钞》六卷、《蒋氏杂著》四种等。有关蒋氏生平与学术，参见（清）夏寅官《蒋湘南传》，载闵尔昌纂录《碑传集补》，50：9b—12a；张大新：《蒋湘南和他的〈七经楼文钞〉》，《信阳师范学院学报》1988年第4期，第45—51页。

② 周天游辑注：《八家后汉书辑注》，上册，第17页。

杨慈湖与南宋后期的儒学格局

杨简（1141—1226），字敬仲，号慈湖，卒谥文元，明州慈溪县人。① 他曾从学于陆九渊（字子静，号象山，1139—1193），是象山之后陆学的代表，南宋后期最有影响的儒学人物，其心学思想是宋代理学的重要内容。明代弘治（1488—1506）、正德（1506—1521）以降，随着阳明学的兴起，慈湖心学得以复兴，盛极一时，影响极大。②

---

① 《宋史》卷八八《地理志》四，明州于宋绍熙五年（1194）升为庆元府。按慈溪并非慈湖的出生地。他于绍兴十一年正月二日（1141年2月10日，《慈湖先生年谱》，1：1a），出生在鄞县三江口（即姚江、奉化江、甬江三江汇合之处，今浙江省宁波市区），他的家族也因此被称为三江口杨氏。绍兴三十二年（1162），慈湖二十二岁时，他的父亲为躲避兵乱，自鄞县徙居慈溪，因此占籍成为慈溪人〔《慈湖先生遗书》（下文简称《遗书》），18：1a；（清）冯可镛辑：《慈湖先生世系》，1a〕。又慈溪县境在现代发生重大变更，1954年，政府为建立集中产棉县，将原慈溪、余姚、镇海三县北部产棉区合并为今县境，县治迁至浒山镇（原属余姚）。旧县境山南部分（占70%强）析归它属，今县境中属旧慈溪者仅有22%（一作21%），旧县城今为宁波市江北区慈城镇（参见慈溪市地方志编纂委员会《慈溪市图志》，第3页；宁波市地方志编纂委员会：《宁波市志》，第11、97页；慈溪市地方志编纂委员会办公室：《〈慈溪县志〉编修实录》，第11、121页）。因此，在当代政区意义上严格说来，慈湖已不再是慈溪人，只能说是宁波市人。

② 慈湖著作在明代中后期，广为流行于阳明门下诸子及后学中。《钦定四库全书总目》（3：22）："……至于明季，其说大行。"约在嘉靖十三年（1534），阳明门人季本（字明德，号彭山，1485—1563）谓："甲午秋……然是时方兴慈湖杨氏之书，同门诸友多以自然为宗……余窃病之。"〔（明）季本：《赠都阃杨君擢清浪参将序》，《季彭山先生文集》，1：849〕王畿（字汝中，号龙溪，1498—1583）亦有"彭山深惩近时学者过用慈湖之敝"之语。〔（明）王畿：《云门问答》，《龙溪王先生全集》，5：429；（明）王畿：《王畿集·与阳和张子问答》，5：124〕慈湖心学的流行，由当时儒学名流的批评可证。嘉靖十二年（1533）春，罗钦顺（字允昇，号整庵，1465—1547）在故里江西泰和乡间，感慨"今其（指慈湖）书忽传于世"〔（明）罗钦顺：《困知记续》，卷下，第85页〕。约在嘉靖十八年（1539），湛若水（字元明，号甘泉，1466—1560）亦有"数年之间，其说盛行如炽"之叹〔（明）湛若水：《杨子折衷引》，《杨子折衷》书首，7a〕。崔铣（字子钟，号后渠，1478—

故其意义不仅限于南宋,而且贯穿明代后半部儒学史。

而朱子学的兴起,是南宋后期以来八百年间,中国学术思想史的重大事件,对于近世中国人知识与思想世界的影响至为深远。关于这一事件的内在因素、外缘条件、中间环节、展开过程、势力竞争、造成影响等方面,目前学界的研究尚有薄弱之处。笔者将以慈湖心学为研究中心,探讨朱学与陆学势力的升降,以展现儒学格局变动中朱子学的突出过程。笔者见闻学力有限,所论必多错误,恳请方家教正。

一

南宋宁宗庆元六年,即公元1200年,是南宋后期儒学历史一个特别的年份。这一年三月初九(4月23日)午时,在"庆元党禁"阴霾的政治气氛中,朱熹(1130—1200,字仲晦、元晦,号晦庵)在他退隐闲居的建阳考亭(今属福建省)黯然辞世。朱子生前以他超绝的智慧与努力,奠定了自己在学术思想界中"泰山乔岳"的学术地位。①这位思想巨人从历史舞台谢幕,一个"后朱子时代"自此来临。②

乾道、淳熙年间(1165—1190)的诸位大儒,所谓"乾淳诸老",除了朱熹之外,薛季宣(字士龙,号艮斋,1134—1173)、张栻(字敬夫,号南轩,1133—1180)、吕祖谦(字伯恭,号东莱,1137—1181)、陆九渊(字子静,号象山,1139—1193)、陈亮(字同甫,号龙川,1143—1194)、蔡元定(字季通,号西山,1135—1198,朱

1541)称当时风气为"右象山,表慈湖,小程氏,斥文公"[(明)崔铣:《与太宰整庵罗公书》,《崔氏洹词》,7:411],并严厉斥责道:"杨简者……未久皆绝不传。近年忽梓其书,崇尚之者,乃陋程朱。已朽之物,重为道蠹,彼何人哉?!"[(明)崔铣:《杨子折衷序》,载(明)湛若水《杨子折衷》书首,1a、b]罗整庵《困知记续》卷下凡三十三章,湛甘泉作有《杨子折衷》六卷,专门对慈湖心学加以批驳。关于明代慈湖心学兴起与受到批评的详细情形,参见钱茂伟《论湛若水〈杨子折衷〉的学术价值》,《宁波大学学报》2002年第2期,第63—67页。

① "泰山乔岳"四字语出宋陆九渊《语录上》,《陆九渊集》,34:414。
② "后朱子时代"语出何俊《南宋儒学的建构》(第298页),原文为"后朱熹时代"。

子高弟），以及同为陆象山门人、号称"甬上四先生"①中的两位——沈焕（字叔晦，号定川，1139—1191）、舒璘（字元质，号广平，1136—1199）已相继辞世，走进历史。时人刘光祖（字德修，号后溪，1142—1222）批评士习说："……前辈长老，零落殆尽……后生晚进，议论无所据依，学术无所宗主……"②同时魏了翁（字华父，号鹤山，1178—1237）也说"老师宿儒，零替殆尽；后生晚辈，不见典刑"③，极为精练地描述出当时的儒学情形。

在这个时代中，陆象山门人杨简（字敬仲，号慈湖，谥文元，1141—1226）因缘时会，成为最有影响的儒者。

与慈湖同时的大儒之中，仅有一位陈傅良（字君举，号止斋，1137—1207）比他年长，但他数年后即去世（先慈湖过世近二十年）。其余诸儒，年齿皆亚于慈湖。"甬上四先生"中另一位袁燮（字和叔，号絜斋，1144—1224）比他小三岁，浙东叶适（字正则，号水心，1150—1223）小约十岁，朱门高弟黄榦（字直卿，号勉斋，1152—1221）小十余岁，陈淳（字安卿，号北溪，1159—1223）小近二十岁，蔡沈（字仲默，号九峯，1167—1230）小近三十岁，真德秀（字希元，号西山，1178—1235）、魏了翁小近四十岁，而黄震（字东发，1213—1280）、王应麟（字伯厚，号深宁，1223—1296）尤为晚辈。

清人全祖望（字绍衣，号谢山，1705—1755）说："乾淳诸老既殁，学术之会，总为朱、陆二派，而水心龂龂其间，遂称鼎足。"④宋人刘宰（字平国，号漫塘，1165—1238），⑤关于晚宋学术曾有这样的品评：

> 天下学者，自张、朱、吕三先生之亡，怅怅然无所归。近时

---

① 杨简、袁燮、舒璘、沈焕并称"甬上四先生"，又称"淳熙四先生"。
② （宋）真德秀：《刘阁学墓志铭》，《西山先生真文忠公文集》，43：9a、b。
③ （宋）魏了翁：《论士大夫风俗》，《鹤山先生大全文集》，16：151。
④ 《宋元学案》，54：1738。
⑤ 有关刘宰生平的考订，参见刘子健《刘宰和赈饥》，《两宋史研究汇编》，特别是第313、321页。

叶水心之博、杨慈湖之淳，宜为学者所仰。而水心之论，既未免悞学者于有；慈湖之论，又未免诱学者于无。非有大力量如侍郎者，孰能是正之！①

漫塘倾向于朱学，以朱子学为道统所在，② 对慈湖、水心、鹤山三家学术的评价，并不很中肯。叶水心以博赡经史著称，所谓"悞学者于有"，"有"当是指博学于文之事，此不足为病，正是浙东经世之学所长。水心之失，在于学问无统系，与孔孟以来作为儒学精神所系的德性之学的大传统较为隔膜。近人刘咸炘说："至于水心，则不言道体、心体，凡周程以来所讲者，皆以为不当讲，且诋斥《易传》、《中庸》，欲并周、程以来之根据而拔之……水心斤斤言学统，实不过守《诗》、《书》之粗义，朱子谓其'涣无统纪'四字尽之矣。"③ 漫塘评慈湖为"淳"，可谓有见，惜语焉而不详，至于"诱学者于无"，则系承朱子及其后学以陆学为禅的影响之谈，不足为训。而他寄予厚望的鹤山，亦依违于朱、陆之间，无有条贯宗旨。相较而言，在宋末三家之中，唯有慈湖一派，与儒家德性之学的精神有深切的呼应。我们从漫塘的品评中，正可看出慈湖、水心、鹤山三人，为当时最重要的儒学人物。

二

慈湖是庆元党禁中，被禁锢的道学诸先生中的主要人物。④ 嘉泰二年（1202），党禁解冻，此后名列庆元党籍的士人，"一切擢用，

---

① （宋）刘宰：《通鹤山魏侍郎了翁》，《漫塘集》，10：16b。
② 关于漫塘的学术倾向，参见刘子健《刘宰和赈饥》，《两宋史研究汇编》，第336—339页。
③ 刘咸炘：《读学案记》，《推十书·左书》，成都古籍书店影印本，3：120；并参见牟宗三《心体与性体》，第一部，第五章"对于叶水心《总述讲学大旨》之衡定"。
④ 慈湖《铭张渭叔墓》（《遗书》，5：10b—11a）谓："某之为国子博士，以言事罢归也。韩侂胄方用事，时论诬善类曰'伪学'，举子文字，由是大变，不敢为理义之言，如某见为伪学之尤者。"

悉至显官，无一人遗者"①。慈湖于庆元二年（1196）"得罪去国"②，至嘉定元年（1208）入朝，结束了十四年的家居生活。

慈湖在朝中，将其"道心""心之精神是谓圣""不起意"的心学宗旨，多次向宁宗进讲，而为宁宗所接纳，无形中扮演了一种"帝师"的角色。早在嘉泰四年（1204），慈湖在给宁宗的奏札中，已将其"此心即道……惟起乎意则失之"之说合盘托出，③ 不过他这时还是"待罪之身"，未能对君王有直接影响。他的"帝师"身份，直到嘉定年间才得以确立（这与当时权相史弥远为其门人不无关系）。

嘉定八年（1215），慈湖告老回乡，直至去世之前十余年中，"门人益亲，遐方僻峤，妇人孺子，亦知有所谓慈湖先生，岿然天地间，为斯文宗主，泰山乔岳，秋月独明也"④。慈湖在政界、学界与社会大众中的声望都日益升高，被当时人誉为"儒宗"⑤。

慈湖崇高的声望，一方面与南宋中后期掌握政局枢机的史氏家族的支持有相当的关系。淳熙十五年（1188），慈湖丁忧居家。自淳熙十六年（1189）至绍熙二年（1191），约有三年的时间，在鄞县西湖南面的碧沚书院讲学，书院为孝宗时宰相、鄞县人史浩（字直翁）创办。史氏子弟有史弥忠、史弥远、史弥坚、史弥巩、史弥林、史守之、史定之等七人，从慈湖问学，后多显贵。⑥ 其中史弥远任宰相兼

---

① （宋）俞文豹：《吹剑四录》，《吹剑录全编》，第97页。
② 《王子庸请书》，《遗书》，3：8a。
③ 此札载明杨士奇等编纂《历代名臣奏议》卷六〇《治道》（60：23a—24a），《慈湖先生行状》（下文简称《行状》）曾经节录（《遗书》，18：8b），文字多有异同，当以《历代名臣奏议》所载为正。
④ 《行状》，《遗书》，18：26b—27a。
⑤ （元）脱脱等：《宋史·傅伯成传》（415：12462）："傅伯成晚与杨简，为时蓍龟。"黄震对慈湖心学不以为然［见（宋）黄震《黄震全集·黄氏日抄·题李县尉□□所作》，91：2408，《慈湖遗书新增附录》（3a）题为《题石门李县尉一可所作》]，亦称"慈湖为时儒宗"［（宋）黄震：《黄震全集·黄氏日抄·缴申慈湖寿张行实状》，74：2140]。
⑥ 参见李才栋《甬上四先生及其后学与书院教育》，《江西教育学院学报》1997年第1期，第67—68页；李先生谓史氏子弟从学于慈湖的，还有史弥圣、史嵩之以及陈埙（史浩外孙）等人。

枢密使，丁宁宗、理宗两朝，专权共二十六年。①

另一方面则是因为慈湖心学的广泛传布。清人全谢山说："慈湖弟子遍于大江以南。"② 慈湖亦曾说：

> 比来觉者，何其多也！③
> 自古知道者，大不易得，比一二十年，觉者浸多。④
> 某内外亲故，二十年来，亦多觉者，亦盛矣。⑤
> 比一二十年以来，开明者何其多也！日月至者，相与切磨，以发愤忘食，惟精惟一，以无负先圣所以垂教，所望于后学之旨。⑥

在慈湖的自述与其他记载中，更有关于其门人数目递进的记录。当时四明人林惟孝说："嘉定丙子（1216）孟冬十有二日，惟孝省拜慈湖先生于浚明，尝从容问四方从游之士，有悟道者得二十六人……"⑦ 慈湖则自谓：

> ……胡为自古学者恁莫晓？二十年来寖多晓，是殆天欲亨吾道。屈指何止数十人，知及仁守或可保。⑧

---

① 按慈湖晚年因不满史弥远所为，而致仕归里。明末人高宇泰《敬止录》（39：660）云："穆陵（即理宗）即位，慈湖以列卿召对。上问曰：'闻师相（指史弥远）幼受教于卿。'慈湖对曰：'臣之所以教弥远者不如此。'上曰：'何谓也？'对曰：'弥远视其君如奕棋然。'上嘿然，罢朝以语。弥远对曰：'臣师素有心疾。'"清人全祖望《碧沚杨文元公书院记》（《全祖望集汇校集注·鲒埼亭集外编》，16：1046）云："文元之对穆陵曰：'臣平日所以教弥远者不如此，弥远之置其君如奕棋。'穆陵为之失色。次日，弥远奏曰：'臣师素有心疾，乞放归田。'此事行状不敢载，故《宋史》亦失焉。"且因此说"慈湖以忤史氏，累召不出"（《石坡书院记》，《全祖望集汇校集注·鲒埼亭集外编》，16：1048）。而史弥远心腹、号称"三凶"之一的李知孝（字孝章），就曾诋毁慈湖与傅伯成、刘漫塘等当时名士（参见胡昭曦等《宋理宗　宋度宗》，第60页）。
② （清）全祖望：《石坡书院记》，《鲒埼亭集外编》，16：11b。
③ 《默斋记》，《遗书》，2：35b。
④ 《家记四》，《遗书》，10：27a。
⑤ 《谒宣圣文》，《遗书》，4：2a。
⑥ 《家记五》，《遗书》，11：16b—17a。
⑦ （宋）林惟孝：《跋竹斋墓碑》，载（宋）裘万顷《竹斋先生诗集》，4：7b。
⑧ 《偶书》，《遗书》，6：30a、b。

比一二十年以来，觉者滋众，逾百人矣，吾道其亨乎！古未之见，天乎！①

千载觉者几，迩来帝锡福。所知余百人，宗祖慈湖麓。②

学者多觉近二百，事体大胜于已前。学徒转相启告又未已，大道行乎讵非天。③

比一二十年，觉者寖寖多，几二百人，其天乎！④

据此，知慈湖门人在当时约有二百人。同时朱子高弟黄勉斋曾感叹道："苟得明甫辈十人，布在四方，吾道其庶几矣。"⑤ 按方暹字明甫，为勉斋门人。两相对照，可知慈湖门下多士，是一股很强大的力量。⑥ 清代四库馆臣因此说：

……简则为象山弟子之冠，如朱门之有黄幹，又历官中外，政绩可观，在南宋为名臣，尤足以笼罩一世……⑦

"笼罩一世"四字，极为精辟地概括出慈湖心学在南宋后期儒学格局中的主导态势。

三

慈湖同时也受到日本佛教界的重视。《遗书》有《日本国僧俊芿

---

① 《愤乐记》，《遗书》，2：32b。
② 《偶书》，《遗书》，6：30b。
③ 《慈溪金沙冈歌》，《遗书》，6：31b。
④ 《大哉》，《遗书》，6：32a。
⑤ 《宋元学案》，63：2043。
⑥ 清代王梓才撰《慈湖弟子从祀记》，收录78人。定从祀84人；后冯可镛等修《（光绪）慈溪县志》，又增2人；又徐时榕《慈湖弟子考》收录59人，其中有私淑3人，不见载于王梓才《慈湖弟子从祀记》。是知慈湖门人名氏，多有亡佚不可考者。
⑦ （清）纪昀等：《钦定四库全书总目》，3：21—22。如宋理宗时人陈大猷著《尚书集传或问》，其中论《尧典》"敬"字一条，首举"心之精神谓之圣"，可证慈湖心学的影响。据清四库馆臣考证，陈氏为东阳人，绍定二年（1229）进士（参见《钦定四库全书总目》，11：148）。

杨慈湖与南宋后期的儒学格局

求书》文一篇,《慈湖先生年谱》(2：4b—5a)系此文于嘉定元年(1208)下,① 文曰:

> 日本俊芿律师请言于宋朝著庭杨子,杨子举圣人之言而告之曰:"心之精神是谓圣。"此心虚明无体,象广大,无际量。日用云为,虚灵变化。实不曾动,不曾静,不曾生,不曾死;而人谓之动,谓之静,谓之生,谓之死。昼夜常光明,起意则昏则非。(《遗书》,3：9b)

按俊芿(1166—1227),字我禅,号不可弃,是日本镰仓初期八宗兼学之高僧,于宁宗庆元六年(1200)来华习戒律,遍访江浙名刹,先后与禅、律、天台各宗诸名师问学论难,于嘉定四年(1211)回国。他在华留居十二年,与儒者交往密切,兼通释、儒二家学问,并购买大量儒书回国,是宋人著作,也是理学传入日本的开始。② 慈湖的《日本国僧俊芿求书》,表明了俊芿对理学的兴趣,也是证明他与理学家曾经往还,向他们请谒的唯一资料。在他携返日本的儒书中,应该有包括慈湖在内的陆学人士的著作,惜今已不可考。黄宽重认为,俊芿与陆学人士(即指慈湖)往还,是地缘关系所致,因为俊芿的活动区域在临安、四明等浙东地区。③ 黄先生的看法不能说没有道理,但是忽略了——慈湖在当时儒学界中的重要地位——这个事实。

俊芿回国后,先后使高仓、鸟羽、顺德诸天皇皈依,执权的北条泰时也敬重他的学识与德行。他于安贞元年(1227)在京都泉涌寺圆寂,被追赐为大兴正法国师。④ 他擅长书法,至今尚有作品存世。

---

① 按慈湖于嘉定元年至三年(1208—1210)任职于秘书省(即文中所谓著庭)。
② 日本学者伊地智潜隐(1782—1867)撰《汉学纪源》说:"僧俊芿,建久十年(即正治元年,1199)浮海游于宋,明年到四明,实宁宗庆元六年、朱子卒岁之年矣。居其地十二年。其归也,多购儒书回我朝,此乃顺德帝建历元年、宁宗嘉定四年,刘爚刊行《四书》之年也。宋末之入本邦,盖首乎僧俊芿赍回来之儒书。"除佛教经典之外,俊芿还带回儒书256卷、杂书463卷、碑帖76卷(参见郑梁生《中日关系史》,第93页)。
③ 参见黄宽重《宋日僧侣往来与文物交流》,《史事、文献与人物》,第56—58页。
④ 同上书,第58页。

俊芿弟子释信瑞所撰《泉涌寺不可弃法师传》谓：

> 法师上洛（指京都）后，与左府（指左大臣德大寺公嗣）面晤时，左府欣狎曰："幸今遇师，庶勿攸急。"法师哂然诺。自是厥后，笔精义义，宋朝之谈，日新月故，亹亹不怠。五经三史奥粹，本朝未谈之义，法师甫陈，左府闻之，无不叹异。①

所谓"宋朝之谈"，当是在华的见闻；"五经三史奥粹，本朝未谈之义"云云，则是指宋代的新儒学（与日本当时流行的汉唐经学不同，故云"本朝未谈之义"），特别是包括慈湖学说在内的理学思想，这应该是慈湖心学传到日本的开始。

四

关于南宋后期陆学在明州地区的兴盛状况，慈湖高弟袁甫（字广微，号蒙斋）说：

> 宁宗皇帝更化之初，兴崇正学，尊礼故老……于时慈湖杨先生，我先人絜斋先生，有位于朝，直道不阿，交进谠论，宁考动容称善。天下学士，想闻风采。推考学问源流所在，而象山先生之道，益大光明。②

关于"甬上四先生"，宋末文天祥（字履善，号文山，1236—1282）曾有一段意味深长的著名品鉴："广平之学，春风和平。定川之学，秋霜肃凝。瞻彼慈湖，云闲月澄。瞻彼絜斋，玉泽冰莹。一时

---

① 转引自郑梁生《宋代理学之东传及其发展》，《中日关系史研究论集（三）》，第6—7页，并参见第38—39页。
② （宋）袁甫：《象山书院记》，《蒙斋集》，13：186—187。

师友，聚于东浙。呜呼，盛哉！"①而宋元之际王应麟撰《广平书院记》，则称舒璘与"沈、杨、袁三先生，道同志合，化东海之滨为洙泗"②，此尤可见晚宋时浙江一带陆学兴盛的情形。清人李绂（字巨来，号穆堂，1673—1750）亦谓：

  盖自淳熙以后，庆元一路，悉宗陆子之学，名公卿良士，莫非杨、袁、舒、沈四君子之弟子。③

  在朱子当时，已有"如今浙东学者，多陆子静门人"④的感叹。随后陈北溪也说："两浙间年来象山之学甚旺，以杨慈湖、袁祭酒为陆门上足，显立要津，鼓簧其说，而士夫颇为之风动。"⑤"……两浙间年来象山之学甚旺，由其门人有杨、袁贵显，据要津唱之。"⑥ 刘子健指出，南宋时洛学中心在浙江，朱子学派在浙江树立基础之后，才努力在其他地区倡导学说。⑦ 在朱子当时，朱学势力主要在福建，故有"闽学"之称。何以朱子、北溪师弟，对浙江一带陆学势力的兴盛如此耿耿于怀？

  从地理因素来看，浙江是南宋行在（杭州）所处，为举国政治重心，⑧ 特别值得注意的是，位于浙江东部的明州地区，经济繁荣发达，在政治、文化方面具有举足轻重的地位。明州于唐开元二十六年（738）设立，由于地处东南沿海交通要道，居于海运和内水干线的交叉部位。自唐后期以来，随着社会经济重心的南移，长江流域取代黄河流域成为全国经济中心，以及海上交通及贸易的日渐勃兴，"海

---

① （宋）文天祥：《郡学祠四先生文》；转引自《宋元学案》，76：2554。前此有刘漫塘《杨慈湖赞》云："水之澄，月之明。先生此心，泬寥太清。"〔（宋）刘宰：《漫塘集》，25：14a〕文山用其意。
② （宋）王应麟：《四明文献集》，1：15b。
③ （清）李绂：《陆子学谱》，17：2b。
④ （宋）黎靖德编：《朱子语类》，113：2751。
⑤ （宋）陈淳：《与李公晦一》，《北溪大全集》，23：5a。
⑥ （宋）陈淳：《与陈寺丞师复一》，《北溪大全集》，23：11a。
⑦ 刘子健：《宋末所谓道统的成立》，《两宋史研究汇编》，第263页。
⑧ 参见刘子健《背海立国与半壁山河的长期稳定》，《两宋史研究汇编》，第23—25、28—30页；刘子健：《略论南宋的重要性》，《两宋史研究汇编》，第80页。

汉宋相假：中国学术思想史论集

上丝绸之路"逐渐代替陆上丝绸之路，明州成为东南亚贸易圈的主要商埠，其经济与政治地位迅速提升，为唐代四大名港（与交州、广州、扬州齐名）、宋元时三大贸易枢纽之一（另外两个是广州、泉州），系"海上丝绸之路"的主要起讫港口，号称"东南之要会"①、"内以藩屏王畿，外以控制海道"②。而且，南宋时明州教育兴盛，儒士数量多，是文化发达的地区。③ 有学者指出，当时中外文化交流中，广州、泉州体现出吸纳的特点，明州则以辐射传播为主，④ 由此也可反映出四明一带在南宋的文化中心地位。

宋代四明地区文化昌盛，南渡以来，人才辈出，在南宋中后期逐渐占据政治舞台中心。据载，"自嘉定戊辰（1208）至淳祐辛亥（1251），四十四年之间，四明仕宦甲于海内"⑤。一时有"满朝朱紫贵，尽是四明人"⑥的说法。南宋后期三朝，理宗在位四十年（1224—1264），因青少年时期在四明接受抚育教养，受尊崇陆学的四明学风影响，而且他出身微侧，因为与以史弥远（字同叔，1164—1233）为首的四明政治集团的特殊际遇，以一疏族平民的身份，被拥立入继大统，故而于其治内，对陆学一度持尊崇的态度。宋度宗（1264—1274年间在位）曾回忆做皇太子时，理宗对自己的教诲，"先帝圣训有曰：'……良心善性，皆本有之。'又曰：'得圣贤心学之指要，本领端正，家传世守……'大哉先训，朕朝夕服膺。"⑦ 由其理学论说的只鳞片爪中，也可看出陆学的印记。陆学因四明政治集

---

① （宋）张津等：《乾道四明图经》，1：3b。
② （宋）祝穆：《方舆胜览》，7：121，引赵伯圭《告词》。参见李军《宋元"海上丝绸之路"繁荣时期广州、明州（宁波）、泉州三大港口发展之比较研究》，《南方文物》2005年第1期，第76—82页；李小红等《海外贸易与唐宋明州社会经济的发展》，《宁波大学学报》2004年第5期，第8—12、34页；张伟《略论明州在宋丽民间贸易中的地位》，《宁波大学学报》2004年第5期，第13—16页；虞浩旭《试论唐宋元时期明州港的瓷器外销及地位》，《景德镇陶瓷》第9卷第4期（总第86期），第51—54页。
③ 参见申万里《宋元乡饮酒礼考》，《史学月刊》2005年第2期，第32页。
④ 参见李军《宋元"海上丝绸之路"繁荣时期广州、明州（宁波）、泉州三大港口发展之比较研究》，《南方文物》2005年第1期，第76—82页。
⑤ （清）钱维乔修：乾隆《鄞县志》，27：7a，注出（清）钱维乔《日湖访古录》。
⑥ （宋）张端义：《贵耳集》，卷下，第77页。
⑦ 《宋史·杨文仲传》，425：12686。

26

杨慈湖与南宋后期的儒学格局

团的势盛而昌,强化了它在思想界的优势。不难理解,上文提到朱子、北溪师弟对浙江陆学之盛耿耿于怀,正是出于要在国家中心区域争夺"话语权"的努力。

慈湖心学在南宋后期虽然曾经有"笼罩一世"①之盛,然而自宝庆二年(1226)慈湖去世之后,其影响日渐衰退。绍定六年(1233),史弥远去世;端平元年(1234)理宗亲政,一新政局,号称"端平更化",拔用理学名士,其中多为朱学人士,大力褒崇程朱之学,陆学渐次失势。可以说,陆学因四明政治集团的势盛而昌,亦因其势去而衰。②到淳祐元年(1241),理宗下诏以周、张、二程、朱子从祀孔庙,褒崇濂洛诸儒,确认孔孟程朱的道统,表彰朱子《四书集注》,正式钦定朱子之学为儒学正统。③此后通过科举功令,朱学势力日益强大,而陆学以"尊德性"为主、潜修自得的学风,使象山与陆门诸子在思想界与普通士人中的地位渐趋边缘化。

王应麟曾经说:"朱文公之学行于天下,而不行于四明;陆象山之学行于四明,而不行于天下。"④这个论断向来为古今学者普遍征引,但并非南宋后期的全部情形,到了南宋末年,四明地区虽然是陆学的重镇,朱学也已大为流行。生活在元明之际的学者贝琼(字廷琚,号清江,1314—1378),对四明学风之变化,有"以朱变陆"的论断。⑤关于杨慈湖身后的儒学格局,从陆学到朱学的主流演变过程,需要另外进行专门的研究。

---

① 《钦定四库全书总目》,3:21。
② 参见廖寅《论宋理宗继位与四明集团的关系》,《求索》2004年第11期,第244—247页;张金岭《晚宋史研究》,四川大学中国古典文献学专业博士后出站报告,2002年,第55—61页;胡昭曦等《宋理宗 宋度宗》,第61—63、127—135页。
③ 参见何俊《南宋儒学建构》,第337页;胡昭曦等《宋理宗 宋度宗》,第139—147页;张金岭《晚宋史研究》,第58—67页。
④ (元)方回:《送家自昭晋孙自庵慈湖山长序》,《桐江续集》,31:28b;《全元文》,第7册,209:46。参见陈高华《陆学在元代》,李绍强主编《儒家学派研究》,第359页。
⑤ 参见罗永忠《戴表元研究》,第10页;晏选军《从延祐开科看宋元之际理学消长与士风变迁》,《湘潭大学学报》2004年第2期,第60—63页。

27

"心之精神是谓圣":杨慈湖心学宗旨疏解

> 鉴明水止烛丝厘,变化云为奇复奇。
> (《送黄文叔侍郎赴三山》,《遗书》,6:12b)
> 体妙用亦妙,扬州十万缠。①
> (《和提举留题县驿》,《遗书》,6:22b)

尽管杨慈湖在宋明儒学史中具有较为重要的地位,但是过去不太受到学界注意,研究较为薄弱。② 近年海内外出现的几种相关论文著

---

① 古语云"腰缠十万贯,骑鹤上扬州",慈湖以此喻心体之妙用。按语出(南朝梁)殷芸撰《殷芸小说》[6:131,原载(元)陶宗仪纂《说郛》,宛委山堂本,46:3a,《说郛三种》,第2151页):"有客相从,各言所志,或愿为扬州刺史,或愿多赀财,或愿骑鹤上升。其一人曰:'腰缠十万贯,骑鹤上扬州。'欲兼三者。"唐代李白诗《黄鹤楼送孟浩然之广陵》有名句云"故人西辞黄鹤楼,烟花三月下扬州",后世受此影响,古语"上扬州"渐讹为"下扬州",所指六朝扬州(治在南京),亦渐讹指今日之扬州(参见胡阿祥《六朝政区研究刍议》,《历史地理》,第27辑,第323页)。

② 关于慈湖生平与思想的专著,在2010年之前,仅有郑晓江、李承贵合著《杨简》(台湾东大图书公司1996年版)一部。近年先后有李承贵、李旭合著《大家精要:杨简》(云南教育出版社2011年版),张实龙著《杨简研究》(浙江大学出版社2012年版),张伟主编《慈湖心舟:杨简学术研讨会论文集》(浙江大学出版社2012年版)等著作出版,而且自20世纪90年代以来,海内外已出现十余部有关慈湖心学研究的硕士、博士学位论文(张伟主编《慈湖心舟:杨简学术研讨会论文集》书中,载有钱茂伟《近三十年海内外杨简研究的学术史考察》一文,对慈湖研究史作了较为详细的回顾,可参看)。此外,董平主持校点的《杨简全集》十册,已于2015年6月由浙江大学出版社出版。凡此种种表明了慈湖研究所具有的重要意义,也体现出宋明儒学研究视域正在扩大的新趋势。

作，在理论分析与史实探源方面，似略有不足之处。本文通过疏解慈湖"心之精神是谓圣"的宗旨，① 尝试对其心学思想进行初步的探讨。

关于慈湖"心之精神是谓圣"的心学宗旨，同时陈北溪言"……杨慈湖为陆门上足，专佩服《孔丛子》'心之精神是谓圣'一句"②，后来黄东发言"近世慈湖先生杨元公教学者，专指'心之精神是谓圣'"③，陈振孙（字伯玉，号直斋，约1183—约1262）也说："慈湖之学，专主乎'心之精神是谓圣'一语。"④ 清代乾隆年间四库馆臣认为，慈湖"以'心之精神是谓圣'一语，为道之主宰"⑤，这种说法显然有语病，因为某句话（语言），或者说某一理论本身，不可能成为"道之主宰"。但如果换一种表述方式，说慈

---

① 宗旨一词起于晋、唐之间，在禅宗是指一宗的主要旨趣，所谓"建法幢，立宗旨"，明代王学兴起以后成为一个重要的理学观念。近人盛朗西说，宋元诸儒，"多务阐明经子，不专提倡数字，以为讲学宗旨。明儒则一家有一家之宗旨，各标数字以为的。白沙之宗旨曰'静中养出端倪'，甘泉之宗旨曰'随处体验天理'，阳明之宗旨曰'致良知'，又曰'知行合一'。其后邹守益主'戒惧慎独'，罗洪先'主静无欲'，李材主'止修'，王畿、周汝登主'无善无恶'，高攀龙主静坐，刘宗周主'慎独'，纷然如禅宗之传授衣钵，标举宗风者"（盛朗西：《中国书院制度》，第125—128页；参见王汎森《明末清初思想中之"宗旨"》，《晚明清初思想十论》，第108页）。盛氏此说为柳诒徵《中国文化史》（第614—615页）采用，惟未注明出处。其中论明儒宗旨，固有不太准确的地方［如湛甘泉之宗旨当为"随处体认天理"，李见罗（材）之宗旨当为"止修"］，又以之等同于禅宗之宗风，亦出偏见，但大体不错。至于说宋元儒不讲宗旨，则不尽然，如伊川的"涵养须用敬，进学则在致知"，朱子的"读书穷理"，象山的"先立乎其大"，慈湖的"心之精神是谓圣""不起意"皆是。当然，与宋元儒相比，明儒具有确立宗旨之自觉意识，这是明显的事实。而且其所谓宗旨，大都为二字、三字、四字、六字短句，属于较整齐的语词结构，易记易讲（相较而言，慈湖"心之精神是谓圣"一长句，显然字数过多，不够凝练严整，讲诵时颇为拗口）。再进而言之，明儒之宗旨，时代愈后则语句益简，这应该是与当时盛行之讲会，以及儒学向民间社会开拓活动领域的努力有关，以方便社会中下阶层人士接受（关于明代儒学开辟民间社会中的活动领域这一新基调的形成，参见余英时《现代儒学的回顾与展望》，《现代儒学论》，第9—15、31—36页；余英时《士商互动与儒学转向》，《现代儒学论》，第98—112页）。这亦可解释慈湖何以未对其宗旨，作相应之简化以便传布。
② （宋）陈淳：《答黄先之》，《北溪大全集》，24：9b。
③ 《黄震全集·黄氏日抄·山阴县重建主簿厅记》，87：2343。
④ （宋）陈振孙：《直斋书录解题》，9：284。
⑤ （清）纪昀等：《钦定四库全书总目》，96：1253。

湖以"心之精神",作为"道之主宰",则恰是抓住了慈湖心学的要害。

南宋叶绍翁《四朝闻见录》载：

> 慈湖杨公简,参象山学,犹未大悟。忽读《孔丛子》,至"心之精神是谓圣"一句,豁然顿解。自此酬酢门人,叙述碑记,讲说经义,未尝舍心以立说。①

叶氏的说法有不确切的地方,他说慈湖因为读《孔丛子》觉悟之后,才"未尝舍心以立说",其实慈湖在二十八岁"循理斋之悟"时,"已觉天地万物,通为一体,非吾心外事"②。不过,如果叶氏之意,是指慈湖读《孔丛子》觉悟之后,"未尝舍心(之精神)以立说",则是确切无误的事实。

正如叶氏所指出的那样,无论是"酬酢门人",还是"叙述碑记,讲说经义","心之精神是谓圣"一语,成为慈湖常用的话头,③以至于明代有人指出："以心之精神谓圣,此杨子立命处也。"④ 可以这么说,在中国儒学史上,"心之精神是谓圣"一语,成为慈湖心学的象征。在宋代以后的儒学文献中,凡是出现这一语句的地方,几乎都与慈湖心学存在着一定的联系。

一　文献原始

"心之精神是谓圣"一语,出自《孔丛子·记问》,原文如下：

---

① （宋）叶绍翁：《四朝闻见录》,甲集,第41页,"心之精神是谓圣"条。
② 《行状》,《遗书》,18：2a、b。
③ 以慈湖著作为例,《杨氏易传》卷一、五、六、一一、二〇,《五诰解》卷一,《慈湖诗传》自序、卷一七、一八、二〇,《先圣大训》卷一、二、三、四、六,《慈湖遗书》卷一、二、三、四、五、六、八、九、一〇、一一、一三、一五、一六、一八之中,都有"心之精神是谓圣"一语出现。
④ 此为湛若水（字元明,号甘泉,1466—1560）引述同时人语 [（明）湛若水：《读崔公后渠叙〈杨子折衷〉》,载《杨子折衷》书首,3a]。

> 子思问于夫子曰:"物有形类,事有真伪,必审之,奚由?"子曰:"由乎心。心之精神是谓圣。推数究理不以疑,① 心诚神通,则数不能遁。周其所察,圣人难诸?"

据书中记载,"心之精神是谓圣"为孔子之言,不过这句话不见于《论语》。因为《论语》中未载这一类"圣人至言",慈湖对《论语》的记录编次者(他认为是有子的门人)大加批评,认为他们"固不足以知圣人之至言也"②。

"心之精神是谓圣"一语,也见于西汉伏生所撰的《尚书大传》卷七《洪范五行传》:

> 子曰:"心之精神是谓圣。"

不过这只是零星单句,不像《孔丛子》的记录,有完整的上下文。清代四库馆臣考证说,"心之精神是谓圣"一语,"伪撰《孔丛子》者,剽剟其文,驾言先圣耳"③。意思是说,《孔丛子》一书的作伪者,④ 窃取了《尚书大传》的文字,并冒充是孔子的话。实际上四库馆臣并未细察《尚书大传》原文,其中明明有"子曰"二字,称作伪者"驾言先圣",并不确切。

---

① "推数究理不以疑"句,慈湖引用时增一"物"字,为"推数究理,不以物疑"(《先圣大训》,4:18b)。
② 《家记四》,《遗书》,10:49a;《家记五》,《遗书》,11:44b—45a。
③ 纪昀等:《钦定四库全书总目》,92:1218。
④ 《孔丛子》旧题"陈胜博士孔鲋撰"(《隋书》卷三二《经籍志》一),自宋以后学者多认为是伪书。明儒湛甘泉以此攻击慈湖"心之精神是谓圣"之说,为"以非圣之言而愒后学",并以"攻贼者破其巢穴"自况〔(明)湛若水:《读崔公后渠叙〈杨子折衷〉》,载《杨子折衷》书首,3a、b〕。但是当代学者,通过对近年新出简帛佚书的研究,对《孔丛子》《孔子家语》等书的真伪问题有了重新的认识,认为它们虽然成书较晚,但内容渊源有自,是研究孔氏家学的重要文献,参见黄怀信《〈孔丛子〉的时代与作者》,《西北大学学报》1987年第1期;郭沂《郭店竹简与先秦学术思想》,第360—364页;最近的研究成果可参看孙少华《〈孔丛子〉与秦汉子书学术传统》(中国社会科学出版社2015年版)、《孔丛子研究》(中国社会科学出版社2011年版)及傅亚庶《孔丛子校释》(中华书局2011年版)。

《孔丛子》既有"伪书"的嫌疑，而明代中后期慈湖心学复兴之后，反对者更以儒家义理正统自居，对"心之精神是谓圣"一说予以激烈批评。今天从文献学上看来，《孔丛子》内容的可信基本可以肯定，而且"心之精神是谓圣"一语，在先秦儒家传统中并非毫无踪迹可寻，如《尚书·大禹谟》中有"惟精惟一"之说，孟子曾言"大而化之之谓圣，圣而不可知之谓神"（《孟子·尽心下》）。① 曰圣曰神，句式亦同（与孟子"大而化之之谓圣"语比较即知），因此可以说，《孔丛子》"心之精神是谓圣"一语应该有其所本。

　　据笔者见闻所及，早期道教经典《太平经》卷一一九《三者为一家阳火数五诀》中，也出现过"心之精神是谓圣"一语：

　　　　故火之精神，为人心也。人心之为神圣，神圣人心最尊真善。故神圣人心，乃能造作凡事，为其初元首。故神圣之法，乃一从心起，无不解说。②

　　书中还有"火之精为心，心为圣"③的说法，与"火之精神，为人心也，人心之为神圣"一句同义，不过较为简括而已。汤用彤认为，"人心之为神圣"句，"人心之"下，疑脱"精神"二字，用《尚书大传》"心之精神是谓圣"语。④ 按《太平经》本文，先说"火之精神为人心"，次言"人心之精神为神圣"，语意通贯，汤先生之说可从。

　　慈湖从《孔丛子》书中，拈出"心之精神是谓圣"的话头，在自己的心学体系中进行重新阐释，使它具有了新的意义与新的生命，

---

① 明代后期周汝登（字继元，号海门，1547—1629）就曾以《大禹谟》与孟子之语，作为慈湖思想渊源的解释（参见孙中曾《明末禅宗在浙东兴盛之缘由探讨》，《国际佛学研究》1992年第2期，第141—176页）。
② 王明：《太平经合校》，119：678。
③ 王明：《太平经合校》，69：271。
④ 汤用彤：《汤用彤全集》，第5卷，第260页，注1；参见王明《太平经合校》，重印后记，第762—763页。

成为宋明理学史上的重要"话语"之一。① 在慈湖以后的儒学文献中，不时可以看到"心之精神""心之精神是谓圣"等语句的出现，可以说这是慈湖心学在儒学史上的一个鲜明印记。

《孔丛子》原文中孔子与子思答问一段的含意，并不是非常清楚，需要作一些分疏。子思问："物有形类，事有真伪，必审之，奚由？"是关于物之"形类"、事之"真伪"的考察方法、途径的问题，可以肯定是就智识的认知行为而言。孔子回答说："由乎心。心之精神是谓圣。"接着说"推数究理，不以物疑。心诚神通，则数不能遁"。相应于子思的问题，"数"与"理"是"物"之"数"、"事"之"理"。"不以物疑"，"疑"的本义是"惑"（《说文解字》卷一四），"物"是事物，指现象界中的经验事实；"不以物疑"意即，不因为

---

① 在慈湖当时，同属陆门、并为"甬上四先生"之一的袁燮，曾说"人心至神"（《宋元学案·絜斋学案》，75：2527），"人心至神，无体无方"（《以鉴赠赵制置》，《絜斋集》，23：369）；告君之时亦言："古者大有为之君，所以根源治道者，一言以蔽之曰，此心之精神而已。心之精神，洞彻无间，九州四海，靡所不烛。故《书》曰'光被四表，格于上下'，又曰'帝光天之下'，二帝之精神也；曰'明明我祖，万邦之君'，'德日新'，'宣重光'，三王之精神也。二帝三王，终日乾乾，自强不息，故能全此精神，以照临天下，明并日月，不遗微小……臣愿陛下……以磨厉其精神……以发挥其精神，日进而不止，常明而不昏，则流行发见，无非精神矣……号令之精神也……赏罚之精神也……人才之精神也……财用之精神也……军旅之精神也……民物之精神也。明主精神在躬，运乎一堂之上，而普天之下，事事物物，靡不精神，岂非帝王之盛烈欤？……《诗》曰'周虽旧邦，其命维新'，新者，精神之谓也……一元之气，周流磅礴，化成万物，日新无已，天地之精神也。"［（宋）袁燮：《都官郎官上殿札子》，《絜斋集》，1：1—2］絜斋所上札子，通篇以"心之精神"为言，谓精神之"流行发见"，举凡号令、赏罚、人才、财用、军旅、民物，"无非精神"，与慈湖所谓"圣"字"无所不通"之义，如出一辙。又舒璘《答叶养源》书谓："妻家子弟，得贤师指授……家庭隣里，荡其耳目者不少，所藉以浸灌者，特指授间，示之言行，闲之规矩，俾观感于精神之妙……成物之道，咸在吾己，我念无亏，精神必契。"（《舒文靖集》，1：2a、b）所谓"观感于精神之妙"，又言及"成物之道"，知此"精神"即指道心、本心之妙而言。诚如黄梨洲所言，由此"可以观四先生学术之同矣"（《宋元学案·广平定川学案》，76：2553—2554）。换一个角度来看，这是慈湖心学在陆门诸子中流行的一个表现（参见［日］楠本正继《陆王学派思想の发展》，国士馆大学附属图书馆编《楠本正继先生中国哲学研究》，第425—426页）。除"精神"之外，絜斋思想与慈湖相似的地方还有多处，如说："何谓道？曰：吾心是也。无偏无党，王道荡荡；无党无偏，王道平平……志之所至，诗亦至焉；诗之所至，礼亦至焉；礼之所至，乐亦至焉；乐之所至，哀亦至焉。哀乐相生，天理自然，人为之私，一毫不杂，是之为道……"［（宋）袁燮：《东湖书院记》，《絜斋集》，10：149］所谓"王道平平""哀乐相生"云云，都是慈湖经常阐述的论题。

事物在"形类""真伪"方面的繁复表现,而使得对"物"之"数"、"事"之"理"(即其超越根据、本体界)的把握发生迷惑。这段对话中重要的是,其中出现了"心诚神通"的提法,所谓"数""理",实际上与道同义,以"心诚神通"作为把握道、本体、道体的途径("数不能遁")。孔子进而言"周其所察,圣人难诸",原先一个关于智识的认知行为的问题,由此发生转向,成为一个指向存有界的问题。① 这种"心诚神通"的进路,与程朱"格物穷理"的进路大相径庭。我们可以想见,慈湖对《孔丛子》中孔子关于"心之精神是谓圣"一段议论的契合,原因就在于此。

关于《孔丛子·记问》中孔子与子思就"心之精神是谓圣"的一段问答,慈湖的解释是:

> 心无体质,德本虚明。如日月照临,如水鉴烛物。不必劳神,自能推见,自能究知。若驰神于彼,周悉至察,虽圣人犹难。何则?劳动则昏。孔子曰"不逆诈,不亿,不信",而自能先觉在彼之诈者为善也。孔子所以明人人自有本心之圣,至于逆诈亿不信,则反昏矣。②

"心无体质",是所谓"心之精神"的谛解。"德本虚明","德"为心之德,指心体之发用,"虚"是无定在、无方所,"明"则是无所不至,"虚明"合起来说,就是"圣"字之真义。不难看出,慈湖对"心之精神是谓圣"的意义的阐释,与孔子原话相较,已有相当的推拓,但也未背离孔子的义理框架。至于"逆诈亿不信,则反昏

---

① 明儒崔铣(字子钟,号后渠,1478—1541)解《孔丛子》中这段话曰:"盖言心之妙用无不通也,故无不推也,能通者神,所通者理,岂如杨氏之言哉?"[(明)崔铣:《杨子折衷序》,载《杨子折衷》书首,2a] 此与慈湖所解,差异只在"所通者理"一句,大旨并无不同。而后渠对心、理的理解,系取伊川、朱子的立场,故不能恰当地理解"心诚神通"一语与慈湖学说的联系。美国汉学家 Yoav Ariel 的《孔丛子》英译本,即将"心诚神通,则数不能遁"一句略去未译(参见 Yoav Ariel, *K'ung-Ts'ung-Tzu*, p.99),如果不是偶然疏忽的话,应该是注意到"心诚神通,则数不能遁"难以与上下文,特别是上文意义统一的结果。
② 《先圣大训》,4:18b。

矣"云云，系据《论语·宪问》"不逆诈，不亿，不信，抑亦先觉者"立论，则为旁出之歧义，与主题关系不大，这里不去谈它。

二 "精神"解

"心之精神是谓圣"一句，重心在"精神"二字。慈湖解释《论语》"朝闻道，夕死可矣"之义时，引用"心之精神是谓圣"为解，紧接着说"精神虚明无体……"① 云云。在慈湖的著作中，类似的表述并不少见。可以肯定，对"精神"意义的准确把握，是理解慈湖这一思想的关键。

不过，对于慈湖所谓"精神"的含义，却向来没有一个确切的解释。宋明诸儒，直至现当代学者，对于"精神"的理解不尽一致。正所谓仁者见仁、智者见智，令人莫衷一是。原因在于，慈湖未曾以专论的形式，对"心之精神是谓圣"的含义，作一个集中的阐述。另外，关于"精神"二字，他也没有作过特别的解释。

历来学者多以陆象山"收拾精神，自作主宰"之义，来解读慈湖的"心之精神是谓圣"②，其实不然。象山关于"精神"的议论，我们可以从《陆九渊集》中拣出其中主要的几条：

1. 古者风俗醇厚，人虽有虚底精神，自然消了。后世风俗不古如此，故被此一段精神为害，难与语道。（《语录上》，《陆九渊集》，34：404）

2. 初学者能完聚得几多精神，才一霍便散了。某平日如何样完养，故有许多精神难散。（《语录下》，《陆九渊集》，35：455）

3. 谦则精神浑收聚于内，不谦则精神浑流散于外。惟能辨得吾一身所以在天地间举错动作之由，而敛藏其精神，使之在内而不在外，则此心斯可得而复矣。（《年谱》，《陆九渊集》，36：490）

---

① 《家记四》，《遗书》，10：31a。
② 以近人蒙文通为例，恒言慈湖"心之精神是谓圣"与象山"收拾精神"之义，且以二者串解（参见氏著《古学甄微·理学札记》，第103、137、149、152—153页）。

4. 有一段血气，便有一段精神。有此精神，却不能用，反以害之。非是精神能害之，但以此精神居广居，立正位，行大道。（《语录下》，《陆九渊集》，35：451）

5. 人精神千种万般，夫道一而已矣。（《语录下》，《陆九渊集》，35：451）

这五条语录中的"精神"，含义没有明显的差异。其中第四条"但以此精神居广居，立正位，行大道"云云，似乎与慈湖所谓"心之精神"相近，实则不然。观第一条以精神有虚实，虚的精神且可对人有害；第二、第三条，"精神"可以说"完聚""收聚""流散""敛藏"，则与慈湖"心之精神是谓圣"之义迥然不同。第五条，"人精神千种万般，夫道一而已"，"精神"与"道"对言，与慈湖"精神"意旨之异尤其明显（慈湖主张精神即道之所在，详见下文）。① 蒙文通研读理学中说："心敬，则精神整肃收拾，生意盎然。""心之精神就是心力。"② 这是陆象山"收拾精神"一语的谛解。

明代阳明高弟钱德洪（字洪甫，号绪山，1497—1574）解释说："谓心之精神，凝聚则明，而分散则昏，病起意也。"③ 以"精神"之"凝聚"与"分散"为说，显系根据象山之说来发挥（参看上面所引第二、第三条语录）。慈湖说："心无实体，清虚无我，生不加益，死不加损。"④ 心之精神（所谓"心无实体"）既然是"生不加益，死不加损"，并不因形体的生灭而有质与量的变化，既然连"生死之变"都不能动得精神分毫，那么，精神的"凝聚"与"分散"又何

---

① 慈湖之父杨庭显有语云："迩日人精神多在外而不藏，盖奔竞利名所致，观之足以自警。"（《遗书》，17：2b）其所谓"精神"亦与象山同，而与慈湖之意不同。

② 蒙文通：《古学甄微·理学札记》，第107页。关于"精神"二字的意义，徐梵澄有很精到的阐释，他论述"精神"的意义之一是"生命力"："通常语文中说花草滋长很有精神，或某人之行动很有精神，皆是形况语，则是指花草之鲜活、茂盛，或某人的身体强健，行动有力，言行相顾，能贯彻主旨……克实言之，这皆是今之所谓生命力的表现，收摄在此一名词之内。"（徐梵澄：《陆王学述》，第12—13页）此"生命力"与蒙先生所谓"心力"同意，皆为象山"精神"一语的实际含义。

③ 《慈湖书院记》，《慈湖遗书新增附录》，8b—9a。

④ 《先圣大训》，5：50a。

从说起呢？在阳明后学诸子中，绪山是对慈湖抱有相当亲切态度的一位，对其心学的理解亦不能得其真。①

为了疏解慈湖心学中"精神"这个重要概念，我们把散见于慈湖著作中有关"心之精神"的表述，逐一参看，可以对此观念的内涵有较为清楚的认识。首先来看慈湖所说"精神"一语的本义：

> 心之精神，无方无体，至静而虚明，有变化而无营为……（《申义堂记》，《遗书》，2：1b）
> 心无质体，惟有变化。（《先圣大训》，1：53b）
> 心无实体，清虚无我……（《先圣大训》，5：50a）
> 心非气血，非形体，惟有虚明。（《杨氏易传》，11：4a、b）
> 道心无体，非血气，澄然如太虚，随感而应，如四时之变化。（《杨氏易传》，1：14a）

以上五条比而观之，所谓"精神"，与"实体"②"形质"相对而言。"实体""形质"即指"形气"、血气形体（即"血气之私"，或者说肉身、物质性的存在）一类，属于形而下的层面。形质是有限的存在，心、"心之精神"为无限的存在。③ 所以说"心之精神，无方无体"。论其思想渊源，则显然出自《易系辞》"神无方而易无体"之说。慈湖说：

---

① 明儒夏尚朴（字敦夫，号东岩，1466—1538）说："象山之学，以收敛精神为主，曰'精神一霍便散了'。门人杨慈湖论学，只是'心之精神谓之性'一句，更无他说，此其所以近禅。朱子云：'收敛得精神在此，方看得道理尽。看道理不尽，只是不专一。'如此说方无病。"（《东岩集》，1：9a、b；《明儒学案·崇仁学案四》，4：69，文字有节略）按朱子与象山皆言"精神"，或言专一，或言收敛，所谓"精神"皆系指"心力"而言，东岩以朱子之说为折衷，既不知象山之同，复不知慈湖之异，两皆无当。东岩引慈湖"心之精神是谓圣"作"心之精神谓之性"，当非语句之偶误，乃出自北溪所谓慈湖"专认心之精神为性，指气为理"之说〔（宋）陈淳：《与黄寅仲》，《北溪大全集》，31：7a；《全宋文》，第295册，6718：100；《宋元学案·象山学案》，58：1918，文字有节略〕。
② 慈湖说"心无体""心无实体"，这个"体"并不是存有论意义上的实体，实际上是指形质而言，属于形而下的气。
③ 《杨氏易传》（15：10b）："君子不以气血为己。"则是这个意思的另一种表达。

"心之精神是谓圣",曰心曰精神,虽有其名,初无其体,故曰"神无方,易无体",非神自神,易自易,心自心也。是三名,皆有名而无体,莫究厥始,莫执厥中,莫穷厥终。(《杨氏易传》,1:29b—30a)

斯妙也,自古谓之心,又谓之神。孔子曰"心之精神是谓圣"。(《昭融记》,《遗书》,2:7b)

在慈湖的心学里,"心""神""精神",名称不同,意谓则一,并与"易"(易体)相等,具有本体的地位。慈湖因此有"神心"之说:"神心之无体无方,无所不通。"①"神心"可以说是"心之精神"一语的缩写。慈湖说:

以形观人,则人固可见;以神观人,则人固不可见也。神者,人之精;形者,人之粗。孔子曰"心之精神是谓圣",神无方无体,范围天地,发育万物,无所不通,无所不在。(《家记三》,《遗书》,9:9a)

"神"与"形"相对,人之"形"是气血之质,是物质存在、自然存在,是人的粗迹;神、精神以心为表征,是形而上的超越的存在,也是人的本质。此人心之精神,慈湖亦以"机"名之:

……
益信人心自灵妙,莫执人神定名号。此机不动万象沉,此机一发靡不到。此机不属上下中,此机非西南北东。此机无远亦无近,此机至正而大公。此机夫②人之所有,何不自贵自善守……(《奉檄往哭象山复会葬及归自金溪留宿本县仙乐观归而作是诗》,《遗书》,6:20a)

---

① 《杨氏易传》,1:25b。
② "夫"字,原文作"天",据《全宋诗》(2589:30087)改。

既然以"心无质体，惟有变化"①，称心之精神为"机"（神机），即心之精神即为心之变化（心体发用）之所由。

既然心、神、精神并无二致，心即是"精神"，即是"神"，所谓"人心即神"②，那么，慈湖又何以要特别拈出"心之精神是谓圣"的话头，强调心之"精神"呢？

答案间接由此可得。《易经》"咸"卦卦辞，自初六至上六，分别为"咸其拇""咸其腓""咸其股""咸其脢""咸其辅颊舌"，其中九四卦辞句式与此不同，为"憧憧往来"，固然指心意而言，但是并未出现"心"字。关于这种特别情形，慈湖解释道：

> 初拇、二腓、三股、五脢、上辅颊舌，九四居中，正当心象，爻辞亦言心之所为，而不明曰心者何也？心非气血，非形体，惟有虚明，而亦执以为己私，若一物然。故圣人去心之名，庶乎己私之释，而虚之神著矣。（《杨氏易传》，11：4a、b）

以九四卦辞为"圣人去心之名"，以著明心之"虚之神"，是否为《易经》本有之义，这一点且置勿论。慈湖之意，则是要消解人拘执于心之形体、气血之私，视之"若一物"，强调心（道德主体）的超越性，实即"无限心"之义。③

三 "圣"字解

关于"心之精神是谓圣"的"圣"字，慈湖并没有确定的表述。

---

① 《先圣大训》，1：53b。
② 《二陆先生祠记》，《遗书》，2：17b。
③ "无限心"为牟宗三提出的概念，牟先生说："吾人由道德开无限心，由无限心说智的直觉，故本体界可朗现。"（牟宗三：《现象与物自身》，第21页）关于宋儒"无限心"的意义与观念的形成，杨祖汉研究认为：宋儒关于无限心，有以胡宏（字仁仲，号五峰，1105—1155）和陆象山为代表的两种不同进路，五峰由心知可成性处，即本心仁体主宰天地万物，使天地之性得以具体彰显的意义来规定心的遍在性，象山则从道德实践上体会心同理同，此理充塞宇宙，道德本心遍于万物而不遗，从而肯定其绝对普遍性（参见杨祖汉《儒家的心学传统》，第287—305页）。慈湖以"心之精神是谓圣"指示道德心的普遍义，与象山属同一进路。

而先秦时荀子有"精神相及，一而不贰为圣人"的说法（《荀子·成相》），与慈湖所谓"心之精神是谓圣"似乎有相似的地方，只是二者意义不同，也没有思想源流上的联系。在儒家文献中，"圣"字的语义一般都指向"圣人"，所以后世往往把"心之精神是谓圣"的"圣"字解读作"圣人"，其实并不确切。在慈湖思想中，"圣"字的意义不能说与"圣人"毫无关系，但二者究有分别。

《易经》乾卦《文言》说："夫大人者，与天地合其德，与日月合其明，与四时合其序，与鬼神合其吉凶，先天而天弗违，后天而奉天时。天且弗违，而况于人乎，况于鬼神乎？"对《文言》中这段名言，慈湖解释道：

> 世皆睹大人之形，不睹大人之神，世皆知大人之思为，不知大人之思为之神。孔子曰："心之精神是谓圣"，曰心曰精神，虽有其名，初无其体，故曰"神无方，易无体"，非神自神，易自易，心自心也。是三名，皆有名而无体，莫究厥始，莫执厥中，莫穷厥终。（《杨氏易传》，1：29b—30a）

关于"大人"所指，慈湖解曰"大人者，圣人之异名"[①]。据此粗略看来，"心之精神是谓圣"，似乎即"圣人"之谓。但细读原文，慈湖之意，并不在表明心之精神为圣人（即神、精神与圣人、大人的对等关系），而是要强调"神"、易、心三者，"皆有名而无体，莫究厥始，莫执厥中，莫穷厥终"，全段的重心在"莫究厥始，莫执厥中，莫穷厥终"一句，"圣"字所对应的就是这十二字，主旨即"无所不通"。

为了更有力地说明这一点，我们再引几条慈湖的表述以供参详：

> 1. 钦惟舜曰道心，非心外复有道，道特无所不通之称。孔子语子思曰："心之精神是谓圣。"圣亦无所不通之名。（《临安府学记》，《遗书》，2：14a）

[①] 《杨氏易传》，1：29b。

2. 圣者，无所不通之谓。(《先圣大训》，4：55a)
3. 此心自明自神，自无所不通。(《杨氏易传》，6：12b)
4. 道心者，无所不通之心，以之修身则身修，以之齐家则家齐，以之治国则国治，以之平天下则天下平……(《杨氏易传》，18：13a)

由第一条已经可以清楚地看出，所谓"心之精神是谓圣"，"圣"是"无所不通"之义。① 慈湖解释"道"的含义，亦是"无所不通之称"。因此总的来讲，"心之精神是谓圣"，就是"道心""心即道""心即理"的另一种表述。"此心自明自神，自无所不通"是慈湖经常说的话。慈湖所说的心、"心之精神"，由此"圣"字点出"无所不通"之义，② 如果借用牟宗三发明的概念，即是"无限心""自由无限心"。

"圣"字之"无所不通"义，是就"心之精神"的表现说。心之"精神"的表现，即心体之流行，"变化无方"，发用无穷。如用能、所关系而言，心体之"神"为能（主），而"圣"（无所不通）为所（从）。心体之"神"，其用即见于"所"处无所不通之"圣"③：

> 人心非气血，非形体，广大无际，变化无方，倏焉而视，又倏焉而听，倏焉而言，又倏焉而动，倏焉而至千里之外，又倏焉而穷九霄之上，不疾而速，不行而至，非神乎，不与天地同乎？(《二陆先生祠记》，《遗书》，2：18a)

此是就"神"为"视、听、言、动"之主宰说，次则就其见于道德实践说：

---

① 按"通"之义正是"圣"字的本义，《说文》卷一二："圣，通也。"
② 据此，前面所引慈湖关于《孔丛子》中"心之精神是谓圣"一段的解释，其中说"孔子所以明人人自有本心之圣"，这个"本心之圣"的"圣"，并非指德性而言，而是"无所不通"。
③ 这里以体用、能所关系，解释"精神"与"圣"，系受到牟宗三关于濂溪诚体之神的阐释启发（参见牟宗三《心体与性体》，上册，第295页）。

> 敬也，哀也，欢也，信也，威也，仁也，怒也，忧也，皆此心之为。(《先圣大训》，5：60a)
>
> 此心之灵，于亲则孝，于兄则悌，于君则忠，于友则信，于乡则和，于民则爱。一以贯之，无所不通。(《饶娥庙记》，《遗书》，2：17a)

道心因应事变，事变无穷，道心之因应亦无穷，与时事相偕。凡敬、哀、欢、信、威、仁、怒、忧，或曰孝、悌、忠、信、和、爱，皆此心之为，"一以贯之，无所不通"，所以此心"象广大，无际量"①。

慈湖在为象山所作行状中，说及"先生之心"，言其心体之大：

> 日月之明，先生之明也；四时之变化，先生之变化也；天地之广大，先生之广大也；鬼神之不可测，先生之不可测也。先生之心，与万古之人心，一贯无二致，学者不可自弃。(《象山先生行状》，《遗书》，5：10a、b)

所谓"日月之明，四时之变化，天地之广大，鬼神之不可测"云者，出自《易经》乾卦《文言》"夫大人者，与天地合其德，与日月合其明，与四时合其序，与鬼神合其吉凶"之说。《文言》以天地、日月、四时、鬼神合一为"大人"（即圣人）之德，慈湖则径以心与道同一本体，发用流行，人心精神之圣，与天地、日月、四时、鬼神合一，周流溥遍，所谓"六通四辟，变化皆妙"②。此"无所不通"之"妙"，故称之为圣。

因此精神之周流溥遍，慈湖认为"天地未离乎形，君子足以范围之也"，他赞赏明道所谓"至诚可以赞化育，可以回造化"之说。③在一篇祭祀象山先生的文字中，慈湖论及"先生之道"，言象山与道

---

① 《日本国僧俊芿求书》，《遗书》，3：9b。
② 《杨氏易传》，2：15b。
③ 《家记七》，《遗书》，13：12a。

同体的境界：

> 仰观乎上，先生确然示人易矣；俯察乎下，先生聩然示人简矣。垂象著明者，先生之著明；寒暑变化者，先生之变化；《书》者，先生之政事；《诗》者，先生之咏歌；礼者，先生之节文；《春秋》者，先生之是非；《易》者，先生之变化。（《祖象山先生辞》，《遗书》，4：5a）

为其高祖杨伦所作墓记中又说：

> 某祗惟高祖府君，本性清明无体，量广大，无际畔，万善本备，不假造为。日月运行，云雷风雨霜露，即吾高祖府君之变化也；草木林生，山川時流，人物群居，父慈子孝，兄良弟弟，夫义妇听，长惠幼顺，即吾高祖府君之变化也。（《半亭高祖墓记》，《遗书》，5：14a、b）

慈湖就象山之心、其高祖之心而说"万古人心之所同"，人心无二致，此心此圣，不止象山一人有之，举天下之人皆有之。

关于慈湖的"心之精神是谓圣"，既已解释如上，我们可以很自然地联想到北宋周敦颐（字茂叔，号濂溪，1017—1073）与张载（字子厚，号横渠，1020—1077）关于"圣"与"神"的阐释。

濂溪《通书·诚几德》"性焉安焉之谓圣，复焉执焉之谓贤。发微不可见，充周不可穷之谓神"，《通书·圣》"寂然不动者诚也，感而遂通者神也"之说。前章说诚体之发用，几微隐幽而不可见，而其感应则"充周不可穷"，无方而无穷无尽，此即为"圣而神"。此与上文所引孟子"大而化之之谓圣，圣而不可知之谓神"同义。后章所说"寂然不动，感而遂通"为先秦儒家原有而亦最深的玄思（形上智慧），濂溪以寂言诚体，感通言诚体之用，对此最根源智慧的把握，即是"默契道妙"的表征。[①]

[①] 参见牟宗三《心体与性体》，第284—285页。

横渠则谓"圣者,至诚得天之谓;神者,太虚妙应之目"(《正蒙·正和》),以"太虚妙应"解释主体诚敬之心之神用,即谓道德的超越的本心,自身即呈现一不测的神用,与孟子、濂溪"圣而神"说诚德之"神化"同调。① 慈湖则以心体之神,"有叩斯应,众妙必形"②,肯定此道德的实体之普遍性。

试问,慈湖以"心之精神是谓圣"为宗旨,在他的心学体系中的理论意义何在?我们可以看出,慈湖言道、天道、道心,皆为笼统、形式、抽象的表示(于此笔者另有专论,此不具述),故慈湖拈出"心之精神是谓圣"一句作为宗旨,以"精神"充实心体之义。"精神"之外,为什么还需要一"圣"字,才得完整地表示慈湖心学之义?如"心之精神"四字已足,自不需加多"是谓圣"三字。当因"心之精神"亦嫌笼统,故须复以"圣"字再充实之,使心体所具有"寂感"之义,具体地得以呈现。③

顺带一提的是,明代中后期慈湖心学复兴以后,也出现了对慈湖"心之精神是谓圣"之说的批评。周海门(周汝登)曾经说:

> "心之精神是谓圣",此子思闻之夫子者,慈湖数举以明宗。而或以为此非夫子之言,曰:以精神而不以中正,故决其非。④

所谓"以精神而不以中正"云云,为引述湛甘泉之说。⑤ 实则慈湖之意,"精神"与"中正"并无冲突。慈湖曾言:"夫人心本善,本清明广大,本刚健中正,本与天地同。孔子曰:'心之精神是谓圣。'"(《慈湖春秋传》,6:14a)关于《易经》"同人"卦卦辞"利君子贞""文明以健,中正而应",慈湖有如下解释:

---

① 参见牟宗三《心体与性体》,第412页。
② 《先圣大训》,4:17b。
③ 此处关于"心之精神是谓圣"一语的分析,系受到牟宗三关于濂溪诚体寂感的阐释启发(参见牟宗三《心体与性体》,第295页)。
④ (明)周汝登:《周汝登集·东越证学录·武林会语》,1:423;参见孙中曾《明末禅宗在浙东兴盛之缘由探讨》,《国际佛学研究》1992年第2期,第141—176页。
⑤ 参见(明)湛若水《读崔公后渠叙〈杨子折衷〉》,载《杨子折衷》书首,3b。

> 何谓君子之贞？言乎文为条理、光辉著见之谓文，言乎辨析、洞照无蔽之谓明，言乎日应万变、不屈不息之谓健，言乎无思无为、无偏无倚之谓中，言乎正而无邪之谓正，言乎交际泛应之谓应。道心无体，神用无方，文、明、健、中、正、应，非实有此六者之殊。形容君子之正道，有此六者之言，其实一也。（《杨氏易传》，6：12a、b）

凡文、明、健、中、正、应，皆为道心之神用。"无思无为、无偏无倚之谓中，言乎正而无邪之谓正"，中正之道，亦为心之精神具有之义。此可解甘泉之辨难。[①]

在明儒中，对慈湖"心之精神是谓圣"一义，有特别申发的人物，不能不提到颜钧（字子和，号山农，1504—1596）与罗汝芳（字惟德，号近溪，1515—1588）。颜山农好讲"心之精神是为圣"，并揭出"精神莫能""神莫"之说，[②] 曰：

> 故曰：性情也，神莫也，一而二，二而一者也。如此申晰，

[①] 甘泉并且谓："观慈湖言人心精神是谓之圣，是以知觉为道矣。如佛者以运水搬柴无非佛性，又蠢动含虚无非佛性，然则以佛为圣，可乎？"（《明儒学案·甘泉学案一》，37：909）此以"知觉"来理解慈湖所说"精神"，源出宋代的陈北溪。北溪承袭朱子之说，以"形气之虚灵知觉"理解象山之"本心"，谓之为人心，而非道心，且谓："今指人心为道心，便是向来告子指生为性之说，及佛家所谓作用是性之说，蠢动含灵皆有佛性之说，运水搬柴无非妙用之说。故慈湖传之，专认心之精神为性，则是全指气为理矣。"[（宋）陈淳：《与黄寅仲》，《北溪大全集》，31：7a；《全宋文》，第295册，6718：100；《宋元学案·象山学案》，58：1918，文字有节略]。如与其"佛家论性，只似儒家论心，他只把这人心那个虚灵知觉底唤作性了"[（宋）陈淳：《北溪字义》，卷上，第13页]一语对读，可知北溪将慈湖之精神亦作虚灵知觉、形气解，自然不能相应。甘泉撰有《杨子折衷》一书，对慈湖有激烈的批评，主要在指其为禅，实则未得慈湖"心无体""精神无体""不起意"之本旨。

[②] 山农之说，详见其《辨精神莫能之义》《辨性情神莫互丽之义》诸文[（明）颜钧：《颜钧集》，2：13—14]，及其门人程学颜所录《衍述大学中庸之义》（《颜钧集》，附录一，9：76—77）。山农《辨精神莫能之义》《辨性情神莫互丽之义》二文，作于七十余岁时，为其晚年学说（参见李庆龙《罗汝芳思想研究》，第三章，第三节）。按："精神莫能"四字原出东汉王符《潜夫论·叙录》，语曰"人天情通，气感相和，善恶相徵，异端变化。圣人运之，若御舟车，作民精神，莫能含嘉。清人汪继培谓"能"字疑当作"不"，今人彭铎则谓"莫能"二字疑倒（彭铎《潜夫论笺校正》，10：480）。

是为"从心所欲不逾矩"之学。又曰：心之精神是为圣，圣不可知之谓神，不知其然而然之谓莫，即是夫子五十知天命以后，翊运精神成片之心印。羣农亦从心以为性情，而默会神莫，如是心印，辚辚然，井井然。①

山农以性情与神莫并言，已是其所创新义，并非为慈湖专作解人，不过其"神莫"之说与慈湖的渊源关系，则是不可忽视的事实。相对而言，近溪与门人讲"心体之亲切"时，则较切合慈湖之本义：

盖心之精神是谓圣，圣者，神明而不测者也。故善观天地之所以生化人物，人物之所以彻通天地，总然此是神灵，以充周妙用，毫发也无间，瞬息也不遗，强名之曰心，而人物天地浑沦一体者也。……须如精神谓圣，又须如神明不测，方是专主灵知而直达心体也。至若灵而谓之虚者，不过是形容其体之浩渺无垠。又灵而谓之窍者，不过是形容其用之感通不窒。实在心之为心也，原天壤充塞，似虚而实则非虚，神明宥密，似窍而实则无窍。②

近溪以"神明而不测"释"圣"字，正是慈湖之本义。天地之生化，三才之贯通，皆为此神明"充周妙用"，其体"浩渺无垠"，充塞于"天壤"，故而"人物天地浑沦一体"，人物、天地同一本体，此本体名之曰心，分别说则是人物之心、天地之心，其用"感通不窒"。慈湖以"人心即《大易》之道"③，据《易传》"范围天地之化而不过，曲成万物而不遗"，《中庸》"发育万物"之言说心：

此心未尝不圣、不精神，无体质，无际畔，无所不在，无所不通。《易》曰"范围天地"，果足以范围之也；《中庸》曰"发

---

① （明）颜钧：《辨性情神莫互丽之义》，《颜钧集》，2：13—14。
② （明）罗汝芳：《罗汝芳集·近溪子集》，6：197。
③ 《杨氏易传》，5：12a。

育万物",果皆心之所发育也。①

近溪早年曾研读阳明、象山、慈湖著作,虽然"于三先生所谓工夫,每有罣碍",中年以后,学思俱进,关于知体神理之体悟,与阳明、象山、慈湖心体之义极为契合。② 现代著名儒者梁漱溟,在阳明之外独许慈湖、近溪二人,以为堪称"明心见性"③,此说颇可寻味。

四 "精神"与"良知"

王阳明晚年曾提出"心之良知是谓圣"的看法。嘉靖四年（1525）,阳明书赠门人魏良贵（字师孟,号及斋,1503—1563）说:"心之良知是谓圣。圣人之学,惟是致此良知而已。"④ 次年,阳明与门人季彭山讨论"圣人之学"的问题,针对彭山提出的"善者圣之体"之说,阳明回答说:"……其云'善者圣之体',意固已好,善即良知,言良知则使人尤为易晓,故区区近有'心之良知是谓圣'之说。"⑤ 按阳明卒于嘉靖八年（1529）,此二事均在阳明去世之前不久。在阳明身后,王龙溪亦祖述师说道:"先师曰:'心之良知是谓圣。同此谓之同德,异此谓之异端。'"⑥ 又谓:"阳明先生云'心之良知是谓圣',揭出'致良知'三字示人,真是千古之秘传、入圣之捷径。"⑦

"心之良知是谓圣"显然出自慈湖的"心之精神是谓圣"。嘉靖

---

① 《临安府学记》,《遗书》,2:14a。
② 关于近溪知体与神理的思想主旨,参见李庆龙《罗汝芳思想研究》,第五章。
③ 梁先生在接受美国学者艾恺访问时,有这样一段对话:艾:"谁达到这个地步,除王阳明外谁达到'明心见性'?"梁:"陆王派里有两个造诣很深的人。在宋朝,名字叫杨简、杨慈湖;在明朝,叫罗汝芳,号罗近溪。我最佩服这两个人。其他一般的人,尽管他讲儒书,讲孔子,尊奉孔子,实际上是门外汉。"（《美国学者艾恺先生访谈记录摘要》,载中国文化书院学术委员会编《梁漱溟全集》,第8卷,第1169页。）
④ 《王阳明全集·书魏师孟卷（乙酉）》,8:280。按:魏良贵生卒年,据吴兴勇等编著《魏姓史话》,第57页。
⑤ 《王阳明全集·答季明德（丙戌）》,6:214。
⑥ （明）王畿:《王畿集·孟子告子之学》,8:190。
⑦ （明）王畿:《王畿集·与潘水帘》,9:220。

四年（1525）十月，秦钺在江西刻印《慈湖先生遗书》，这是慈湖著作在明代的首次刊行（参见后文《宋儒杨慈湖著述考录》）；也就在这一年，阳明书赠魏师孟提出"心之良知是谓圣"之说，时间上的重合当非偶然。

阳明曾经研读慈湖著作，并与门人讲论。早在秦钺刻印《慈湖先生遗书》之前，约在正德十四年（1519），阳明致门人顾应祥（字惟贤，号箬溪，1483—1565）书中说：

> 承寄《慈湖文集》，客冗未能遍观。来谕欲摘其尤粹者，再图翻刻，甚喜。但古人言论，自各有见，语脉牵连，互有发越。今欲就其中以己意删节之，似亦甚有不易。莫若尽存，以俟具眼者自加分别。所云超捷，良如高见。今亦但当论其言之是与不是，不当逆观者之致疑，反使吾心昭明洞达之见，有所搉覆而不尽也。①

约略言之，阳明对慈湖颇有好评，如谓："杨慈湖不为无见，又着在无声无臭上见了。"② 据湛甘泉记述，阳明甚至说过就心学的境界论，"慈湖远过于象山"③。

阳明借用慈湖"心之精神是谓圣"一语，把"精神"改为"良

---

① 《王阳明全集·与顾惟贤》，27：1000。按：陈来考证此书年代为己卯（陈来：《有无之境：王阳明哲学的精神》，第十二章"附考"之二《〈续编〉书札考》，第329页），即正德十四年（1519）。又明代各种藏书目录中著录有《慈湖文集》一种，二册，且与《慈湖遗书》《慈湖甲稿》共见，疑《慈湖甲稿》与《慈湖文集》为同书异名。参见后文《宋儒杨慈湖著述考录》。

② 《王阳明全集·传习录下》，3：115；参见《明儒学案·姚江学案》，10：215。按：阳明对慈湖的这个评论并不恰当，蒙文通曾言："慈湖颇似阳明，阳明却谓之着在无声无臭上。体识前贤，诚非易易。"（蒙文通：《古学甄微·理学札记》，第115页。）又王龙溪说："先师谓：'慈湖已悟无声无臭之旨，未能忘见。'"［（明）王畿：《王畿集·慈湖精舍会语》，5：114。］刘宗周（字起东，号念台，称蕺山先生，1578—1645）称引阳明之说："文成云：'慈湖不免着在无意上。'"（《明儒学案·蕺山学案》，62：1527），参见陈来《中国近世思想史研究·〈明儒学案〉所见阳明言行录佚文》，第645页。

③ 《明儒学案·甘泉学案一》（37：909）："闻王阳明谓慈湖远过于象山。象山过高矣，又安可更过？"（参见陈来《中国近世思想史研究·〈明儒学案〉所见阳明言行录佚文》，第643页）

知"，来宣扬自己的"致良知"之教。之所以说是借用，是因为阳明"心之良知是谓圣"一语，重在强调"致良知"为"入圣"的关键。慈湖"心之精神是谓圣"的确切意义，上文已经作过疏解，慈湖的"圣"字意在心之神用，而阳明的"圣"即指圣人。虽然在"圣"字上的侧重意义不同，阳明的"良知"，与慈湖的"精神"（道心的同义语），同为心体之谓，同指道德主体，二者的意义在同一层面上。① 所以明代的佛教界人士曾将二者相提并论，如明代高僧袾宏（别号莲池，或称云栖大师，1535—1615）撰《竹窗随笔》中有如下答问：

  《孔丛子》云："心之精神是谓圣。"杨慈湖平生学问，以是为宗。其于良知何似，得无合佛说之真知欤？
  曰：精神更浅于良知，均之水上波耳。恶得为真知乎哉?! 且"精神"二字，分言之则各有旨，合而成文，则精魂神识之谓也。昔人有言，"无量劫来生死本，痴人认作本来人"者是也。②

莲池以"精神""良知"，二者同如水上之波，并无真实常住之性，未能以真知称之；并认为"精神"云云，是"痴人认作本来人"，以幻为真。此自然是由于儒、释根本立场的不同，此不多辨，仅就"精魂神识"一点稍作说明。

慈湖本义，固不排斥"精魂神识"。《礼记·檀弓》载延陵季子"若魂气，则无不之也"之言，慈湖解曰："神魂之妙，无所不通，广大灵明，惟昏故小故拘，此启之通之。"③ 慈湖心学是一种圆顿的"通一论"，在天人关系方面持"三才一道"，"人鬼、生死实一"的

---

  ① 阳明说："知是心之本体，心自然会知。见父自然知孝，见兄自然知弟，见孺子入井自然知恻隐，此便是良知，不假外求。……即心之良知更无障碍，得以充塞流行，便是致其知。"（《王阳明全集·传习录上》，1：6；《明儒学案·姚江学案》，10：200，文字略异）"良知充塞流行"，即为慈湖"心之精神是谓圣""无所不通"之义。
  ② （明）袾宏：《竹窗随笔·心之精神是谓圣》，《（明版）嘉兴大藏经》，第33册，第29页。
  ③ 《先圣大训》，2：42b。

观点。所以他赞赏《礼记·礼运》中"故人者，其天地之德，阴阳之交，鬼神之会，五行之秀气也"的说法，以"人心与天地鬼神之心，通一无二"。此其一。其次，也是更主要的一点，慈湖说："德性无生，何从有死，非二道也。"①他使用"精神"二字，意在强调德性的无生无死、超越或者说超脱于生死（见上文第二节），②此义则非莲池所理解的"精魂神识"所能包括。莲池之所以有"精神更浅于良知"的评鉴，认为"精神"比"良知"蕴含的意义要浅，正是因为概以"精魂神识"视之。

虽然如此，从慈湖的"心之精神是谓圣"，到阳明的"心之良知是谓圣"，不能不说是心学理路的一个推进。就表述方式而言，"精神"的意谓较为模糊，较多歧义，"良知"一语则简易直截，更能有效地揭示慈湖使用的"精神"二字，所指示的道德本心的意义。

关于"精神"与"良知"，莲池还有一段议论：

> 慈湖儒者也，不观仲尼之言乎？"操则存，舍则亡，出入无时，莫知其乡。"则进于精神矣，复进于良知矣。然则是佛说之真知乎？
>
> 曰：亦未也。真无存亡，真无出入也。"莫知其乡"，则庶几矣，而犹未举其全也。仲尼又云："无思也，无为也，寂然不动，感而遂通天下之故。"夫泯思为而入寂，是"莫知其乡"也；无最后句，则成断灭，断灭则无知矣。"通天下之故"，无上三句，则成乱想，乱想则妄知矣。寂而通，是之谓真知也。然斯言也，论《易》也，非论心也，人以属之蓍卦而已。盖时未至，机未熟，仲尼微露，而寄之乎《易》，使人自得之也。甚矣！仲尼之善言心也。③

---

① 《家记五》，《遗书》，11：26a—27b。
② 慈湖又说："人心之神，其盛德亦若是，初无死生之殊，初无幽明之间。"（《先圣大训》，3：25b）"有始必有终者，形气也。性命之妙，有清明而无生死也。"（《先圣大训》，6：34b）在这些论述中，凡人心之神、精神、性命、德性，与形气相对，皆在同一个意义层面上。
③ （明）株宏：《竹窗随笔·寂感》，《（明版）嘉兴大藏经》，第33册，第29—30页。

莲池这段话，是由《孟子·告子上》中著名的"牛山之木"章，所载孔子之言"操则存，舍则亡，出入无时，莫知其乡，惟心之谓与？"以此来评鉴慈湖、阳明心学所谓"精神""良知"。在他看来，孔子"善言心"，而慈湖、阳明皆未臻"真知"之境。阳明心学的情形且置勿论，就慈湖心学而言，虽然莲池的了解不足，但是他的这番议论却极有意义，可以看作提供了一个理解慈湖心学的框架，借此反观慈湖心学，正可以凸显慈湖所达到的圆顿之境。

慈湖《先圣大训》卷四收录孔子这段话，并详加注解，来阐释"人心之神"，现略引如下：

> 孔子非贵操而贱舍，后学不达，遂谓常操者为圣人，不观夫出入无时？孔子亦未尝贵入而贱出，辞旨坦然。孔子哭颜渊至于恸矣，而不自知，谓之操存可乎？负手曳杖，莞尔而笑，谓之操存可乎？变化云为，如四时之错行，如日月之代明，感而遂通，而亦未始不寂然也。心者，天下之所同然，操之则在，舍之则无，忽然而出，又忽焉而入，卒莫知其乡。人心之神如此……学者不知，愈操愈失，操无所益，舍无所损。贵操贱舍，斯失之矣……此心无我，惟有至神，虽以孔子之圣，犹不能自知其乡，而况于他人乎？今或独取操存，则有其乡矣，不能如四时之变化矣。（《先圣大训》，4：19a—20a）

参照莲池的评鉴之语，与慈湖自己的阐释作一比较，我们可以看出：

首先，莲池与慈湖，对于"操则存，舍则亡，出入无时，莫知其乡"四句的理解，都重在后两句"出入无时，莫知其乡"。莲池对"莫知其乡"一句加以赞赏，而慈湖以此肯定"人心之神"，不过二人的思想进路不同。莲池径直提出心"无存亡"，"无出入"，慈湖的阐释是以注解（随文解义）的方式进行，孔子已言操舍、存亡、出入，所以他不可能如莲池一样，直接提出"真无存亡，真无出入"，而是通过否定孟子以来诸儒"操存"之说,① 从而间接达到的。慈湖提出"操无所益,舍无所损",操无所贵,舍无所贱,"独取操存,则有其乡",由此达到对此心"至神","莫知其乡"的肯定。

其次,莲池称赏《易传》"无思也,无为也,寂然不动,感而遂通天下之故"一语,并肯定此"寂而通"为真知,而儒家以之论《易》,未曾以之论心。就慈湖的心学历程来看,他自少年时起,最为喜爱《系辞》中的这段话,认为这是"学道"所造最高妙的境界,而通过"母丧之悟",更加印证了人心"清明虚灵",同时又有"不疾而速,不行而至之神用"②。慈湖屡言心体"感而遂通,而亦未始不寂然",主张"神无速,亦无至",所以他欣赏程明道"惟神也,故不疾而速,不行而至"一语。③ 莲池说,孔子虽然"善言心",而寂感之旨,"论《易》也,非论心也,人以属之蓍卦而已。盖时未至,机未熟,仲尼微露而寄之乎《易》,使人自得之也"。我们如借用他的话头,则慈湖以《易传》之寂感言心,正是儒家心学已臻圆顿之境的表示。

---

① 慈湖批评孟子"误认孔子操存之旨,每每以存心操心为言",不取其"苟得其养,无物不长;苟失其养,无物不消"之说,认为"此心之神,本不可以小大、消长言"(《先圣大训》,4:20b)。按慈湖对孟子以来"操存"之说的批评,是由于所着眼的意义层面不同:慈湖说心之"本体",为"应然"的道德心;孟子所谓操存,则指"实然"的道德心。

② 《家记三》,《遗书》,9:49b。按淳熙元年(1174)春,慈湖因母亲去世,守丧去官。服丧期间"日用酬应,未能无碍"的亲身经历(《行状》,《遗书》,18:3a),是慈湖一次重要的觉悟契机,直接促成了他"不起意"学说的提出。

③ 《家记七》,《遗书》,13:12a。

论宋儒杨慈湖与道家思想之关系

> 御风两度浙河去,又寻归路从桃蹊。
> (《内丹歌》,《遗书》,6:9b)

关于宋儒杨慈湖学术思想的内容意义及展开过程,迄今学界的研究尚有薄弱之处,如其与道家思想之关系,在以往的研究中较少受到注意。按慈湖之父杨庭显,晚年受陆象山指点启发,"大然之,于是尽焚其所藏异教之书"[1],可知其壮岁留心佛、道二教,为显然之事实,家训中亦可见出佛、道思想之痕迹。慈湖成学过程中受到多方面的影响,他幼承庭诰,此种出入于佛、道之间的印记,在他身上多有表现。对慈湖心学的理解,似不可略去这一部分不表。本文拟就慈湖与道家思想之关系进行初步探讨,我们先来看他对先秦道家老子、庄子的态度,再谈他与道教之关系。

一 老子与庄子

慈湖对老子思想有尖锐的批评,主要在形上本体的根本性问题。《老子》第十四章:"视之不见名曰夷。听之不闻名曰希。抟之不得名曰微。此三者不可致诘,故混而为一。"慈湖评道:

> 夫道未始不一,何以复混为?此其大蔽也。此意之所为也,道不如是也。(《先圣大训》,5:26a)

---

[1] (宋)陆九渊:《杨承奉墓碣》,《陆九渊集》,28:326。

第十六章说:"致虚极,守静笃。万物并作,吾以观复。夫物芸芸,各复归其根。归根曰静……"慈湖说:

> 离动而之静,此蔽也,非道也。(《先圣大训》,5:26a)

慈湖喜欢称引孔子"吾道一以贯之"(《论语·里仁》)的话头,在他的思想体系中,表现出鲜明的"一以贯之"的特色,所谓"万殊无不通一"①,可以"通一论"称之。老子主张于虚静中观照经验世界之根据原理,慈湖认为道心无有动、静的分别,所以二者思想不能融摄。再者,《老子》第三十八章说:"夫礼者,忠信之薄,而乱之首。"老子经由"德性我"的否定,进至社会文化活动之否定论,从而肯定"情意我"之自我境界。②慈湖基于儒家重视礼乐的传统立场,以礼为道之体现,认为社会制度文化生活之秩序,有一形上本有之秩序作为基础,③故不能认同此语,他认为这是"后人附益"之说,与儒家传说中孔子问礼的老聃并不相类。④

尽管如此,慈湖对老子仍有许多肯定。他说,"简观老子书,深有疑焉,盖入乎道,而犹有蔽焉者也"⑤,"老氏窥本见根,不睹枝叶"⑥。虽然对《老子》一书"深有疑焉",认为老子"未至于大通"⑦、"犹有蔽焉",但是"入乎道""窥本见根"之语,已可见出慈湖的基本态度。慈湖臧否古人极为严格,认为"自古之人知道者

---

① 《先圣大训》,1:19a。
② 参见劳思光《新编中国哲学史》,第186—187页。
③ 《先圣大训》(1:4b):"礼者,乃道之见于品节文为之名,即道也。"《慈湖春秋传》(8:7a、b):"信者道之心,礼者道之节……礼、信乃道之异名。"《先圣大训》(1:13b):"礼即心,心即道,即大一,即天,清明无所不照……"
④ 参见《杨氏易传》,5:11b—12a;《先圣大训》,5:26a;《家记八》,《遗书》,14:11b—12a。
⑤ 《先圣大训》,5:25b。
⑥ 《杨氏易传》,5:11b。
⑦ 《先圣大训》,1:74a。

寡，是以其言之害道者多"①，在他眼中，连子思、孟子等儒家巨子都只是"小觉"②，他称老子为"入乎道"，可以说是极高的评价了。慈湖因此肯定儒学史上孔子曾从老子问礼的传说，并作出解释："孔子无常师，师其是者，不师其非也。"③

《老子》第一章云"道可道，非常道；名可名，非常名"，第二十章云"我独怕兮其未兆"④，慈湖对这两句话极为称赏，他说：

> 呜呼！非入乎道者，断不及此。今人心逐逐不休，不能斯须止静，有能寂然不动乎意而久者乎？兆谓意起而象兆也，怕者，兢兢业业也。虽兢兢业业而非意也。孔子所谓用力于仁者。呜呼至矣！（《先圣大训》，5：25b—26a）

特别是后一句"我独怕兮其未兆"，慈湖认为与其心学宗旨"不起意"近似（在慈湖看来，道德的本心如果因世间种种分别情形，而产生种种分别等差的念虑，因而在道德实践中不能全然地体现整个的道德心，即为"起意"），故而在著作中多处表示出赞赏之意。⑤ 在

---

① 《家记九》，《遗书》，15：1a。
② 慈湖《大哉》（《遗书》，6：32a）诗："子思孟子皆近之，惜乎小觉而大非，其言多害道。"
③ 《先圣大训》，5：26a。
④ 按此句通行本（三国魏王弼本）作"我独泊兮其未兆"。"泊"字，唐陆德明《经典释文》及北宋陈景元、王雱《老子注》引王弼本皆作"廓"（《老子》王弼本，旧传有两种，按王注云"言我廓然无形之可名"，知"廓"字为王本原文。参见蒙文通《〈老子〉王弼本校记》《校理陈景元〈老子注〉》，《道书辑校十种》，第258、282、769页），傅奕本作"魄"，范应元作"怕"。隋龙兴碑作"我魄未兆"，《文选·子虚赋》《秋兴赋》《闲居赋》注引《老子》作"我独怕然而未兆"，《文选·养生论》注引作"我独泊然而未兆"（参见蒙文通《老子徵文》，《道书辑校十种》，第28—29页）。《经典释文》引河上公注本作"我独怕兮其未兆"，注："我独怕然安静，未有静欲之形兆也。"宋陈景元注："怕，寂也，又安静无为貌。兆者，形状之初……夫至人之心，寂然安静，无为虚憺，莫知其形状之迹。"唐成玄英《道德经义疏》作"我魄未兆"，疏："魄，寂也。兆，状也。言圣人虽处尘俗，而心知寂魄，不为前境所牵，故都无攀缘之萌状也。"（蒙文通：《辑校成玄英〈道德经义疏〉》，《道书辑校十种》，第415页）近人朱谦之说："今文'泊'与'魄'字声训通。《史记·郦食其传》'落泊'作'落魄'。又如'虎魄'字作'珀'。《国语·晋语》'其魄兆于民矣'，韦昭注：'兆，见也。'此云'我魄未兆'，即怕乎无为之意。"（朱谦之：《老子校释》，第81页）
⑤ 《先圣大训》，1：74a、b；《杨氏易传》，19：7b；《家记三》，《遗书》，9：4a、b。

具体的心学论述中，我们可以看出老子思想的印记。慈湖说：

> 人情好进而恶退，好高而恶卑，而天道不然。高者抑之，下者举之，盈者亏之，谦者益之。(《杨氏易传》，19：10b)

"高者抑之"云云，出自《老子》第七十七章："天之道，其犹张弓与？高者抑之，下者举之；有余者损之，不足者补之。天之道，损有余而补不足。人之道则不然，损不足以奉有余。"慈湖解《易经》"既济"卦九五爻辞说：

> 既济盛极则衰至，君子当思患豫防，持盈以虚，保益以损。(《杨氏易传》，19：16b)

亦当兼用《老子》第七十七章，以及第九章"持而盈之，不如其已"、第十五章"保此道者不欲盈。夫唯不盈，故能蔽不新成"之义。慈湖又言：

> 善有不有，善外非离，为无所为。(《杨氏易传》，6：19b—20a)

虽然佛教也有"处有不有，故不有于有"[1]、"妙有不有，真空不空"[2] 之义，但是慈湖之意显然与《老子》"生而不有，为而不恃，长而不宰"（第二、十、五十一章）、"无为无不为"（第四十八章）、"为无为"（第六十三章）更加接近。

关于庄子的思想，慈湖也有所取用。其《偶书》诗中有句云"秋毫莫大泰山小，殇子上寿彭祖夭"[3]，是出自《庄子·齐物论》：

---

[1] 此东晋时僧肇（384—414）《肇论·涅槃无名论·九折十演·妙存》中语，见张春波《肇论校释》，第209页。
[2] 此唐贞元年间华严宗四祖澄观（737—838，或738—839）语，见元释觉岸《释氏稽古略》（《续藏经》第133册），3：53。
[3] 《遗书》，6：30a。

"天下莫大于秋毫之末,而泰山为小;莫寿乎殇子,而彭祖为夭。天地与我并生,而万物与我为一。"慈湖主张三才一道,故对篇中以朝三暮四之寓言,解说"劳神明为一,而不知其同也"之义,深表赞赏。①

但是总的来看,慈湖对庄子评价较低,他说,"庄周之学浅矣"②,"庄周寓言,陋语良多……未大通者也"③。与老子相比,慈湖对庄子有更多的批评。

首先是关于天人关系,即天道与人道,具体落实的一个主要方面,即在于对善与仁义的肯定问题。《庄子·缮性》篇说"浇淳散朴,离道以善",《天运》篇说:"仁义,先王之蘧庐也,止可以一宿而不可久处,觏而多责。"《齐物论》:"仁义之端,是非之途,樊然殽乱。"《大宗师》说"物不胜天久矣","以其知之所知,以养其知之所不知"。儒家传统上认为,庄子"蔽于天而不知人"(《荀子·解蔽》),他崇尚无为,鄙薄仁义(以旅舍视之),消泯是非之分别。慈湖则肯定天人一道,天道即人道,二者之间并无分别与距离。落实在人生道德实践上看,善即是道,德行即为道的体现。慈湖特意以孔子"入则孝,出则弟,谨而信,汎爱众,而亲仁"之义(《论语·学而》)进行衡量,故指庄子之说为"陋语","自纷纷于意虑之间,岂知乎",认为"庄周陷溺乎虚无之学也,非圣人之大道","惟睹夫二,未睹夫一也"。又《齐物论》:"唯达者知通为一,为是不用而寓诸庸","为是不用而寓诸庸,此之谓以明","古之人,其知有所至矣。恶乎至?有以为未始有物者,至矣,尽矣,不可以加矣"。慈湖以为所谓"不用""寓",皆为"意说","未悟有无之一",为"恶动好静、陷溺之巨病也,似广大而实小也,似高明而实卑也"。《大宗师》篇有关于颜回"坐忘"的寓言,由"忘仁义"进至"忘礼乐",直至"堕肢体,黜聪明,离形去知,同于大通",慈湖认为

---

① 《杨氏易传》(7:10a):"三才万状,自未始不一,而蔽者自纷纷也。庄周之学浅矣,亦曰'劳神明为一,而不知其同也'。"
② 《杨氏易传》,7:10a。
③ 《家记八》,《遗书》,14:11a。

"此乃老庄弃动趋静之偏蔽,而谓颜子亦然,其言似高妙,而未免于不一,足以惑乱学者"。①

其次是关于有、无的问题。《人间世》说"一宅而寓于不得已",《大宗师》说"古之真人……不忘其所始,不求其所终",同篇又有"以无为首"之言(《庚桑楚》篇作"以无有为首"),慈湖以孔子"天下何思何虑"(语见《易·系辞下》)之义为极至,而"万世自莫得而窥之",认为庄子所言乃"繁说","是皆意虑之未息也"②。

再次则生死之说。《大宗师》说"夫大块载我以形,劳我以生,佚我以老,息我以死",同篇载桑户之歌"而已反其真,而我犹为人",慈湖持孔子"未知生,焉知死"(《论语·先进》)之说,立足于"明乎生死之一"的儒家立场,反对庄子以死为反真,以人生为不真的观念,认为这是"桎于生死",所谓"劳我以生,息我以死",是"乐死而厌生",与"贪生而惧死"相同。《在宥》篇以长生为说,所谓"汝神将守形,形乃长生"云云,慈湖加以讥刺,认为庄子"既谆谆言无物之妙矣,兹又守形,陋矣,又自矛盾矣"③。实则庄子破除生死障执,用意在通过否定"形躯我",从而表现纯粹之主体自由。而且,道家揭示出现实人生的负面性(凡虚伪、阴暗的种种,故有"劳生息死"之说),正是为了要肯定去除虚伪、还复本真自然状

---

① 《己易》,《遗书》,7:7a;《家记八》,《遗书》,14:11a、b;《家记三》,《遗书》,9:4a、b。与此相关的,《人间世》云:"仲尼曰:'天下有大戒二:其一,命也;其一,义也。子之爱亲,命也,不可解于心;臣之事君,义也,无适而非君也,无所逃于天地之间。是之谓大戒……知其不可奈何,而安之若命,德之至也。'"(《德充符》篇亦云:"知不可奈何,而安之若命,唯有德者能之。")慈湖门人曾汲古因此说:"庄子以一命一义而分忠孝,以为圣人语,诚难取信。"慈湖说,"忠孝一心,无惑于异论","有德者不如是也。以为不可奈何者,非能安者也,非真知命者也"。(《家记三》,《遗书》,9:4a;《家记八》,《遗书》,14:12a)庄子所说"命"与"义",乃以外在的必然性视之,儒家以德行出乎内在自发的必然性(或者说是一种先天的、超越的应然),所以慈湖不能同意,视之为"异论"。

② 《家记八》,《遗书》,14:12b—13a。

③ 《家记八》,《遗书》,14:12b—13a;《家记三》,《遗书》,9:4b。

态的可能性,因此又有"善生善死"之说。① 由"善生"之观念,故道家讲求"卫生之经"(《庚桑楚》)、"完身养生"(见《养生主》《达生》《让王》诸篇)、"长生安体乐意之道"(见《在宥》《盗跖》诸篇),慈湖对此种思想均未能有同情的理解。

二 道教活动

《慈湖先生遗书续集》收有慈湖所撰八篇青词,第一篇《上元设醮青词》中云"谬当郡寄政,理阙失"②,末一篇题为《永嘉季春祈雨碧玉醮表词后雨改用》,其中《禳火青词》一篇说"温民改过迁善者寖多"③,可知此皆为晚年知温州时所作,在嘉定三年至五年(1210—1212),慈湖年七十至七十二岁。④

青词为道教斋醮仪式中的诗体祝文,亦称绿章,据今人研究,其制约始于唐玄宗天宝四年(745)。唐人李肇《翰林志》称:"凡太清宫道观荐告词文,用青藤纸,朱字,谓之青词。"⑤青词多为骈文,对仗工整,文辞赡丽,格式与章奏文书类似,首叙上青词者姓名和道阶官位,次述祈祷神祇尊号,以及奏述事由。(宋)吕元素《道门定制》云:"青词止上三清、玉帝,或专上玉帝为善。或有自九皇而下,至于十极诸天三界真灵,皆列于词中。"⑥青词多为大型的斋醮集会而制,有相应的时间、地点、人物,一定程度上可以看作是纪事之作。⑦

慈湖所作青祠,题为《上元设醮青词》《默醮青词》《禳火青词》《设醮青词》《祈雨青词》(二首)、《施斛词旨》《永嘉季春祈雨碧玉

---

① 《大宗师》"息我以死"句后,并有"故善吾生者,乃所以善吾死也"之言,"善生善死"之义,与"乐死厌生""贪生惧死"不可同日而语。
② 《续集》,1:15b。
③ 《续集》,1:16a。
④ 《慈湖先生年谱》,2:12a。
⑤ (宋)洪遵:《翰苑群书》(收入傅璇琮等编《翰学三书》),1:2。
⑥ (宋)吕元素编:《道门定制》(《道藏》第31册),1:655。
⑦ 参见卿希泰主编《中国道教》,第3册,第249页。

醮表词后雨改用》，可见他曾主持温州当地上元斋会、①禳火、祈雨（词中称碧玉太乙醮）、散施斛食②等各种斋醮科仪。各篇青词专上天帝，文中以臣自称，如谓：

> 敬以惟皇上帝……臣不敢不勉，惟帝兴慈……如切臣之肌，惟帝兴慈……（《上元设醮青词》，《续集》，1：15a、b）
> 臣钦惟上天……臣德未纯……惟上帝悯斯护斯……帝心融明……（《禳火青词》，《续集》，1：16a）
> ……赦臣知罪之故，取民迁善之新……（《永嘉季春祈雨碧玉醮青词后雨改用》，《续集》，1：17b）

篇中文字几乎全以骈文行之，可见他对道教科仪的娴习。尽管慈

---

① 道教的三元斋会，是传承历史最悠久、影响最深远的斋醮活动，也最具有民间信仰特色。起源于东汉时五斗米道的天地水三官信仰，在南朝时演变成为三元斋会，唐代已载入朝廷祀典，《唐六典》（4：125）："其四曰三元斋：正月十五日天官，为上元；七月十五日地官，为中元；十月十五日水官，为下元，皆法身自忏愆罪焉。"道教称上元天官赐福，中元地官赦罪，下元水官解厄，天地水三官，共有九宫九府一百二十曹，考核生死罪福，无有差错，三元日例要建斋祭祀。唐宋时三元斋会已成为民俗节日，宋陈元靓《岁时广记·上元上·拜章表》（10：107）引《正一旨要》："正月十五日上元，十天灵官神仙兵马无鞅数众，与上圣高真妙行真人同降人门，较善赐福之辰。其日宜修斋醮，拜章表，请益寿算。"同书《上元上·会群仙》（10：107）引《灵宝朝修图》："正月十五日，虚无自然元始天尊于八景天宫，集会三界群仙。汉祖天师三天扶教辅元大法师正一静应真君诞生之日。"意谓上元为张道陵天师诞辰，其日元始天尊集会三界群仙，故宜修斋设醮，上章拜表。宋洪迈《夷坚志》支志戊卷第五《任道元》条（第1090页）："淳熙十三年上元之夕，北城居民相率建黄箓大醮于张君者庵内，请任为高功。"同书支志戊卷第六《王法师》条（第1101页）："庆元二年正月十五日，一富家以上元令节，邀建保安醮。"中国古代民间社会对上元祭祀极为重视，上元是预祝一年农事兴旺的时令佳节，民间要举行斋醮法会，祈请上元天官赐福庇佑（参见张泽洪《道教斋醮科仪与民俗信仰》，《宗教学研究》1999年第2期）。

② "施斛"是"散施斛食"的简称，是道教灵宝科仪中施食仪的一部分。灵宝科仪的核心内容是"济度幽冥"，以祭炼沈魂滞魄，拔度沉沦，超脱轮回，达到超生升仙为最终目的，体现了道教的强烈的救赎性。灵宝科仪包括"炼度""超幽"和"施食"，其中"施食"是指献食于幽鬼滞魂的仪式。道教相信，在地下冥界未及脱罪的幽鬼孤魂，际遇凄苦，形体饥寒，想念世间饮食，称为地下的饿鬼。因此，为幽鬼施食分衣，解其饥寒，是超幽仪式的第一个救赎目的。施食仪分为"散施斛食"和"变化咒食"。前者设斛食、分幽衣，后者则通过高功法咒，使幽鬼滞魄所得食物，不仅可解其饥渴寒苦，更变化为属于天界的甘露法食，具有救拔的功效（参见黎志添等《香港道堂科仪历史与传承》，第六章，第171—191页；陈耀庭：《"先天斛食济炼幽科"仪的历史形成和思想内容》，载陈耀庭编《道教仪礼》，第250—260页）。

湖不像乃师陆象山那样，对斋醮活动持排斥的态度，但是我们仍然可以注意到慈湖在道教斋醮活动中的儒家立场。

绍熙三年（1192）春正月，陆象山在荆门对当地的上元斋会进行改革，用儒家经书的会讲取代道教的斋醮活动：

> 郡有故事，上元设醮黄堂，其说曰"为民祈福"。先生于是会吏民，讲《洪范》"敛福锡民"一章，以代醮事，发明人心之善，所以自求多福者。莫不晓然有感于衷，或为之泣。有讲义，仍书《河图》八卦之象、《洛书》九畴之数于后，以晓后学。（《年谱》，《陆九渊集》，36：510）

象山后来与侄陆焕之书中又说："正月十三日，以讲义代醮，除官员、士人、吏卒之外，百姓听讲者不过五六百人，以不曾告戒也。然人皆感动，其所以相孚信者，又在言语之外也。"[1] 象山在荆门以讲学代替斋醮的举动，在宋元时期儒者中成为典范，流传一时。[2]

慈湖以地方最高长官的身份，主持有民众广泛参加的斋醮活动，一方面固然是从俗的行为，他自己明言"敬从舆议，恭修醮禳"[3]；另一方面是因为这与他的学说并无冲突，慈湖主张"天人一道"，故在青词中也强调"三才共贯，有感斯应"[4]、"三才一致"[5]的思想。而且从青词中可以鲜明地看出，慈湖引入儒家义理，援其心学入道的努力。道教中作为人格神的上帝，在他这里已经转化为超越的天（或者说形上存有）：

> 敬以惟皇上帝，无思无为，无所不在，无所不照知，有感斯应，不可度思。（《上元设醮青词》，《续集》，1：15a）
> 钦闻上帝，无声无象，无动无静……未尝往，未尝来……无所不通……虚明广大。（《默醮青词》，《续集》，1：15a）

---

[1] 《年谱》，《陆九渊集》，36：510。
[2] （宋）方岳：《秋崖集》，35：4a、b；（元）刘壎：《隐居通议》，30：9b。
[3] 《设醮青词》，《续集》，1：16a。
[4] 《设醮青词》，《续集》，1：16a、b。
[5] 《永嘉季春祈雨碧玉醮青词后雨改用》，《续集》，1：17b。

慈湖祈雨时以"发道中之妙用"①、"虚明变化之妙"②为言，施食则申发"敬以大道无形，匪动匪静，万古常寂，无所不通"③之义。他特别强调上帝无形迹可寻，因此还对斋醮中的仪制提出过批评："流俗谓上帝自天而下，设绢为黄道，谓帝行其上，至卑至陋，不足以事上帝。"④慈湖对"默醮之法"的提倡，与他从儒家的立场来理解上帝有极大关系。⑤

慈湖说"臣钦惟上天不可以言而格，惟善可以格"⑥，并屡以"改过迁善"⑦为言，而"帝降衷于民，民皆有无思无为，无所不照知之常性"⑧，反映的也是儒家"天命之谓性"（《中庸》）、"分于道，谓之命；形于一，谓之性"（《大戴礼记·本命》、《孔子家语·本命解》）关于性体的本义。⑨至于"民虽无知，性本静止"⑩，甚至冥界

---

① 《祈雨青词》之一，《续集》，1：16b。
② 《祈雨青词》之二，《续集》，1：17a。
③ 《施斛词旨》，《续集》，1：17a。
④ 《默醮青词》，《续集》，1：15a。
⑤ 慈湖有诗云："益信人心自灵妙，莫执人神定名号。"（《奉檄往哭象山复会葬及归自金溪留宿本县仙乐观归作是诗》之二，《遗书》，6：20a），"人心即神"四个字，可以说是他的天、上帝观念的最简明的表达。
⑥ 《禳火青词》，《续集》，1：16a。
⑦ 《禳火青词》，《续集》，1：16a；《永嘉季春祈雨碧玉醮青词后雨改用》，《续集》，1：17b。
⑧ 《上元设醮青词》，《续集》，1：15a、b。
⑨ 关于《大戴礼记》"分于道，谓之命；形于一，谓之性"一段，慈湖解曰："人之性命即道……命者性之始，虚名尔，非有命、性之二体也。曰分者何也？道则一，人则众，因人之常情而言，自一而散殊，故曰分于道，自形而言也。人与道实未始分也，分则异矣……分形于至一之中，谓之性，故性未始不一……曰形于此者，于此著明也，非形气之形也。"（《先圣大训》，6：34a）牟宗三曾阐释道，"分于道，谓之命"，即天之赋予、天之所命。宇宙只是一大道（天命）之流行，天命所流，即每一个体的应分所得。此"分于道"之命，为原于理的命令与定向，决定人应当如何的、定然而必然的方向。此命形著（或者说呈现）于个体，即谓之"性"。此一义理模式，显然与《中庸》《易传》所表示的本体宇宙论的直贯顺成的格局（如《易传》所谓"乾道变化，各正性命"之义），属于同一类型（参见牟宗三《心体与性体》，中册，第125页）。不过，慈湖的解释与牟先生之说略有距离，分别在于对"形于一"的理解，牟先生解之为"命"形著（或者说呈现）于个体之"一"，慈湖则整合"分于道"与"形于一"而言，指"分形至一之中，谓之性"，指性为道的体现、著明，"一"指道而言。
⑩ 《祈雨青词》之一，《续集》，1：16b。

之"沈魂滞魄",经施食仪"散施斛食"和"变化咒食"救拔之后,亦是"湛然澄渊,清明本心。无思无为,不识不知"①,已经表示出浓厚的慈湖心学的儒家风格。

三 内丹修炼

慈湖对道教神仙家的外丹修炼有所批评,认为是"小道":

> 若夫世传丹灶,乃修养家几于仙者炼丹之物,小道所为……(《先圣大训》,1:34b)

这一点与陆象山相同,象山将道教神仙外丹之说,斥之为"妄人之言":

> ……又求长生不死之药,悦妄人之言,从事于丹砂、青芝、煅炉、山屐之间,冀蓬莱、瑶池可至,则亦终苦身亡家,伶仃而后已……入妄人之说,以求长生不死之术,则恐蓬莱、瑶池终不可至,而茸尔之身,将毙于煅炉、山屐之间矣。②

但根据我们的考察,慈湖对内丹修炼则曾长期讲求,他作有一首《内丹歌》。此诗原载《慈湖甲稿》,该书在慈湖生前即已流传(详见后文《宋儒杨慈湖著述考录》),在文献来源上没有问题。诗曰:

> 某闻内丹不可见,不待施工自成炼。羲皇以上几春秋,何啻千千万万转。到今昼夜流光涌,金乌夜照广寒殿。余辉散发缀碧落,稀稠纷纠珠玉溅。冲气祥精腾太虚,舒卷飞浮态累变。映空晓景绿拖蓝,错绮晚凝红染茜。有时震响轰冥濛,有时熠燿盘飞

---

① 《施斛词旨》,《续集》,1:17b。
② (宋)陆九渊:《与胡达材》之二,《陆九渊集》,4:57。参见孔令宏《陆九渊思想与道家、道教》,载刘大钧编《儒学释蕴》,第356—375页。

线。有时清润垂冰丝，有时忽舞琼花片。其间秀结成山川，密木繁林飞鸟虫鱼次第现。龙翔凤鸣宝藏兴，䌇缊孕瑞生群英。四明之麓鄞之曲，育神含和备五福。中有祥光两派明，内虚外应无不烛，能听能言能往复。屈伸俯仰天然奇，① 不知手舞与足蹈。二十年前忽转移，驀过慈川大宝山之西。翠微曲复烟霞深，变化游徙谁复知端倪。石鱼楼阁云气低，比年往往暂此栖。御风两度浙河去，又寻归路从桃蹊。桃源深处无人识，纵复经从当面迷。天实秘此丹，所见惟童颜。暂时一语露一斑，不直知音又复还。（《内丹歌》，《遗书》，6：9a、b）

这首诗的意思比较隐晦，下文试稍作诠解。

我们首先可以确定此为慈湖自述之作。所谓"四明之麓鄞之曲"云云，当是指淳熙十六年（1189）至绍熙二年（1191），慈湖丁忧家居，约有三年的时间，在鄞县西湖南面的碧沚书院讲学之事。"二十年前忽转移，驀过慈川大宝山之西……石鱼楼阁云气低，比年往往暂此栖"，当指庆元二年（1196）至嘉定元年（1208），慈湖因"庆元党禁"罢职归家，闲居十四年；约在嘉泰四年（1204），鄞县人沈文彪（字明大，号清遐居士）"筑亭馆石鱼之麓，名曰'槃隐'，招文元讲道其中"②。此亭馆在慈溪石鱼山麓，通称石鱼楼，慈湖在其中

---

① "屈伸"，原作"屈身"，据北京大学古文献研究所编《全宋诗》（2589：30080）改。

② （清）郑辰撰：《句章摭逸》，转引自《慈湖先生年谱》，1：39a。按《句章摭逸》十卷，有清光绪五年抄本，藏浙江图书馆（中国古籍总目编纂委员会编：《中国古籍总目·史部》，第7册，第3774页）。（清）尹元炜辑《溪上遗闻集录》（3：33）："清遐居士沈文彪，吴越沈陵之后，以奥学峻行，与杨文元公为忘年交。尝别筑亭馆石鱼之麓，额曰'盘隐'，招文元讲道其中，命子民献、婿刘厚南执经座下。"又元儒戴良（字叔能，1317—1383）《鄞沈明大墓志铭并序》（《九灵山房集·鄞游稿》，23：12a、b）云："五世祖清遐居士（沈）文彪，以奥学峻行，与杨文元公为忘年交，尝别筑亭馆，招文元讲道其中，命子民献、婿刘厚南执经座下，更相问难，而高风远韵，萃于一门。"天启《慈溪县志》（2：12b、13a）："石鱼山，县西五里，山有石如鱼形。"光绪《慈溪县志》（6：32a）："山下有石鱼楼，杨文元公读书处。"《慈湖先生年谱》（1：39a）："今山麓有灵岩庵，相传为石鱼楼旧址。"张寿镛《〈石鱼偶记〉序》引《水经注·涟水》（《水经注疏》，38：3118）记湖南湘乡县石鱼山事，注"石鱼"之名所出，以为"言其蕴藏者深也"（《石鱼偶记》书首，1a）。

讲学读书著述若干年。"御风两度浙河去","浙河"为钱塘江古称,此当指慈湖于绍熙二年(1191)服除,以及嘉定元年(1208)起征,两度离开四明,前往行在杭州赴职;"御风",典出《庄子·逍遥游》所称"列子御风而行"。"又寻归路从桃蹊",当指嘉定八年(1215),慈湖告老回乡,退居慈溪故里。由此上溯,自庆元二年(1196)罢职归家起计,至此正好为二十年,与"二十年前忽转移,蓦过慈川大宝山之西"一句如合符契。是知此为慈湖纪实之作,诗的撰作约略在嘉定八年(1215)闲居之时,时年七十五岁。如果从淳熙十六年(1189)起计算,慈湖关于内丹心法的讲求,至此已有近三十年的历史了。

关于内丹的内炼要素,元代道士陈冲素(字虚白,生卒年不详)《规中指南》卷下说:"内丹之要有三,曰玄牝、药物、火候。"① 玄牝指鼎炉,精、气、神为内丹的药物。五代十国时翁葆光(本名乾度,844—928)撰《紫阳真人悟真直指详说三乘秘要》,谓精气的代称有坎、皮等九种,神的代称有离、卯等三十七种。内丹以神的运用为火,以运火退符的时刻和数度为候。② 慈湖所谓"昼夜流光涌",即指丹火。"金乌夜照广寒殿",金乌即为神的代称之一种。外丹经典《铜符铁券》(传为晋代吴猛所传)之《人元九鼎秘诀》之"七鼎"有云:"人元七鼎丹,金乌入广寒。"两宋之际道士石泰(字得之,号杏林,1022—1158)《还源篇》:"半夜三更里,金乌入广寒。"③ 按内丹后起,内、外丹之原理法则本无不同,故内丹理论多出于外丹经书。清代龙门派道士闵一得(字小艮,1758—1836)撰《还源篇阐微》解释道:

> 半夜三更里,指无极元始真机将动之时……金乌,亦取三足之义,在天为日魂,此以借喻元始真机……广寒以象太极。言到温养时足,元性已含六气以周流,至虚不宰,元命已历三关而诣

---

① 《道藏》,第4册,第387页。
② 参见于德润《长生久视:中华传统内丹学的现代转化》,第93页。
③ 《道藏》,第24册,第214页。

极,无道可行,尔时无极中自然发一真机,即我妙无元始一气来复,混合元神,是为金液大还;遂尔真元迸出,方为妙道真人。①

又慈湖诗中"映空晓景绿拖蓝,错绮晚凝红染茜"句,并非外在自然景色的实指,其中晓、晚二字,即"昏晓"之谓,指修炼内丹过程中火进符迟、阳长阴消等行持的时刻。②而"冲气祥精腾太虚,舒卷飞浮态累变","有时震响轰冥濛,有时熠燿盘飞线。有时清润垂冰丝,有时忽舞琼花片"云云,为修炼过程中自我体验的描述。慈湖如果不是对内丹修炼具有真实深湛的体验,是无法写出这样具体入微的《内丹歌》的。

四　结语

综而言之,慈湖对老子与庄子思想的分析与诠释,是以孔子学说为依据,基于儒家立场进行类似于"判教"的工作,揭示儒家与道家思想的差异,并在对先秦道家思想的评议衡定中,凸显其心学思想的独特宗旨。儒、道两家的论域既有共同性,又存在着差别,因而慈湖对先秦道家诸多认识有失同情的理解,是可想而见的。慈湖对道教科仪的娴熟,亲身参与社会大众的道教斋醮活动,并进行儒家特色的改造,体现了他在实际社会生活层面贯彻心学思想的努力。慈湖对道教内丹修炼的讲求,既表现了他的气质才性,说明其个人在心性证悟方面与道教修养实践的契合。而且更为重要的是,慈湖的案例表明,儒、道两家在身心体验、证悟境界等方面,具有沟通、交流与对话的可能性。这指示我们关于宋代以降理学家的生活形态与学术思想,以及近世儒家思想发展中儒、释、道三家正统与异端言说与实践的丰富性,还有相当的研究空间。

---

① 高雅峰等整理编校:《道藏男女性命双修秘功》,第二十篇,第333—334页。
② 北宋道士张伯端(字平叔,一名用成,号紫阳,983—1082)撰《悟真篇》:"午时姤象一阴朝,炼药须知昏晓。"南宋翁葆光等撰《悟真篇注疏》卷七:"运用符火,阴阳升降,抽添进退,一一合天地四时,阴阳升降,不得毫发差忒。"(《道藏》,第2册,第957页)

宋儒杨慈湖著述考录

关于宋儒杨慈湖的著述情况，其门人钱时（字子是，号融堂，1175—1244）在乃师去世数月之后，于宋宝庆三年（1227），所撰《慈湖先生行状》中说：

> 其归自胄监也，家食者十四载……于是始传《诗》、《易》、《春秋》，传《曾子》；始取先圣大训间见诸杂说中，刊讹剔诬，萃六卷，而为之解……先生是以有《己易》……先生是以有《闲居解》……先生是以有《绝四记》……先生是以有《启蔽》……先生是以有《治务论》……其领玉局而归也……始传《古文孝经》，传《鲁论》，而厘正其篇次。平生多所著述……散落海内，未易遽集，方哀之，其已成编者，《甲稿》、《乙稿》。又《冠记》、《昏记》、《丧礼家记》、《家祭记》、《释菜礼记》、《石鱼家记》，皆成书。（《遗书》，18：25a—27a）

可知慈湖的著述主要完成于两个阶段。

第一个阶段是自庆元二年（1196）因庆元党禁而"得罪去国"（《王子庸请书》，《遗书》，3：8a），至嘉定元年（1208）因"宁宗更化"（《宋史》慈湖本传语，407：12290）而入朝止。这十余年中，慈湖在他的故乡慈溪，"筑室德润湖上"，读书讲学。他的主要著述《易传》《诗传》《春秋传》《曾子注》《先圣大训》，以及《己易》《孔子闲居解》《绝四记》《易学启蔽》《治务论》等，都完成于这段时期。①

第二个阶段是嘉定七年（1214），以直宝谟阁、主管成都府玉局观之衔致仕，直至宝庆二年（1226）病逝。这期间的著作有《古文孝经注》《论语传》《冠记》《昏记》《丧礼家记》《家祭记》《释菜礼记》《石鱼家记》，以及诗文别集《甲稿》《乙稿》。

钱时所撰《行状》中提到的慈湖著作，已经有二十种；晚宋时王应麟也曾说慈湖"守温州……首行《乡记》……有《诗》、《易》、《春秋》、《论语》、《古文孝经传》、《孔子闲居解》，又著《己易》，辑《先圣大训》"②。但是《宋史》本传则谓"简所著有《甲稿》、《乙稿》、《冠记》、《昏记》、《丧礼家记》、《家祭记》、《释菜礼记》、《石鱼家记》，又有《己易》、《启蔽》等书"（407：12292），数目仅有十种；而《宋史·艺文志》则仅著录《己易》一卷（202：5040）、《孔子闲居讲义》一卷（202：5052）、《春秋解》十卷（202：5064）等三种，③可见元人修史时的粗率。④

关于慈湖著述的情况，清光绪年间冯可镛（号舸月）等纂修光绪《慈溪县志》著录有二十四种；清冯可镛、叶意深（字缦卿）辑《慈湖先生年谱》，续加考订，有二十七种；民国时张寿镛（字伯颂，号咏霓，别署约园，1876—1945）《慈湖著述考》重为考索，计述及二十九种。⑤虽然如此，以上三家的研究仍然未为详尽，根据笔者考察，

---

① 《行状》，《遗书》，18：25a。其中著述时间确切可知的是《曾子注》，于庆元三年（1197）四月成书（《曾子序》，《遗书》，1：7a）。有些作品此前即有成稿，如《己易》，其门人曾熠说"杨先生《己易》，曩先生宰乐平时尝加改订"（《遗书续编》，2：12b），可知订稿在慈湖知乐平县时，即绍熙三年至五年间（1192—1194），（《慈湖先生年谱》系之于绍熙五年下），而属草必早于此时。

② （宋）王应麟：《慈湖杨先生传》，《深宁先生文钞摭余编》，1：25 a、b。按：《乡记》"记"字原阙，据《行状》补。

③ 《宋志》另著录有《古文孝经解一卷》（202：5067），作者姓名阙载，当亦为慈湖所撰，盖偶失撰者之名（见下"古文孝经解"条）。

④ 清代四库馆臣批评《宋史·艺文志》"纰漏颠倒，瑕隙百出，于诸史志中最为丛脞"（《钦定四库全书总目》，85：1129），"诸史艺文志未有荒谬于《宋史》者"（140：1838），陈智超也认为《宋志》"由于成书仓促，编者水平不高，问题很多"（陈智超：《〈宋史艺文志考证〉前言》，载陈乐素《宋史艺文志考证》，第1页）。

⑤ 张氏谓"右已见各书为十五种，未见各书为十五种"（《慈湖著述考》，14a），但据笔者统计，其中未见书部分仅有十四种，所以共计二十九种。

慈湖的存佚著作数目，大约有三十六种。需要说明的是，光绪《慈溪县志》《慈湖先生年谱》《慈湖著述考》所列慈湖著作，其中有一种《律解辨疑》，但此书并非慈湖著作，作者是明代余姚人杨简（详见本文第三节）。下面是根据考察结果而绘制的表：

表一　　　　　　　　　　　慈湖著述存佚表

序号	慈湖著作篇目	《行状》	王应麟《慈湖杨先生传》	《宋史》	光绪《慈溪县志》	《慈湖先生年谱》	《慈湖著述考》	存佚情形
1	《杨氏易传》	*	*		*	*	*	存
2	《己易》	*	*	*	*	*	*	存
3	《易学启蔽》	*		*	*	*	*	疑存
4	《五诰解》				*	*	*	存
5	《慈湖诗传》	*	*		*	*	*	存
6	《乡记》		*		*	*	*	佚
7	《孔子闲居解》	*	*		*	*	*	存
8	《冠记》	*		*	*	*	*	佚
9	《家祭记》	*		*	*	*	*	佚
10	《昏记》	*		*	*	*	*	佚
11	《丧礼家记》	*		*	*	*	*	佚
12	《释菜礼记》	*		*	*	*	*	佚
13	《慈湖春秋传》	*	*		*	*	*	存
14	《论语传》	*	*		*	*	*	存
15	《古文孝经解》	*	*		*	*	*	佚
16	《孝经论》							存
17	《治务论》	*						存
18	《先圣大训》	*	*		*	*	*	存
19	《曾子注》	*						佚
20	《纪先训》				*	*	*	存

① 表中未标明出处的，为笔者新考所得。

续表

序号	慈湖著作篇目	资料出处①						存佚情形
		《行状》	王应麟《慈湖杨先生传》	《宋史》	光绪《慈溪县志》	《慈湖先生年谱》	《慈湖著述考》	
21	《石鱼家记》	*		*	*	*	*	存
22	《石鱼偶记》				*	*	*	存
23	《吴中录》							残
24	《慈湖训语》				*	*	*	存
25	《海语》					*		存
26	《慈湖语录》				*	*	*	佚
27	《绝四记》	*						存
28	《慈湖遗言》							佚
29	《慈湖甲稿》	*		*		*	*	佚
30	《慈湖乙稿》	*		*		*	*	佚
31	《慈湖文集》							佚
32	《咏春诗稿》					*	*	疑佚
33	《慈湖遗稿》							佚
34	《慈湖遗书》				*	*	*	存
35	《慈湖遗书补编》						*	存
36	《慈湖小集》							存

以下大体按照四部分类的次序，简略介绍慈湖著作的存佚情形。为明晰起见，分为正编、外编两个部分，后者特指明清时学者所作的选编或摘要（主要根据《遗书》而作）。其中正编三十六种（其中或有同书异名而重复者，然难以确证），外编八种，总计四十四种。

一　正编（三十六种）

1.《杨氏易传》二十卷【存】

此书南宋陈振孙《直斋书录解题》与赵希弁（字君锡）《读书附

---
① 表中未标明出处的，为笔者新考所得。

志》皆未著录，清代藏书家瞿镛（字子雍，1799—1863）认为："殆以朱子有杨敬仲文字可毁之言，故不甚行于宋代。"① 此书通行本为二十卷。清朱彝尊《经义考》（27：1a）作十卷，疑误记。②

此书原名《周易解》，或称《慈湖易说》③《慈湖易传》④《慈溪易传》⑤《慈湖易解》⑥《杨慈湖易传》⑦《杨慈湖易说》⑧《杨氏易传》⑨《慈湖书》⑩。此书在明代虽未佚失，但晦而不彰，所以万历二十三年（1595），刘日升（字扶生，号明自）等在南京刊行《杨氏易传》时，⑪南京吏部尚书蔡国珍（字汝聘）序中说此书"湮没久矣"⑫，自刘日升等重刻后，流布极广。

刘刻本卷一有题语，即《遗书》卷一所载《周易解序》，但序前新增论《费氏易》一段，共一百七十字（计半叶，八行有余），与序文语意不相衔接，当为刘日升等所增。清代四库馆臣因此说："明人凡刻古书，多以私意窜乱之，万历以后尤甚。此或日升等所妄改欤？"（《钦定四库全书总目》，3：21）不过这一段虽非本来的序文，却应该是慈湖自己的议论，有其来历出处。

《四明丛书》本《杨氏易传》是现代出现的一个善本。该本由慈溪人冯贞群（字孟颛，号曼孺，1886—1962）于民国二十年（1931）

---

① （清）瞿镛：《铁琴铜剑楼藏书目录》，1：19。
② （清）吴焯《绣谷亭薰习录》（第532页）录《杨氏易传二十卷》，谓："《经义考》作《易解十卷》，误。"
③ （明）焦竑：《国史经籍志》，2：223。
④ （明）朱睦㮮：《万卷堂书目》，1：1066。
⑤ 《四库采进书目·两江第一次书目》，第42页。按："溪"字疑误。
⑥ （清）朱彝尊：《经义考》，27：1a；《四库采进书目》附录二《浙江采集遗书总录简目》，第235页；（清）沈初等：《浙江采集遗书总录》，甲集，第3页；参见《杨氏易传目录》，冯贞群题记，3b。
⑦ （明）董其昌：《玄赏斋书目》，1：1491；（明）徐𤊹：《徐氏家藏书目》，1：1630；《四库采进书目·浙江省第四次吴玉墀家呈送书目》，第84页。
⑧ （清）钱谦益：《绛云楼书目》，1：6。
⑨ （明）杨士奇：《文渊阁书目》，2：15；（明）叶盛：《菉竹堂书目》，1：891；（明）未署撰人：《近古堂书目》，卷上，第1157页；（明）赵琦美：《脉望馆书目》，第1369页。
⑩ （清）钱曾：《读书敏求记》，1：2。
⑪ 《易传》卷端署"明后学庐陵刘日升、豫章陈道亨、漳浦林汝诏、豫章饶伸校刻"。
⑫ 蔡国珍：《杨慈湖先生易传叙》，载《杨氏易传》书首，2b。

精心校订，次年刊行于世，底本据清《四库全书》文澜阁本传钞，校以明万历二十三年刘日升刻本。① 书首增补有目录，以及慈湖遗像一帧（上有题识记其生平），与明人黄润玉（字孟清，号南山，1389—1477）、李堂（字时升，号堇山）撰赞文二首，由民国元老、书法名家于右任（1879—1964）书。

2.《己易》一卷【存】

此书或称《己易传》。② 其撰著年代，在绍熙三年至五年（1192—1194）慈湖宰乐平时，《慈湖先生年谱》系于绍熙五年下，时年五十四岁。③ 嘉定元年（1208）由曾熠（字定远）刊行，后又有嘉定九年（1216）詹阜民（字子南）新安郡斋刻本。④《直斋书录解题》与《宋史·艺文志》皆有著录，⑤ 并见于许多明代书目著录，可知其流布极广。⑥ 此书今无单行本，见于《遗书》卷七《家记》一中。

3.《易学启蔽》一卷【疑存】

《宋史》慈湖本传谓所著书"有《己易》、《启蔽》等书"，《菉竹堂书目》"子杂类"著录有杨慈湖《启蔽》一册，⑦ 可知在明代还有传本。明杨士奇（名寓，字士奇，号东里，1365—1444）《文渊阁

---

① 清代《四库全书》文澜阁本虽然也是根据刘刻本所钞，不过衍脱讹误极多。据冯贞群题记，文澜阁本"蔡国珍序佚去，涣卦末脱文六百五十有六，讹夺衍文多见"（《杨氏易传目录》，3a、b）。

② （明）叶盛：《菉竹堂书目》，1：892。光绪《慈溪县志》（46：9a）云："雍正《府志》作《己易辑》。"按：雍正《宁波府志·艺文》（35：2b）云："杨简 《诗》、《易》、《春秋》、《论语》、《古文孝经传》、《孔子闲居解》、《己易》，辑《先圣大训》。"嘉靖《宁波府志·艺文》（21：4a）云："杨简 著《诗》、《易》、《春秋》、《论语》、《古文孝经传》、《孔子闲居解》、《己易》，辑《先圣大训》。"嘉靖《宁波府志》有"著"字，语意更明，光绪《慈溪县志》读作"己易辑"，误。

③ 《慈湖先生年谱》，1：27b。

④ （宋）俞琰：《读易举要》，4：34b；张寿镛：《慈湖著述考》，1b。

⑤ （宋）陈振孙：《直斋书录解题》，9：283—284。

⑥ （明）焦竑：《国史经籍志》，卷四上，第302页；（明）钱溥：《秘阁书目》，第642页；（明）晁瑮：《晁氏宝文堂书目》，卷上，第718页；（明）陈第：《世善堂藏书目录》，卷上，第810页；（明）叶盛《菉竹堂书目》，1：892；（明）朱睦㮮：《万卷堂书目》，1：1066；（明）徐𤊹：《徐氏家藏书目》，1：1628。

⑦ （明）叶盛：《菉竹堂书目》，3：912。

书目》作杨慈湖《启蒙》一种，不分卷，一册，入"子杂类"①；明钱溥（1408—1488）撰《秘阁书目》所录，则称杨慈湖《语蔽》一册。② 所谓《启蒙》《语蔽》，与《启蔽》应该是同书异名。

《经义考》（27∶1a）题名作《易学启蔽》，注云"未见"，书名增"易学"二字，应该是因为其内容与《易》有关。《遗书》卷七《家记》一"汎论《易》"部分，载慈湖与门人曾汲古等问答《易》义二十一条，其中许多条目亦散见于《杨氏易传》卷二〇，张寿镛怀疑这部分就是《启蔽》一书。③ 关于《启蔽》的宗旨，《行状》谓："学者不反其所自有，而或陷溺于诸子百家之意说，纷呶簧鼓，疑似支离，坐祟其中，卒莫见道，先生是以有《启蔽》。"（《遗书》，18∶26a）张氏因此又说："则《启蔽》不仅属《易》，犹有可疑者矣。"④ 疑《启蔽》其他篇目今已散入《遗书》各部之中。

4. 《五诰解》四卷【存】

此书为《尚书》中《康诰》《酒诰》《召诰》《洛诰》《梓材》五篇之注解。明焦竑（字弱侯，号澹园，1540—1620）《国史经籍志》（2∶226）作一卷，此外还见于《文渊阁书目》《秘阁书目》《菉竹堂书目》著录，⑤ 可知在明代仍有存本，到清初则已失传，《经义考》（95∶1a）题名《书五诰解》，作一册，谓"未见"。乾隆三十八年（1773），四库馆臣王际华（字秋瑞，号白斋，1717—1776）等从《永乐大典》各韵中按条辑出，裒集成编，唯阙《梓材》一篇，其余四篇都章句完整，厘为四卷。⑥ 清嘉庆十三年（1808），海虞张海鹏据《四库全书》辑本重刊，收入《墨海金壶》丛书，为后世通行本所出。

---

① （明）杨士奇：《文渊阁书目》，8∶73。按：注阙。
② （明）钱溥：《秘阁书目》，第657页。
③ 张寿镛：《慈湖著述考》，1b—2a。
④ 张寿镛：《慈湖著述考》，7a。
⑤ （明）杨士奇：《文渊阁书目》，2∶20；（明）钱溥：《秘阁书目》，第643页；（明）叶盛：《菉竹堂书目》，1∶893。《文渊阁书目》注阙；《菉竹堂书目》著录作《诰解》，夺一"五"字。《经义考》（95∶1a）云："按《文渊阁书目》有之，不载慈湖之名。"实则《文渊阁书目》明言"杨慈湖《五诰解》，一部，一册，阙"。
⑥ 《清史稿》，145∶4229；《钦定四库全书总目》，11∶144—145。

民国年间，张寿镛刊印《四明丛书》，几乎收入慈湖所有著作，其中阙《五诰解》一种。张氏本来已据《四库全书》文澜阁本"录副待刊"①，后因故未果。

5.《慈湖诗传》二十卷【存】

此书或称《诗解》②《诗杨慈湖解》③《诗杨氏传》④，在明代中后期藏书目录中仍有著录，可知当时仍有存本，到清初已经罕见，《经义考》（107：1a）即注为佚书，谓"慈湖《诗解》不传，亡其卷目"。清乾隆年间修《四库全书》，征集天下遗书，此书仍告阙如。乾隆三十八年（1773），四库馆臣王际华等从《永乐大典》所载，哀集成编，⑤仍分为二十卷。

其中"总论列国雅颂"之篇，以及卷一《麟之趾》，卷二《采蘋》《摽有梅》《野有死麕》，卷三《绿衣》《简兮》，卷五《伯兮》，卷六《缁衣》《萚兮》，卷一一《皇皇者华》《常棣》《采薇》《沔水》，卷一二《斯干》，卷一二《小旻》，卷一四《裳裳者华》，卷一五《菀柳》《白华》《何草不黄》，卷一七《生民》《凫鹥》，以及《公刘》以下至《昊天有成命》诸篇诗传，《永乐大典》阙载，故《四库全书》辑本亦阙。⑥后世通行各本，都出自《四库》辑本。

另外，据传清代长洲文氏曾藏有宋刊本《慈湖诗传》，叶二十行，行二十五字。⑦不知情况是否属实，其下落今无考，疑已亡佚。

6.《乡记》【佚】

宋嘉定三年（1210），慈湖知温州任上，"采士民善行，集曰

---

① 张寿镛：《慈湖著述考》，2a。
② （宋）楼钥：《攻媿集》，67：1a；（清）朱彝尊：《经义考》，107：1a。
③ （明）杨士奇：《文渊阁书目》，2：21；（明）钱溥：《秘阁书目》，第643页；（明）叶盛：《菉竹堂书目》，1：893。
④ （明）焦竑：《国史经籍志》，2：228。
⑤ 《清史稿》，145：4232。
⑥ 张寿镛：《慈湖著述考》，7b—8a。四库馆臣只说阙《公刘》以下十六篇诗传（《钦定四库全书总目》，15：194），当为一时疏漏。
⑦ （清）邵懿辰：《增订四库简明目录标注》，第60页；郝庆柏：《永乐大典书目考》，1：3a。

《乡记》，镂板于学，以劝来者"①。至于该书的内容，慈湖《乡记序》中说："今姑仿《周官》，书其敬敏任恤，书其孝友睦婣有学，邑官之贤者，与主记之贤士；又能书其德行道艺，则尤其善者。书善不书恶，其敬其审。"② 此书今佚。

7. 《孔子闲居解》一卷【存】

此书于嘉定元年（1208），由慈湖门人曾熠首次刊行。《直斋书录解题》与《宋史·艺文志》均有著录，书名作《孔子闲居讲义一卷》，③ 后世著录亦多如此。④ 或题作《孔子闲居解》，⑤ 收入《遗书》时即用此名。此书今无单行本，载《遗书续集》卷二，亦见于《先圣大训》卷一，二本字句略有差异。⑥

8. 《冠记》【佚】

9. 《家祭记》【佚】

10. 《昏记》【佚】

在明代书目中，《冠记》与《家祭记》合为一书，称作《冠祭家记》，一册，不分卷；⑦《昏记》作《婚礼家记》，一册，不分卷。⑧《经义考》（135：1a）则以《冠记》《昏记》合录，注："各一篇，佚。"⑨

11. 《丧礼家记》一卷【佚】

明代书目著录有《丧礼家记》，一册，不分卷。⑩ 《经义考》

---

① 弘治《温州府志》，8：41b。
② 《遗书》，1：8a。
③ （宋）陈振孙：《直斋书录解题》，2：49。
④ （宋）马端临：《文献通考·经籍考》，181：1560；（明）焦竑：《国史经籍志》，2：236；（明）陈第：《世善堂藏书目录》，卷上，第813页。
⑤ 延祐《四明志》，4：17b；参见张寿镛《慈湖著述考》，1b—2a。（明）徐燉：《徐氏家藏书目》，1：1637。
⑥ 张寿镛：《慈湖著述考》，8b。
⑦ （明）杨士奇：《文渊阁书目》，3：32；（明）钱溥：《秘阁书目》，第646页；（明）叶盛：《菉竹堂目》，1：897。《文渊阁书目》注阙；《菉竹堂目》作《冠祭家礼》，"礼"字当为"记"字之讹。
⑧ （明）杨士奇：《文渊阁书目》，3：32；（明）叶盛：《菉竹堂目》，1：897。按：《文渊阁书目》注阙。
⑨ 参见宋慈抱《两浙著述考》，第328页。
⑩ （明）杨士奇：《文渊阁书目》，3：32；（明）钱溥：《秘阁书目》，第646页；（明）叶盛：《菉竹堂目》，1：897。按：《文渊阁书目》注阙。

(137：4b)作一卷,注曰佚书。

12.《释菜礼记》【佚】

此书卷数无考,① 在明代各种图书目录中亦未见载,可知久已亡佚。

13.《慈湖春秋传》十二卷【存】

此书原名《春秋解》,② 历代书目著录亦然。③ 其卷数最初只有十卷(《宋史·艺文志》著录可证),后世有十二卷本出现。④

慈湖《春秋传》一书,明代藏书目录中仅见《国史经籍志》著录,《经义考》(188：1a)即注云"未见",可知流传极为稀少。20世纪三四十年代,张寿镛辑刻《四明丛书》,慈湖著述搜罗殆尽,亦未能访求到此书。⑤ 不过,张氏对访得此书抱有乐观的态度,他说:"惟寿镛以为《春秋解》凡十卷,先生既自作序,世必有流传之本,此尤宜访求者也。"⑥

可喜的是,近年在重庆图书馆发现一部《慈湖春秋传》,清代郑氏注韩居钞本,疑为世间仅存孤本。⑦ 卷首有序,文字与《遗书》所载《春秋解序》略有异同(计5处)。书中有"简谓……""简观……""简思……""简以为……"等字眼(计31处),可证此书为慈湖原著。书中略有阙文(计2处,可知所据底本已有残缺),有朱笔校补(计22处,另墨笔1处)。卷十二末有"海宁陈/琰双年/氏

---

① 宋慈抱:《两浙著述考》,第328页。
② 《遗书》卷一有《春秋解序》,可证。
③ 《宋史·艺文志》,202：5064；(明)焦竑:《国史经籍志》,2：231；(清)朱彝尊:《经义考》,188：1a。光绪《慈溪县志》(46：10a):"《春秋解》十卷,……天启《志》作《春秋传》。"按:天启《慈溪县志》卷七《人物·杨简》(7：4b)云:"有《诗》、《易》、《春秋》、《论语》、《古文孝经》传……"
④ (明)焦竑:《国史经籍志》,2：231。原本十卷,疑为后世刊刻者根据《春秋经》十二公之例,分为十二卷,其中卷四《闵公传》篇幅最小,仅三叶,可证。
⑤ 张氏"约园"着重收集地方文献,聚书16万卷,大部分是明刊本、钞校本,为近代藏书大家(参见苏精《近代藏书三十家》,第146—147页)。
⑥ 张寿镛:《慈湖著述考》,2b。
⑦ 参见刘琳等编著《现存宋人著述总录》,第18页。郑杰(约1750—1800),一名人杰,字昌英,福建侯官(今福州)人,雅好韩愈诗文,曾注《昌黎文集》,故名书室为注韩居,自号注韩居士(参见瞿冕良编著《中国古籍版刻辞典》,第573页,"注韩居"条；尤小平:《福建藏书楼·郑杰与注韩居》,第141—148页)。

曾观"篆文方印，①可知于民国年间，曾经陈琰"古书流通处"收藏。疑此书为抗战期间，国民政府内迁时，由江浙人士携来重庆。每半叶九行，行廿字，经文顶格，传文低一格书，间有双行小注。近年董平校点《杨简全集》已收入此书，书名改作《慈湖春秋解》。

清代四库馆臣曾据《永乐大典》辑出慈湖著作《五诰解》与《慈湖诗传》两种，而未及《春秋传》一书。今《大典》残卷中，尚有征引《慈湖春秋传》11处，分别为昭公十一年（1处）、十二年（3处），庄公十八年（3处）、十九年（3处）、二十年（1处）传，②文字皆见于郑氏注韩居钞本，可相互参看。③

《经义考》著录《春秋解》之外，据《慈湖遗书》篇目（见《遗书》卷九《家记》三"论《春秋》"），复载《春王正月说》一篇（210：1a、b）、《公至自唐论》一篇（210：9a）、《季札观乐说》一篇（210：10b）、《许世子弑君说》一篇（210：11a），清人冯可镛等怀疑此四篇即为《春秋解》中的文字。④笔者曾取与重庆图书馆所藏《慈湖春秋传》比对，四篇解说与传文不同，冯说为误。

14.《论语传》二卷【存】

《行状》："其领玉局而归也……传《鲁论》，而厘正其篇次。"⑤延祐《四明志》、天启《慈溪县志》云慈湖作《论语传》，⑥《行状》

---

① 陈琰，字立炎，浙江海宁人，民国七年（1918）在上海开设古书流通处，收购卢氏抱经楼、缪氏艺风堂等家藏书，影印《知不足斋丛书》《章氏丛书》《古书丛刊》等，一度为江南规模最大的古书店，后陈氏以年老体弱，于民国十五年（1926）歇业，存书售与中国书店（参见陈乃乾《上海书林梦忆录》，周黎庵编《蠹鱼篇》，第38—40、43—44页；宋原放：《近代出版大事记》，《中国出版史料·近代部分》，第3卷，第620页；上海出版志编纂委员会：《上海出版志·大事记》，http：//www.shtong.gov.cn/node2/node2245/node4521/node29047/，2005年3月2日）。

② 栾贵明：《永乐大典索引》，第799页。

③ 比如《慈湖春秋传》（校点本，10：1269）昭公十一年"按《左氏》：'楚师救蔡'至……"句，《永乐大典》（5296：5b）引慈湖杨简《传》作"楚师在蔡"，《左传》原文同，当据正；又"常情观当事势"句（10：1270），董校："'当'下应有'时'字。"《永乐大典》（5296：5b）正作"常情观当时事势"。

④ 光绪《慈溪县志》，46：10b；宋慈抱：《两浙著述考》，第380页。

⑤ 《遗书》，18：26b—27a。

⑥ 参见光绪《慈溪县志》，46：10b；《慈湖先生年谱》，2：34a。按：延祐《四明志》卷四《人物考上·慈湖杨先生》（4：17b）、天启《慈溪县志》卷七《人物·杨简》（7：4b）云："有《诗》、《易》、《春秋》、《论语》、《古文孝经传》、《孔子闲居解》……"

谓慈湖"传《鲁论》",所以《论语传》应该是本名。明代书目著录中作《论语慈湖解》①或《论语慈湖说》②,均为二册。此书今无单行本,张寿镛认为《慈湖遗书》卷十、十一(即《家记》四、五,"论《论语》"上、下,凡二卷),即《论语传》,③此说可从。

15.《古文孝经解》一卷【佚】

《行状》:"其领玉局而归也……始传《古文孝经》……而厘正其篇次。"(《遗书》,18:26b—27a)《宋史·艺文志》在朱熹《刊误一卷》、黄榦《本旨一卷》之后,著录有《古文孝经解一卷》(202:5067),未署作者;元马端临《文献通考·经籍考》(185:1586)录作"杨慈湖《古文孝经解》",《经义考》(225:8a)亦以为慈湖撰,且注"《宋志》一卷"④,据此,《宋史·艺文志》著录者,当为慈湖所撰,偶失著者姓名耳。

延祐《四明志》作《古文孝经传》,⑤前引《行状》中说慈湖"传《古文孝经》",宋末王应麟亦谓慈湖著有《古文孝经传》,⑥所以《古文孝经传》应是原名。在明代的书目著录中,书名均称《古文孝经解一卷》。⑦此书在清初已经失传,《经义考》(225:8a)注"未见"。张寿镛怀疑《慈湖遗书》卷一二《家记》六"论孝经"六节,就是《孝经传》中的文字,"但未全耳"⑧,可备一说。

16.《孝经论》【存】

原为《石鱼家记》之一部分,共六条,其中末四条亦见于傅伋(字正夫)所编《慈湖训语》。⑨明嘉靖年间秦钺、周广编辑《慈湖遗书》时,把它收入《遗书》卷一二《家记》六。明崇祯年间,江元

---

① (明)杨士奇:《文渊阁书目》,4:38;(明)叶盛:《菉竹堂书目》,1:899。
② (明)钱溥:《秘阁书目》,第647页。
③ 张寿镛:《慈湖著述考》,2b。
④ 参见光绪《慈溪县志》,46:10b。
⑤ 延祐《四明志》,4:17b;参见光绪《慈溪县志》,46:10b。
⑥ (宋)王应麟:《慈湖杨先生传》,《深宁先生文钞摭余编》,1:25b。
⑦ (明)焦竑:《国史经籍志》,2:241。
⑧ 张寿镛:《慈湖著述考》,2b。《文献通考·经籍考》(185:1586):"杨慈湖《古文孝经解》《中兴艺文志》:《解》中如'德性无生,何从有死'之语,盖近于禅。"按:"德性无生,何从有死",语见《遗书》卷一一《家记》五《论论语》下(11:26b)。
⑨ 《宋元学案·慈湖学案》(74:2504)云:"傅正夫,佚其名。"按:谢山失考。

祚辑刻《孝经大全十集》，丛书癸集收入此篇单行。①

17.《治务论》【存】

宋人陈著（字谦之，号本堂，1214—1297）撰《本堂集》卷七九《书简·与曹久可（汉炎）》（79：6a）："近收文本心枢相书，必欲访求慈湖《咏春诗稿》及《己易》，及先叔所刊语录及别集与时议等梓本。某尝见之者，已归于毁，今则无从访得之。"②同书卷八一《书简·与陈监丞（尹平）》（81：1b）："小净慈有慈云阁，是先叔习庵名，蒙斋书。"二书并观，知陈著所谓先叔，指陈埙（字和仲，号习庵，1197—1241）。陈埙刊行时议，或即《治务论》等篇目。除此篇外，尚有"论治道""论封建""论兵"等篇，载今本《遗书》卷一六《家记》十。

18.《先圣大训》六卷【存】

先圣特指孔子。慈湖有鉴于孔子遗言，除载于《论语》《孝经》《易》《春秋》等儒家经典之外，又"散落隐伏，虽间见于杂说之中而不尊"，于是采辑《礼记》《孔子家语》《左传》《国语》等经传诸子书中孔子语，"参证群记，聚而为一书"，分六卷五十五篇，随文校订，"刊诬阙疑"，并有注释解说，"发幽出隐"③。

儒家六经而外，传记与诸子百家中多有孔子言行，历代纂辑成书者，宋以前有南朝梁武帝萧衍（字叔达，464—549）《孔子正言二十卷》，唐代王勃（字子安，650—675）《次论语十卷》，后皆不存。宋代辑者除慈湖《先圣大训》外，尚有其后学薛据所辑《孔子集语二

---

① 阳海清编撰：《中国丛书广录》，上册，第384—385页。
② 曹汉炎，字久可，号戆山，慈溪人，从学于慈湖门人童居易（字行简，号杜洲），为慈湖再传弟子，宋元之际曾任杜洲、慈湖书院山长（光绪《慈溪县志》，25：32b）。文及翁，字时学，号本心，宋末绵州人，徙居吴兴，宝祐元年癸丑（1253）进士，官至签书枢密院事［参见（宋）佚名撰《南宋馆阁续录》，9：353；同治《湖州府志》，90：21b］。《慈湖先生年谱》（2：36a）误作全本心，按：全晋孙字本心，私淑慈湖之学（《宋元学案·慈湖学案》，74：2510），与文及翁非同一人。
③ 《先圣大训序》，《遗书》，1：5b。参见（宋）马端临《文献通考·经籍考》，210：1728；（清）沈初等《浙江采集遗书总录》，丙集，第111页；《钦定四库全书总目》，92：1218。

十卷》，① 潘士达（字去闻）《论语外篇二十卷》等。② 四库馆臣于慈湖心学多有批评，但对《先圣大训》一书却称赏有加：

> 然秦汉以来，百家诡激之谈，纬候怪诞之说，无一不依托先圣为重，庞杂芜秽，害道滋深。学者爱博嗜奇，不能一一抉择也。简此书削除伪妄，而取其精纯，刊落琐屑，而存其正大。其间字句异同，文义舛互者，亦皆参订斟酌，归于一是。较之薛据《集语》，颇为典核。求洙泗之遗文者，固当以是为骊渊矣。③

汉人以《论语》为传记之属，张寿镛谓若以《论语》为内传，《先圣大训》为外传，"则夫子之言行，亦可谓略备矣"④。关于此书的内容、体例、特性、写作动机等方面的问题，张念诚有专门的探讨。⑤

该书载于《直斋书录解题》（9：283），明代书目著录中或称《先圣大训传》。⑥ 万历四十三年（1615），宁波太守张翼轸与慈溪县令陈其柱，根据焦竑藏本"重刊于久毁之后"⑦，流布极广。⑧ 清嘉庆

---

① 薛据，字叔容，温州平阳人，慈湖门人薛疑之子，淳祐七年（1247）进士，任职浙东提举司、稽山书院山长，弘治《温州府志》卷一〇、康熙《温州府志》卷一一、雍正《浙江通志》卷一八二并有传。《宋元学案·慈湖学案》（74：2513）误以薛氏名作"璩"（参见陈增杰《林景熙集校注》，5：337）。

② 清代则有曹廷栋《孔子逸语》十卷，孙星衍《孔子集语》十七卷，罗惇衍《孔子集语》等，其中以孙星衍所辑最为完备，曹氏《逸语》则"援稽失实，不足论"［（清）严可均：《孙氏孔子集语叙》，《铁桥漫稿》，5：16a。按：严氏谓慈湖《先圣大训》十卷，薛据《孔子集语》二卷，均误］。关于孙书的阙失，王仁俊《孔子集语补遗》、李滋然《孔子集语补遗商正》递有增订。今人郭沂复作《孔子语录校补》，并增入新出简帛文献资料，蔚为大观（参见刘蔚华《片文必采 考校亦精》，《中国哲学史》1999年第2期，第124—126页）。

③ 《钦定四库全书总目》，92：1218。清人严可均亦谓宋代各辑本中，"薛书最显，不免罣漏"［（清）严可均：《孙氏孔子集语叙》，《铁桥漫稿》，5：16a］。

④ 张寿镛：《先圣大训序》，载《先圣大训》书首，1b。

⑤ 张念诚：《杨简心、经学问题的义理考察》，第213—215页。

⑥ （明）孙能传等撰：《内阁藏书目录》，2：486—487。

⑦ （清）袁春鼎：《先圣大训跋》，载《先圣大训》书后，1a。参见《四库采进书目》附录二《浙江采集遗书总录简目》，第243页；（清）沈初等《浙江采集遗书总录》，丙集，第111页。

⑧ （明）祁承爜《澹生堂藏书目》（2：945）著录有《先圣大训》一种，四册，十卷，说是"杨简《慈湖遗书》"本，可能是误记，或与《慈湖遗书》中的《家记十卷》混而为一；祁氏同时还著录有一种《先圣大训》八卷本，不知其详。

九年（1804）慈溪县令袁春鼎据明万历刻版重修，版归杨氏后裔收藏。①《四明丛书》本即据袁氏重修本覆刻。

19.《曾子注》二卷【佚】

《曾子》共十篇，原先是《大戴礼记》中的篇目，后人录出别行，慈湖于庆元三年（1197），为之校订作注，成书二卷。② 在慈湖看来，当时"蔽学异说，蔓延充塞"，就连"词人墨客"的"俳语戏论，淫谈秽辞"，也获得殊遇，"特书大册，溢案充宇"；与此形成鲜明对比的是，以对儒家"忠恕"之道的体认，而在儒学谱系中具有极高地位的曾子，却未曾获得应有的重视，"《曾子》之书，世罕传诵，小书幼纸，讹脱为甚，岌岌乎将遂泯绝"，这种厚此薄彼的情况令他深觉痛心，于是"谨取《曾子》之书，参古本而厘正之，间释其疑义"③。此书今佚。

20.《纪先训》一卷【存】

此为慈湖记录乃父杨庭显（字时发，1107—1188）之训语。为《慈湖遗书》中一卷，有单行本传世。④ 今则无单行本，见《慈湖遗书》卷一七，共计252则语录。⑤ 另外，慈溪县西南三十里车厩，有杨庭显墓，碑阴载其手训27节，其中12节见载《遗书》，另2节漫漶不可辨识，余13节为《遗书》所未载，清光绪十四年（1888），冯可镛辑《慈湖先生遗书补编》，已将《遗书》所阙13节家训补录，可以参看。⑥

---

① （清）袁春鼎：《先圣大训跋》，载《先圣大训》书后，1a。
② （宋）陈振孙：《直斋书录解题》，9：269。《直斋书录解题》原本作《曾子注》十卷，当为误记，（宋）马端临《文献通考·经籍考》（208：1713）著录作二卷。《宋史·艺文志》著录《曾子》二卷（205：5171），是否即慈湖所撰的《曾子注》，不能确定。
③ 《曾子序》，《遗书》，1：6b—7a。
④ （明）祁承爜：《澹生堂藏书目》（2：948）："《慈湖杨氏先训纪》一卷，杨简，《慈湖遗书》本。"（明）高儒《百川书志》（3：1246）录有《慈湖遗书》十一卷　《家记》十卷　《纪先训》一卷"。
⑤ （清）沈初等《浙江采集遗书总录》（己集，第320页）谓《慈湖遗书》六卷"后附记家训七十一条"，当以此为《慈湖遗书》选本，所收家训不全之故。
⑥ 《慈湖先生遗书补编》（下文简称《补编》），11b。但此13节家训中，有已载《遗书》者。据笔者粗检，有4节重复，即第3节"为学者，观彼贤则知之不肖……"（《补编》，10b；《遗书》，17：5a。字句略异），第4节"学者或与小人较，则所学已见其不远"（《补编》，10b；《遗书》，17：9b），第6节"迩日知学之不可缓……"（《补编》，11a；《遗书》，17：9a、b），第10节"为学当以心论……"（《补编》，11a；《遗书》，17：14b。《遗书》本阙后八字）。

21. 《石鱼家记》十卷【存】

此书原为三卷单行，明嘉靖年间秦钺等辑刻《慈湖遗书》时，把它们分为十卷，收入《遗书》卷七至十六。① 民国三十三年（1944），马一浮先生（1883—1967）在四川乐山所刻《复性书院丛刊》中，收有《家记》的单行本。

22. 《石鱼偶记》一卷【存】

是书为慈湖晚年所作，载经解、杂说五十六条，② 以考据为主，间发议论，其中有与《石鱼家记》相同者，也有与《家记》详略不尽相同者。有清郑氏二老阁刻本，及《四明丛书》覆刻本。

23. 《吴中录》【残】

嘉定十一年（1218），慈湖游吴中讲学。③《叶元吉妣张氏墓志》谓"某访元吉，孺人已疾病，命二女听于屏间，尽记某之言以告……"云云（《遗书》，5：23b），疑此书即其门人叶祐之（字元吉）等所记慈湖讲学语录。《文渊阁书目》《菉竹堂书目》均著录有杨慈湖《吴中录》一种，不分卷，一册，入"子杂类"④。今通行本《慈湖遗书》卷五有《吴学讲义》一篇，疑即《吴中录》之篇目，⑤ 然仅十一行，计二百三十二字，单行则篇幅太简，其余篇目可能已经散佚。⑥

24. 《慈湖训语》【存】

25. 《诲语》【存】

二书皆为慈湖门人所编语录。《训语》傅㒒编，《诲语》曾汲古编。清李绂《陆子学谱》（17：9a）云："傅㒒，字正夫，……学于杨文元公，为高第弟子。尝辑公议论经籍，及训诲弟子之言，为《慈

---

① 《遗书·目录》，12b。（明）高儒《百川书志》（3：1246）录有"《慈湖遗书》十一卷 《家记》十卷 《纪先训》一卷"。
② 参见光绪《慈溪县志》，46：10a；《慈湖先生年谱》，2：34b。
③ 《叶元吉妣张氏墓志》："某至吴，元吉来访……某访元吉，孺人已疾病……时嘉定十有一年十有一月乙未，终于正寝。"（《遗书》，5：23a、b。）可知慈湖至吴的年代。
④ （明）杨士奇：《文渊阁书目》，8：73；（明）叶盛：《菉竹堂书目》，3：912。《文渊阁书目》注阙。
⑤ 《慈湖先生年谱》嘉定十一年下注："《遗书》：《吴县讲义》一章。"亦以该章讲义为此年所作。
⑥ 《遗书》中诗《示叶元吉》（6：29b）、《谒泰伯庙》（6：32a、b），《续集》中《叶元吉请书》（1：2a）等，疑亦为《吴中录》篇目，不过没有实据。

湖训语》。今与曾汲古所录《诲语》,并见慈湖《家记》,中多笃论。"清冯可镛撰《句章征文录》云:"慈湖又有《诲语》一书,曾汲古编,与《家记》大意相同。"① 《训语》《诲语》二书内容,与《家记》大致相同,明嘉靖年间秦钺等辑刻《慈湖遗书》时,已将它们汇入《家记》。② 比较起来,《慈湖训语》一书的内容要丰富一些,也更重要一些,《家记》中注见《训语》者有80余条,注见《诲语》者仅30余条。③ 另外,《遗书》卷一《周易解序》《春秋解序》等五篇文字,亦出自《训语》(见下,表二)。

《慈湖训语》一书在宋代的流传,似乎并不很普遍。陈著《本堂集》卷七七《书简·奉文本心枢密》(77：5b—6a)云:"钧谕慈湖先生《训语》,家间旧自有之,年来兵毁之余,无从其故,近尝徧询之乡之故家,亦未得。此更当搜访,或刊本,或录本,续附便以纳。"因而明嘉靖间秦钺等辑刻《慈湖遗书》时,所见《慈湖训语》似乎并不完备。宋人真德秀著作中有征引《慈湖训语》的内容,我们取与《遗书》稍作比对,就可以看出这一点。《西山先生真文忠公文集》卷三五《题跋·慈湖训语》(35：5b—6a)云:

> 慈湖先生之道,学者所共尊,顾尝侧听诸公间,或不能无窃议者,谓泯心思,废持守,谈空妙,略事为也。今观正夫所录,有曰:"无思甚妙,思之正亦甚妙。"又曰:"徒思固不可为学,不思如何是学?"然则先生之学,其果泯心思耶?曰:"学未纯熟,不可废守。"又曰:"敬以守之于意态未动之先,守定用力,自然光明。"先生之学,其果废持守耶?至于言道以本心为正,言德以直心为主,则其为论至平实,既与谈空说妙者不同,而于当世之务,讨论区画,若指诸掌,又非脱略事为者也。是四者既皆异乎所闻,至其为说,有曰:"成身莫如敬。《书》曰钦,曰敬,曰谨,曰克艰,曰孜孜,曰兢兢,曰

---

① 转引自光绪《慈溪县志》,46：11b;参见张寿镛《慈湖著述考》,3b。
② 《遗书·目录》,12b—13a。
③ 张寿镛:《慈湖著述考》,11b。

勤恤。三五盛际，君以此命臣，臣以此戒君，盖灼知不敬则此心易动，敬则此心不动。此心微动，百过随之，此心不动，常一常明。"呜呼！斯言至矣。非正夫之心与先生通贯为一，岂能传之简牍，不失其真哉。然则先生之言，固有功于后学，而正夫所录，又有功于先生者也。

西山题跋征引《慈湖训语》内容，如"无思甚妙，思之正亦甚妙"，"徒思固不可为学，不思如何是学"，"学未纯熟，不可废守"，"敬以守之于意态未动之先，守定用力，自然光明"，"成身莫如敬。《书》曰钦，曰敬，曰谨，曰克艰，曰孜孜，曰兢兢，曰勤恤。三五盛际，君以此命臣，臣以此戒君，盖灼知不敬则此心易动，敬则此心不动。此心微动，百过随之，此心不动，常一常明"诸条，似皆不见于今本《遗书》。[①] 有可能傅伫编《慈湖训语》，至明嘉靖年间已有残缺。

26.《慈湖语录》【佚】

陈著《本堂集》卷七九《书简·与曹久可（汉炎）》（79：6a）："近收文本心枢相书，必欲访求慈湖《咏春诗稿》及《己易》，及先叔所刊语录及别集与时议等样本。某尝见之者，已归于毁，今则无从访得之。"上文已说到其"先叔"指陈埙，所刊慈湖语录，今佚。

27.《绝四记》【存】

此篇有慈湖书碑拓本单行，[②] 碑本今佚，文见今本《遗书》卷二。

28.《慈湖遗言》【佚】

《秘阁书目》（第648页）著录有《慈湖遗言》一册，入子部"性理"类。此书不知是否即陈埙所刊《慈湖语录》，惟今二书皆佚，

[①] 按《遗书》卷八《家记》二（8：20b—21a）云："少时读《书》，……其他大略曰钦，曰敬，曰谨，曰克艰，曰孜孜，兢兢，曰典常，曰学于古，曰奉天，曰勤恤，殊未省其实。……及微觉后，方悟……放心之戒，果为要害。此心微动，百过随之，此心不动，常一常明。"此条注出《训语》，然与西山征引不尽一致。

[②] 《叶元吉妣张氏墓志铭》："……得先生'子绝四碑'一读，知此心明白广大……"（《遗书》，5：23a）

已不可考。

29.《慈湖甲稿》二十卷【佚】

按《直斋书录解题》著录，《慈湖甲稿》原本即有二十卷。① 《甲稿》在明代各种藏书目录中都有著录，多不载卷数，二册；② 《国史经籍志》也作《慈湖甲稿二十卷》。③ 此书今无传本，篇目散见于通行本《慈湖遗书》二十卷中。

30.《慈湖乙稿》【佚】

宋代以下各种书目中，都未见著录《乙稿》；明嘉靖年间秦钺等辑刻《慈湖遗书》，一个重要的篇目来源是《甲稿》，而未曾提及《乙稿》，可知亡佚已久。④

31.《慈湖文集》【佚】

明代各种藏书目录中著录有《慈湖文集》一种，二册，⑤ 且与《慈湖遗书》《甲稿》共见，不知是否为同书异名。⑥ 此书今佚。

----

① （宋）陈振孙：《直斋书录解题》，18∶551。书名原作《慈溪甲稿》，清冯可镛、叶意深疑"慈溪"为"慈湖"之讹（《慈湖先生年谱》，2∶29b）。

② （明）杨士奇：《文渊阁书目》，10∶105；（明）钱溥：《秘阁书目》，第668页；（明）孙能传等：《内阁藏书目录》，3∶506。按：《秘阁书目》阙载册数。

③ （明）焦竑：《国史经籍志》，卷4上，第414页。

④ 《慈湖先生年谱》，2∶29b。

⑤ （明）杨士奇：《文渊阁书目》，9∶93；（明）钱溥：《秘阁书目》，第663页；（明）孙能传等：《内阁藏书目录》，3∶507；（明）叶盛：《菉竹堂书目》，3∶919。按：《秘阁书目》书名作《慈湖集》。另外，（明）高儒《百川书志》（12∶1302）著录《慈湖文集□卷　附录一卷》，注："贺方回鉴湖遗老诗九首，柳仲涂，穆伯长。"按：贺铸（1052—1125），字方回，晚号庆湖遗老，为北宋著名词人，所谓"鉴湖遗老诗"，鉴字或误。柳开（字仲涂，947—1000）、穆修（字伯长，979—1032），并为北宋初年古文运动的倡导者。如此则《慈湖文集》后《附录一卷》为贺、柳、穆三人诗文选，似与慈湖无关。文集卷数阙载，不过《百川书志》（3∶1246）同时又著录《慈湖遗书十一卷家记十卷纪先训一卷》一种，可知《慈湖文集》与《慈湖遗书》并不相同。因为这个本子的附录部分比较特别，可能是较早的本子，存此备考。

⑥ 按《永乐大典》载《莫能名斋记》，谓出《杨慈湖稿》，《遗书》注此文出处为"出《甲稿》"；又《大典》载《贤觉斋记》《磬斋记》《明堂礼成诗并序》三篇，谓出《杨慈湖集》，据《遗书》注，此三篇皆"出《甲稿》"。（参见栾贵明《永乐大典索引》，第798页；《遗书目录》，2b、9b。）《杨慈湖稿》当指《甲稿》，《杨慈湖集》即《慈湖文集》，疑《甲稿》与《慈湖文集》为同书异名。陈著《本堂集》卷七九《书简·与曹久可（汉炎）》（79∶6a）云："近收文本心枢相书，必欲访求慈湖《咏春诗稿》及《己易》，及先叔所刊语录及别集与时议等梓本。某尝见之者，已归于毁，今则无从访得之。"其叔陈埙所刊别集，亦当为《甲稿》。

32.《咏春诗稿》【疑佚】

陈著撰《本堂集》卷七九《书简·与曹久可（汉炎）》（79：6a）："近收文本心枢相书，必欲访求慈湖《咏春诗稿》及《己易》，及先叔所刊语录及别集与时议等梓本。某尝见之者，已归于毁，今则无从访得之。"慈湖《咏春诗稿》或未梓行，疑佚。不过《遗书》卷六载《咏春》《丁丑咏春偶作二首》等诗（《遗书目录》，8a），疑即《诗稿》中篇目。①

33.《慈湖遗稿》【佚】

此书为慈湖门人冯兴宗（字振甫）、周之德编辑，由袁甫（字广微，号蒙斋）刻梓。袁甫《书慈湖遗稿》（《蒙斋集》，15：221）云："先生之言多矣。门人冯兴宗、周之德，取训语之要，聚为一编，属甫刻梓，以惠后学。"祝尚书推测这个本子就是《直斋书录解题》著录的《慈湖遗书》三卷，②惟无实据。

34.《慈湖遗书》【存】

《慈湖遗书》最初只有三卷。《直斋书录解题》"儒家类"著录慈湖《慈溪遗书》三卷，谓前二卷杂说，末一卷遗文。③这种《慈溪遗书》三卷本，经宋、元一直流传到明末清初，④书目著录中通常作一册或三册，⑤今佚。

明代书目中还著录有几种不同卷数的《慈湖遗书》，分别是十一

---

① 张寿镛：《慈湖著述考》，13b。
② 祝尚书：《宋人别集叙录》，22：1102。
③ （宋）陈振孙：《直斋书录解题》，9：284。《慈湖先生年谱》（2：1b）引（明）徐象梅《两浙名贤录》云："赵彦悈，字元道，余姚人。宗室，……壮岁从杨简游，重修象山精舍，刻慈湖遗书。"张寿镛《慈湖著述考》（3b—4a）据此推测《慈溪遗书》三卷本是由赵彦悈首先刊行，疑非是。又乾隆《绍兴府志》卷四六《人物志》六（46：28a）赵彦悈条注引《两浙名贤录》云："彦悈《平庵集》四十卷。在吉水修象山精舍，刊慈湖遗书。"光绪《慈溪县志》卷二五《列传》二（25：11a，b）杨简条注亦引《两浙名贤录》云："赵彦悈从杨简游，官吉水县丞时，重修象山精舍，刊慈湖遗书。"然细检《两浙名贤录》，不见此文，亦无赵彦悈之条目。疑乾隆《绍兴府志》、光绪《慈溪县志》《慈湖先生年谱》误记。光绪《余姚县志》卷二三《列传》五（23：6a）云："赵彦悈，字元道，号平庵。从杨简游。……为吉水丞，重修象山精舍。……又刻慈湖遗书。"按《续集》卷二《孔子闲居解》附录书后，曾熠、赵彦悈于嘉定元年（1208）刊行慈湖著作《己易》《孔子闲居解》，所谓"刻慈湖遗书"云云当是泛言。
④ （清）钱谦益：《绛云楼书目》，2：75。
⑤ （明）杨士奇：《文渊阁书目》，4：43；（明）叶盛：《箓竹堂书目》，1：901。

卷本、① 六卷本及十六卷本。② 十一卷本与十六卷本，其细节不详。六卷本即明万历年间，杨世思（字汝位，号见洲，1533—1606）等辑校《慈湖先生遗书抄六卷》。③

《慈湖遗书》其他版本今已不传，如今通行各本，都源出明嘉靖四年（1525）秦钺等辑刻本。秦钺（1482—1540），字懋功，号屿湖，余姚梅川人，正德九年（1514）进士，官至都察院右副都御史巡抚江西。④《遗书》（卷首，1a）有当时江西巡抚陈洪谟（字宗禹，号高吾，1474—1555）序，称秦钺"出旧所藏《慈湖先生遗书》若干篇，手自勘雠，得十有八卷。复节缩稍食，以镵诸梓"。《遗书》的具体编辑工作，是由江西提学周广［字充之，号玉严，又号抑斋，太仓人，弘治十八年（1505）进士，1474—1531］完成的。秦钺时任江西道监察御史，在信州（今江西上饶）委托周广编校《遗书》，⑤原本"多舛讹"，且"篇章谬复，多所散逸"，经周广"厘校汇粹，终以成集而梓行之"⑥。《遗书》编定后，由秦钺出资刊行。⑦ 嘉靖十二年（1533），又有《慈湖遗书》增订本二十卷问世。⑧

秦钺、周广辑刻的《慈湖遗书》，除了纳入《石鱼家记》三卷，并把它分为十卷，成为《遗书》中篇幅最大的一部分外，书中还多处出现"出《训语》"，"出《甲稿》"，"出《遗书》"，"见《诲语》"等注语，可知秦、周二氏是把《遗书》旧本，与慈湖其他著述汇合成为一本（参见表二），而仍冠以《慈湖先生遗书》之名。严格说来，这已经称得上是一部小丛书了。

---

① （明）焦竑：《国史经籍志》，卷4上，第302页；（明）高儒：《百川书志》，3：1246。

② （明）祁承㸁：《澹生堂藏书目》，2：945，按：所录两种版本皆为六册。又《四库采进书目·浙江省第一次书目》（第77页）："《慈湖遗书》六卷，宋杨简著，二本。"《四库采进书目》附录二《浙江采集遗书总录简目》（第259页）："《慈湖遗书》六卷，刊本，宋宝谟阁学士慈溪杨简著。"

③ 《慈湖先生年谱》，2：36b。

④ 光绪《慈溪县志》，27：35b—36a。

⑤ （清）彭元瑞等《天禄琳琅书目后编》（19：2b）谓"时广守信州"。

⑥ （明）周广：《慈湖先生遗书后序》，载《遗书》卷末，1a、b。

⑦ 吴希贤辑汇《历代珍稀版本经眼图录》（第298—299页）有录。

⑧ 王重民：《中国善本书提要》，第532页。

表二　　明嘉靖四年秦钺等辑刻《慈湖先生遗书》篇目出处表①

卷次	篇名	出处	参校本
卷一	《周易解序》以下五篇	《慈湖训语》	
	《陈规守城录序》以下二篇	《甲稿》	
卷二	《申义堂记》以下二十三篇	《甲稿》	
	《时斋记》以下十一篇	《遗书》	
卷三	《学者请书》以下十三篇	《甲稿》	
卷四	祝文十四篇	《甲稿》	
卷五	行状	《甲稿》	
	墓志铭、文、讲义、跋、铭等二十一篇	《遗书》	
卷六	赋六篇，诗《明堂礼成诗》以下四十二首	《甲稿》	
	诗《偶成》以下十二首	《遗书》	
卷七至卷一六	《家记》一至十	《家记》	《诲语》《慈湖训语》
卷一七	《纪先训》		
卷一八	附录行状、跋文		

从表中可以看出，秦钺等辑刻《遗书》中，出自原本《遗书》的正好是三个部分：

1. 《时斋记》以下十一篇
2. 墓志铭、文、讲义、跋、铭等二十一篇
3. 诗《偶成》以下十二首

篇卷与《直斋书录解题》（9：284）所说"《慈溪遗书》三卷……前二卷杂说，末一卷遗文"大体吻合，当即三卷本《遗书》的原貌。

明周弘祖《古今书刻》（卷上，第1116页）著录有江西南昌府刻《慈湖遗书》，应该就是嘉靖四年秦钺等辑刻本（秦钺时任江西道监察御史），此本目录版心下方有"江西高安蓝纠写，苏州章景华

---

① 按光绪《慈溪县志》（46：12a、b）叙述《慈湖遗书》篇目出处时多误。

刻"字样，可知刻版是在苏州进行，故其板式雕工以精雅著称。① 不仅如此，其中文字舛误亦少，堪称善本。②

可以这么说，秦钺等辑刻《慈湖先生遗书》，在慈湖著作流传史上具有里程碑式的意义，至此慈湖这部主要著作的面貌已经基本定形。③ 不仅《遗书》的各种重刻、翻刻本，而且几乎后世所有选本，都来源于这个版本。④

清乾隆年间编纂《四库全书》，收入《慈湖遗书十九卷附录一卷》，其中文渊阁本在现代迭经影印，为学者所常见的版本，不过应当注意的是，其中有多处讹误、脱漏、错简的现象。⑤《慈湖遗书》的通行本，以民国时张寿镛辑刻《四明丛书》本较为完善，除《遗书》正续集外，并有清人冯可镛辑录《补编》一卷，以及张氏所辑《附录》一卷。

35.《慈湖遗书补编》【存】

此书为清光绪十四年（1888）冯可镛辑，收入慈湖所作序、记、

---

① 参见傅增湘《藏园群书题记》，14：734。
② 祝尚书：《宋人别集叙录》，22：1102。
③ （明）朱睦㮮《万卷堂书目》（4：1093）著录《慈湖遗书二十卷》，（明）陈第《世善堂藏书目录》（卷下，第847页）载《杨慈湖集二十卷》，（清）钱曾《述古堂藏书目》（2：7a）载"杨简《慈湖集二十卷》"，（清）季振宜《季沧苇藏书目》（32a）载"宋慈湖杨简集廿卷"，（清）徐乾学《传是楼书目》（4：51a）录《慈湖遗书二十卷》，由卷数可知都是嘉靖间秦钺等辑刻本或其翻刻本。
④ （清）吴焯《绣谷亭薰习录》（第576页）著录有《慈湖遗书十七卷附录一卷》，谓："是编前十卷皆题《家记》，并说经之文，即马氏《通考》'《先贤大训》六卷'是也。《己易》另为一编，此列之卷首，自出后人汇集，而仍以《遗书》名之耳。"按：吴氏误指《家记》为《先圣大训》。祝尚书认为"此本编次似与秦钺本不同"（祝尚书：《宋人别集叙录》，22：1105），实则大同小异。秦钺等辑刻本《遗书》十八卷，卷十八为附录，且《家记》原为三卷，自秦钺始改编为十卷。吴焯著录的本子显然是根据秦刻本改编的，只不过将《家记》十卷置于全书之首而已。（清）丁丙《善本书室藏书志》（30：18a）著录明嘉靖刊本《慈湖先生遗书十八卷》，云："是编十卷皆题《家记》，后七卷则书及讲义、序记、赋、诗文、跋铭、行状、墓志铭、祝文、青词之属也，卷十八为附录。《己易》本另为一编，此列之卷首，自出后人汇集，而仍名《遗书》耳。"疑与吴焯著录的是同一种版本。又清代朱彝尊《潜采堂宋元人集目录》（14b）录有"杨简《慈湖遗书十卷》"，五册，卷首有嘉靖四年陈洪谟序，故知亦为秦钺等辑刻本之别本。
⑤ 黄宽重：《文津阁本宋人文集的价值及其问题——以〈文渊阁四库全书补遗〉为例》《文渊阁四库全书本错简、脱漏示例——以〈相山集〉与〈慈湖遗书〉为例》，《史事、文献与人物》，第101—103、132—138页。

墓志铭、杂文及诗,计十三篇(首),不分卷。光绪年间冯可镛校、鲍系斋抄本《慈湖遗书》,即附有《补编》。

36.《慈湖小集》一卷【存】

入《两宋名贤小集》[旧题(宋)陈思辑,(元)陈世隆补]卷二一五,① 收录《抚琴行》(《遗书》作《乾道抚琴有作》)、《送张大著出守衡阳》(《遗书》"张"作"章")、《净土院击竹轩》(《补编》作《净土院》,《小集》阙前四句)、《进月堂》《石鱼楼》《游乐平明岩》《偶成》等诗六篇,文字颇有异同。②

二 外编(八种)

1.《慈湖摘语》一卷【佚】

此书见于明祁承㸁(字尔光,号夷度,1563—1628)《澹生堂藏书目》著录,一册。③

2.《慈湖语略》【佚】

《古今书刻》记明代各直省所刻书籍中,南直隶扬州府有《慈湖语略》一种。④

3.《慈湖先生略》二卷【佚】

此书见于《百川书志》著录,署"皇明蜀人高简敬仲辑略、附

---

① 这部宋人总集的成书过程不太清楚,但是书中"所编之诗则非赝托"(《钦定四库全书总目》,187:2628;参见祝尚书《宋人总集叙录》,8:362—364)。按:中国古籍善本书目编辑委员会编《中国古籍善本书目(集部)》(28:47b—72a),著录有《宋人小集》清代抄本计三十种,卷数自六卷至三百六十六卷不等,书名或称《群贤小集》《南宋群贤诗》《名贤小集》《江湖小集》等,其中仅见《两宋名贤小集》三百六十六卷一种(清抄本,藏重庆市图书馆),有《慈湖小集》一卷;该书署名除二陈之外,并有"清孔继涵补目、《永乐大典》补诗"云云。由各本子目的比对,可以明显看出《两宋名贤小集》一书,其篇卷逐渐增益的过程。该书最终定形,疑出于孔继涵(字体生、誧孟,号荭谷,1739—1783)之手。
② 《四库全书珍本六集》本《慈湖小集》(下文简称《小集》)颇多误字,然亦有可取处。如《乾道抚琴有作》一首,"渐渐幽响飕寒空"句,《小集》"渐渐"作"渐渐",与上句"萧萧指下生秋风"相对,"萧萧"与"渐渐"皆为象声之词,当以《小集》本为是。
③ (明)祁承㸁:《澹生堂藏书目》,2:945。
④ (明)周弘祖:《古今书刻》,卷上,第1113页。

刻史传"①。

4.《杨慈湖先生诗抄》一卷【存】

明人周汝登（字继元，号海门，1547—1629）辑，是《邵杨二先生诗微》（简称《邵杨诗微》）中的一种（《诗微》收入丛书《东越传宗四种》），② 另外一种是《邵康节先生诗抄一卷》。《邵杨诗微》原附录于海门所作《程门微旨》之后，后有单行本。③ 今湖南图书馆藏有明新安胡正言（字曰从，别号默庵道人，1582—1671）十竹斋刻本，④ 与《邵康节先生诗抄一卷》共装一册；日本尊经阁文库亦有

---

① （明）高儒：《百川书志》，3：1246。此处文字疑有讹误，"敬仲"是慈湖之字。又《百川书志》（3：1246）录有《象山先生略二卷》，署"皇明左绵鹤阿子高简公敬辑略、《宋史》列传附载"。按：高简，字公敬，四川绵州人，嘉靖八年（1529）进士，历官刑部主事、吏部文选郎，为湛甘泉门人，别号懒鹤子、大鹤山人，（参见瞿冕良编著《中国古籍版刻辞典》，第736页，"高简"条；天启《新修成都府志》，20：22a、b；民国《绵阳县志》卷七《人物·文苑》，7：5a—6a）。左绵是绵州古称。高第、高简、高节兄弟三人俱以文名，称"绵州三高"。

② 尊经阁文库编：《尊经阁文库汉籍分类目录》，第569、576、1010页。

③ 周海门《邵杨诗微序》（《东越证学录》，6：462—463）云："余尝次有《程门微旨》……近读康节、慈湖二先生诗，其语弥似禅，而其旨弥彻，因为摘揭各数十首，以附《微旨》之后。"

④ 胡正言原籍安徽休宁，后迁居南京，寓所前植翠竹十余竿，因以十竹名其居。胡氏在明代曾官中书舍人。他通诗解文，交游甚广，与明末清初的许多著名文人学者，如袁宏道（字中郎，号石公，1568—1610）、陈继儒（字仲醇，号眉公，1558—1639）、周亮工（字符亮，号栎园，1612—1672）等都有交往，后者还是其仲子其毅的老师，过从最密。他精研六书，以治印名世，有《十竹斋印谱》两集（《印存初集》二卷、《印存玄览》二卷），撰有《印薮》《篆草》《书法必稽》等书。明万历四十年（1612）前后，胡氏以十竹斋为名，开设书铺，造纸制墨，刻书印笺，成为一代版刻名家。他的友人兰汾居士，在为《十竹斋书画谱》所作序文中说，"胡曰从氏……所制㕮麋（墨）硾茧（纸），所镌法语名言，皆出心裁，赏鉴家多宝爱之"。胡氏制作的彩色套印本《十竹斋书画谱》，在中国版刻史上具有不朽地位。胡氏刻书始于万历末年，下至清康熙初年，种类有印谱、书法、笺谱、画谱，以及文字学、医书与诗文帖括之作。明亡以后，他还用心于理学。著作有《尚书孝经讲义》《九十授经图》，并编辑《格言类编六卷》［参见（清）纪昀等《钦定四库全书总目》，41：548，114：1523；（清）赵宏恩等监修：《江南通志》，170：4a；（清）孙岳颁等撰：《御定佩文斋书画谱·纂辑书籍》，第22页上；昌彼得：《胡正言与十竹斋画谱》，氏著《增订蟫庵群书题识》，第139—141页；沈津：《胡正言与十竹斋》，氏著《书韵悠悠一脉香：沈津书目文献论集》，第148—154页；王贵忱等：《胡正言所刻图书简述》，载李昭醇主编《广东省立中山图书馆同人文选》，第612—621页］。按：王贵忱等《胡正言所刻图书简述》辑有胡氏十竹斋刻书目录34种，其中失收《邵杨二先生诗微》一种。胡氏十竹斋刻书目录中，理学类仅见此一种，这似乎是一个特别的情形。

藏本，版刻情形不详。

5.《慈湖金錍》【佚】

明人陶望龄（字周望，号石篑，1562—1609）辑，① 该书或未梓行，今无传本。

6.《慈湖先生遗书抄》六卷【存】

此书或称《慈湖先生节钞略》，② 为明万历年间（1573—1620）慈溪人杨世思、郑光弼辑校，慈溪县令潘汝桢刊行，③ 是《慈湖遗书》的节选本。或径省称《慈湖遗书》六卷。④

7.《慈湖先生遗书纂》【疑佚】

清代彭绍升（字允初、尺木，号知归子、二林居士，1740—1796）辑。今上海图书馆藏有钞本（残），与《明道先生书抄》合装一册。其中《慈湖先生遗书纂》阙佚，仅存《明道先生书抄》一部。

8.《慈湖先生历代诗注》一卷【佚】

清代郑铎撰，⑤ 刊本，见于清丁仁《八千卷楼书目》（15：25b）著录，今无传。⑥

---

① （明）陶奭龄：《先兄周望先生行略》："于宋悦慈湖子，辑《慈湖金錍》。"[（明）陶望龄：《歇庵集》，附录一，第657页。]
② 《慈湖先生年谱》，2：36b。
③ 潘汝桢于万历三十二年至三十七年间（1604—1609），任慈溪县令（光绪《慈溪县志》，16：26b）。《慈湖先生遗书抄》之刻板，当在此期间。"桢"或作"祯"，《明史》亦"桢""祯"并见。按：潘氏字镇朴，桐城人。康熙《桐城县志》（4：38b）、道光《桐城续修县志》（12：20a）潘氏传作"桢"；《慈湖先生遗书抄》卷首有潘氏《刻慈湖先生遗书序》，序末署"古桐国潘汝桢题"，后钤有"镇楼父"印记，疑当以作"桢"为是，朱保炯等编《明清进士题名碑录索引》（第2582页）亦作"桢"。
④ 《四库采进书目·浙江省第一次书目》，第77页。《浙江采集遗书总录》（己集，第320页）略记其篇目云："《慈湖遗书》六卷，刊本。右宋宝谟阁学士慈溪杨简著。一卷为《易说》、《己易》，二卷为《书》、《诗》、《春秋说》，三卷为《礼记》、《孝经说》，四卷为《四书说》，五卷为杂文，六卷为赋诗，后附记家训七十一条。"按：《顾颉刚全集·顾颉刚读书笔记》卷一《纂史随笔》（第368页）详录《慈湖先生遗书钞》目录。
⑤ 郑铎，疑即清雍正年间与修《甘肃通志》者[见（清）许容等纂修《甘肃通志》卷首编辑题名]，山西万泉人，雍正八年（1730）进士[（清）罗石麟等纂修：《山西通志》，72：36b、44b]，乾隆二年（1737）任甘肃永昌县知县，志称"宽厚廉平，刑清讼理，百姓爱之。去之日，老幼泣送，勒石以铭其德"[（清）杨鼎新等修：《永昌县乡土志·政绩录》，第82页]，"有制艺一编，学者宗之"（冯文瑞纂：《万泉县志》，3：261）。
⑥ 慈湖《历代诗》计二十首，见《遗书》（6：34b—39a）。

三　辨误(一种)

1.《律解辨疑》一卷【误】

清冯可镛等纂修光绪《慈溪县志》,清冯可镛等辑《慈湖先生年谱》,以及张寿镛《慈湖著述考》,三家所列慈湖著作中,俱有一种《律解辨疑》。

光绪《慈溪县志》(46:11b)云:

《律解辨疑》一卷。《世善堂书目》。

《慈湖先生年谱》(2:36b)云:

陈第《世善堂藏书目》:《律解辨疑》一卷。

《慈湖著述考》(13a)云:

《律解辨疑》一卷。见陈第《世善堂藏书目》。

三家的根据都是明陈第(字季立,号一斋,1541—1617)撰《世善堂藏书目录》。该书史部"律例"类著录:

《律解辨疑》一卷,杨简。①

但此书并非慈湖著作,作者同名而已。据法律史学者研究,《律解辨疑》的作者杨简,是明代浙江余姚人。明王圻撰《续文献通考》(177:10b):"《律解辩疑》,余姚杨简著。"《大明律例附解》陈省

---

① (明)陈第:《世善堂藏书目录》,卷上,第836页。日本宝永六年(1709)德川幕府订购明代法律的注释书籍中,也有《律解辨疑》一种。[日]大庭脩《江户时代中国典籍流播日本之研究》(第211—212页)指出:"《律解辨疑》当为杨简所著。"

刻本序中，也提到余姚杨简撰有《（大明律）集解》一书。杨简（1460—？）字居敬，登弘治六年（1493）进士。《弘治六年进士登科录》（58a）载：

> 杨简　贯浙江绍兴府余姚县，军籍，国子生，治《书经》。字居敬，行一，年三十四，三月初七日生。曾祖自新。祖宜振，赠工部主事。父芸，贡士。母薛氏。慈侍下。弟节；簠；策；筌，监生；箎。娶姜氏。浙江乡试第十七名，会试第三十五名。①

万历《新修余姚县志》卷一三《选举志》上（13：15a）、光绪《余姚县志·选举表》（19：43b）有杨简，为成化二十二年丙午（1486）乡贡，当即此人。②

---

① 参见陈文新等《明代科举与文学编年》，中册，第1249页。
② 参见张伯元《〈律解辩疑〉版刻考》，《上海师范大学学报》2008年第5期，第66—71页；收入氏著《律注文献丛考》，第285页。又据叶树望编著《姚江碑碣》（第32页），明嘉靖十九年（1540）立《余姚县儒学续科第题名碑记》，载弘治五年壬子乡举题名中有杨简，与王守仁（阳明）同科，不知是否为同一人。

宋儒杨慈湖诗文佚作辑考

笔者前曾对宋儒杨慈湖著作的存佚情形、刊刻经过、版本流传等方面问题，做过较为详细的考察，除著作目录之正编外，另立外编一项，收录明清时期出现的慈湖著作选本，计正编三十六种，外编八种，共四十四种。其学术成就之广大，及与宋明儒学风气流变之关系，皆可由此窥见一斑。此外，笔者并曾将所见慈湖佚文录为一帙，间加考证校订，供研究者参考，疏漏在所不免，敬请方家教正。

一

清初黄百家（字主一，1643—1709）修订《宋元学案》时，曾注意到慈湖集外的佚文，他举出两篇："真西山言：'絜斋之葬，慈湖铭之，其大节摹写尽矣。'考之《慈湖遗书》，无有也。即舒广平墓志，亦慈湖所作，《广平言行录》载之，而《遗书》亦阙。"[1] 慈湖

---

[1] （明）黄宗羲等：《宋元学案》，75：2528。按真德秀为袁燮所撰行状中说："公之葬，慈湖杨公寔为之铭，于公大节，摹写尽矣，顾其孅微委折，有未备者。"（《显谟阁学士致仕赠龙图阁学士开府袁公行状》，《西山先生真文忠公文集》，47：27a。）清初黄宗羲、全祖望纂辑《宋元学案》，皆未获见絜斋墓志［《絜斋集》附《袁正献公从祀录》案语，清同治十一年（1872）四明袁氏进修堂刊本，6：8a］。此志于道光年间发现的经过，清人徐时栋（字定宇，一字同叔，号柳泉，鄞县人，1814—1873）有详细记述："袁翁苇堤万经者，吾月楼同年世恒之父也，世居东钱湖大堰塘。尝以远祖正献公燮墓，县志云在穆公岭，而子孙不知其所。家距岭不甚远，屡率月楼寻觅之，碑版全无，竟不可得。于是设正献位，虔祭而哀祝之，以期必获。明日，小憩岭中，以烟干叩泥地上，似击石声，劚土视之，则古之拦墓横石也（俗呼此石为拦土），急起而洗涤之，乃正献墓前石之倾埋于土中者，详记墓之基址。且云：此处去墓几丈几尺，墓中有男乔所撰圹志，墓上有杨公简所撰墓志。父子大喜，按其丈尺掘之，见砖结小桥，发之得慈湖墓志。遂录其文，而还置之，（转下页）

所撰袁燮（字和叔，号絜斋，1144—1224）、舒璘（字元质，号广平，1136—1199）墓志二篇，已于清光绪年间，由冯可镛辑入《慈湖先生遗书补编》（下文简称《补编》），题名分别为《故龙图阁学士袁公墓志铭》①《宜州通判舒元质墓志铭》②。按宋人罗大经说："袁和叔云：'非木非石，无思无为。'杨敬仲深爱其语，故铭其墓曰：'和叔之觉，人所未知。非木非石，无思无为。'盖以为造极之语也。"③而《补编》及《袁正献公从祀录》所录絜斋墓志，皆阙此铭。

又冯可镛辑校《补编》之时，亦谓"先生诗文，湮佚良多"，他举出佚作六篇，④其中仅存节录者二篇：

1. 陆象山先生配吴孺人墓志 节载于宋李子愿《象山先生年谱》，淳熙十一年（1184）下。⑤《全宋文》据之录入杨简卷（6243：56）。按《象山先生年谱》（《宋编宋人年谱选刊》本）节录尤袤（字延之，号遂初居士，1127—1194）撰吴公墓志，及慈湖作孺人吴氏墓志，注云"尤、杨文集"（《陆九渊集》本脱此四字），知吴孺人墓志一篇，原载慈湖文集，惟今《慈湖先生遗书》（《四明丛书》本，下文简称《遗书》）正、续、补编皆阙，全篇当已亡佚。

2. 宁海军节推赵公彦肃行状 节载《宋元学案》（58：1932）。《全宋文》据之录入杨简卷（6241：26），题作《复斋先生赵彦肃行状》。

结砖如旧而封之……先是，慈湖撰正献墓志，但见真西山撰正献行状中语及之，而其文不见于《慈湖遗书》，亦未录于袁氏家乘，至是而杨文亦显。"[（清）徐时栋：《烟屿楼笔记》，3：6a、b；参见胡玉缙《四库全书总目提要补正》，49：1347]宝庆《四明志》（9：28a）记慈湖撰舒璘墓志，（宋）袁甫《奉化县舒先生祠堂记》（《蒙斋集》，14：196）亦云："先生墓在奉川松溪里，其墓碣，慈湖先生所作也。"清人徐时栋将墓志辑入《舒文靖公类稿》附录卷中，并有按语说："……文靖此志，则见之《言行考》中，盖舒氏世有贤子孙，录在家乘者，固无恙也。"（1a）

① 出自《絜斋集》附《袁正献公从祀录》（6：5a—8a），题名《杨简故龙图阁学士袁公墓志》，清同治十一年（1872）四明袁氏进修堂刊本。按：《补编》所录，与《袁正献公从祀录》所载原文，略有异同，如"至通奉大夫职"句（《补编》，6b；袁正献公从祀录》，6：5b），"大夫"下，《补编》衍一"之"字。
② 出自（清）徐时栋辑《舒文靖公类稿》附录卷中。
③ （宋）罗大经：《鹤林玉露》，乙编，6：224。
④ 《补编目录》，2a—3a。
⑤ 吴洪泽编：《宋编宋人年谱选刊》，第257页；《象山先生年谱》，《陆九渊集》，36：497。

其他有目无文者四篇，但第二篇《舅氏臧公墓志》，即《慈湖先生遗书续编》（《四明丛书》本，下文简称《续编》）卷一所收《宋翰林医痊臧公墓志铭》，此处冯氏失考。① 其余三篇如次：

3. 张汝弼墓铭 《铭张渭叔墓》（《遗书》，5：11b）云："渭叔之父讳汝弼，某已尝铭其墓，今又铭渭叔墓。"

4. 韩冠卿墓铭 宋魏了翁《鹤山先生大全文集》卷六五有《题杨慈湖所书韩贯道墓后》（65：532）。② 《宋元学案·清江学案》（59：1946—1947）：韩冠卿字贯道，为北宋名臣韩琦之后，受业于刘清之（字子澄，号静春，1134—1190）。冠卿子燮，字仲和，妻为慈湖女孙（见鹤山题跋）。冠卿弟宜卿，子度，字百洪，"隐居讲学，旁参慈湖之说，风节尤高，世以蕺山先生称之"。《宋元学案·潜庵学案》（64：2062）："蕺山先生父子，皆师刘子澄而友杨敬仲。"又《清献集》卷一七《跋韩仲和尊人墓铭》（17：13a）："又出其先大夫铭文示余，盖慈湖杨公之文之笔也。"此墓铭今佚。

5. 陆氏墓志 宋袁甫有《跋慈湖先生陆君墓志》，③ 此墓铭今佚。袁甫跋云："慈湖先生志陆君墓，有'足迹未尝至庖厨'一语，注于旁，笔力清劲，蔼然先生之道心见焉。"按"足迹未尝至庖厨"语，又见慈湖撰《象山先生行状》（《陆九渊集》，33：388）。袁甫并有《跋陆君出示放翁帖》，④ 中云"深甫之季，出示二轴"。陆濬字深甫，为象山从兄陆九思之孙，⑤ 是知慈湖所撰墓志，即为陆濬季子（名字不详）而作。

冯可镛辑《补编》，录有《孙烛武先生圹志》一篇，⑥ 注出"《烛

---

① 冯氏所据，当为《宋故孺人蒋氏墓志铭》（《续编》，1：27b）"某既志舅氏墓，兹又志舅氏之孙妇墓……"一语，按：此篇志主蒋氏，系臧楷之妻；而《宋翰林医痊臧公墓志铭》（《续编》，1：29a—31a）谓"从表兄属某铭从舅医痊墓"，志主臧宾卿，"孙男十有三人"，臧楷为其中之一。是知慈湖所谓"某既志舅氏墓"，即指《宋翰林医痊臧公墓志铭》而言。

② （宋）魏了翁：《鹤山先生大全文集》，65：532。
③ （宋）袁甫：《蒙斋集》，15：226。
④ （宋）袁甫：《蒙斋集》，15：225。
⑤ 参见（清）王梓才、冯云濠辑《稿本宋元学案补遗》，24：430。
⑥ 《补编》，9b—10a。

湖集》附编",文中亦以"孙烛武"为称。按孙应时(1154—1206),字季和,自号烛湖居士,"孙烛武"当为"孙烛湖"之误书,集以"烛湖"为名可证。志文起首"孙烛武先生应时,越之余姚人"句,"孙"字为衍文;文中称"某与季和"云云,"某"字原文为"简"。凡此当以《烛湖集》本为正。① 又志文末慈湖自署"朝散郎主管建昌军杨简书","建昌军"下,脱"仙都观"三字,应补。②

二

新编《全宋诗》卷二五八九,辑录慈湖佚诗七篇,以及残诗两句。③ 其中《绝句》("净几横琴晓寒")一首,实际上是《明融(三首)》之三;残诗之首句("山禽说我胸中事"),系《偶成(五首)》第一首诗句;④ 次句("万里苍茫融妙意"),为《宝莲官舍偶作》第五、六韵,皆为重复收录。其他所谓佚诗六篇,其中《净土院》《题华盖仙山院默斋》《题进月堂》《妙庭观》等四篇,已见《补编》,只是篇题略异;《庆元二年冬后圃蔬茎连理篱杨殊本同枝又菰生连实东园橘亦并蒂一年四瑞》一篇,系自《遗书》卷二《连理瑞记》(23b)录出。《遗书》正、续、补编皆未见者,仅有《明堂侍祠十绝》,然此乃误辑,该诗并非慈湖所作。

《大典》卷七二一四("堂"字韵,明堂诗文四),录慈湖《明堂礼成诗(并序)》一首,⑤ 云出《杨慈湖集》;⑥ 之后录有《明堂侍祠十绝》,未注出处,故今人多以此亦为慈湖诗作。但是笔者研究发现,《永乐大典》征引诗文出处多有讹脱,过去讨论《大典》本身的缺陷,以及利用《大典》进行辑佚时,较少注意到这个问

---

① (宋)孙应时:《烛湖集》,附编卷下,10a、b。
② 参见(清)冯可镛、叶意深《慈湖先生年谱》,1:39a。按:《文渊阁四库全书》本《烛湖集》有"都观"二字,据(宋)钱时撰《行状》(《遗书》,18:9b),知脱一"仙"字。
③ 北京大学古文献研究所编:《全宋诗》,2589:30101—30102。
④ 参见张寿镛《慈湖著述考》,13b。
⑤ 见《遗书》,6:8b—9a。
⑥ (明)解缙等编纂:《永乐大典》,7214:2917。

题，故屡有误辑的情形发生，应该引起学者的重视。①《大典》此处所录《明堂侍祠十绝》，因出处脱漏，致使后人产生了"张冠李戴"的错误。

《明堂侍祠十绝》，据宋末潜说友（字君高，号赤璧子，1223—1277）撰《咸淳临安志》（15：18b—19b）所录，实为当时人王庭（字德扬，？—1275）的作品。按《咸淳临安志》一书，向称"区画明晰，体例井然……缕析条分，可资考据"，原书一百卷，今存九十六卷，其中有八十卷源出宋刻本，②可知此书之信而有征。③

诗中也不乏内证。慈湖于嘉定二年（1209）作《明堂礼成诗并序》一首，与前一年所上奏疏大旨相同，④诗中多言边烽内寇、旱蝗殍瘗、官任苟且、积弊深重等，并以"薪间火已然"比喻朝政之危机；⑤而《明堂侍祠十绝》则云"喜见承平景铄信""先皇鸿烈冠重兴，庙社依然总燕宁"，体现的是宋末宗社将倾而上下粉饰太平的时风。这两篇诗意义差距较大，当非慈湖之作。⑥

清人厉鹗编撰《宋诗纪事》，根据《咸淳临安志》摘录王庭《明堂侍祠》"唱彻严更凤钥开""玉佩珊珊出禁扉"等二首。⑦钱锺书于此已经注意，但他认为慈湖是真正的作者，且因为其他八首未经录出，怀疑厉氏所据《咸淳临安志》有误，持论与笔者截然相反，实

---

① 参见拙著《宋人曹彦约〈昌谷集〉中杨简诗作的羼入问题辨析——兼论〈永乐大典〉征引佚书的误辑问题》，《书目季刊》，41卷3期，2007年12月，第53—66页。
② 参见（清）纪昀等《钦定四库全书总目》，68：933。
③ 宋咸淳间（1265—1274）临安府刻本《咸淳临安志》，今仍有五十卷存世（藏北京中国国家图书馆）；又《钦定四库全书总目》（68：933）谓阙佚七卷，存九十三卷，实则清道光十年（1830）汪远孙振绮堂刻本，存卷一至八九、九一至九七，凡九十六卷，为存卷最多者［参见李致忠《宋代图书编纂出版纪事——图经地理（南宋）》，《文献》2005年第1期，第22页］。
④ 即慈湖于嘉定元年（1208）所上三札，诗中所谓"去腊陈三札"，见下文第三节。
⑤ 《文集》，8b—9a。
⑥ 按《全宋诗》中，《明堂侍祠十绝》重出，并属慈湖（2589：30101—30102）与王庭（3397：40428）名下，误。
⑦ （清）厉鹗：《宋诗纪事》，77：1882。

乃未加细察之故。①

三

除以上诸家考录之外，笔者就见闻所及，另辑有慈湖诗文佚作廿篇，其中《宋马和之〈袁安卧雪图〉跋》《元侯公像赞》二篇疑为伪作。篇目如下：

1. 嘉泰四年（1204）札子（之一）
2. 嘉泰四年（1204）札子（之二）
3. 嘉定元年（1208）札子（之一）
4. 嘉定元年（1208）札子（之二）
5. 嘉定元年（1208）札子（之三）
6. 嘉定三年（1210）札子（之一）
7. 嘉定三年（1210）札子（之二）
8. 嘉定三年（1210）札子（之三）
9. 嘉定五年（1212）札子
10. 《礼记》说（二则）
11. 谏争说
12. 刘氏族谱序
13. 古井记
14. 题名碑记（残）
15. 宋大理司直裘竹斋墓志铭
16. 《芍药谱》题辞
17. 邹近仁寻母跋
18. 宋马和之《袁安卧雪图》跋（疑伪）
19. 元侯公像赞（疑伪）

---

① 钱锺书：《宋诗纪事补正》，53：3811—3812，77：5055—5056。按：《宋诗纪事补正》大半部分系由栾贵明添补，未经钱锺书审阅认可（参见杨绛为钱先生《宋诗纪事补订（手稿影印本）》所撰"说明"，查钱先生《宋诗纪事补订（手稿影印本）》，其中杨简、王庭部分（53：1391—1392，77：1916）均未有补正文字，疑《宋诗纪事补正》中相关部分是栾先生所作。

20.《潮泉》诗

按《慈湖遗书》正、续、补编未收奏议，其门人钱时所撰《行状》多有节录，共计征引十三篇。此处所辑九篇，已得其多半，皆见于《行状》称引，惟系节录部分文字，字句亦有改易。[①] 奏议各札于慈湖的心学宗旨、政治思想等方面，皆有充分反映，如第一篇嘉泰四年（1204）札子（之一），第六篇嘉定三年（1210）札子（之一），谆谆以"道心""心之精神是谓圣""不起意"等为言，为研究慈湖心学的重要资料。此九篇奏札，均载于明杨士奇等编纂《历代名臣奏议》（下文简称《奏议》），文字与《行状》征引多有异同，当以《奏议》本为正。《奏议》今有通行本，读者不难获见，[②] 故下文仅标明出处，不另录出全文，以省篇幅。

1. 嘉泰四年（1204）札子（之一）

载《奏议》卷六〇《治道》（60：23a—24a），未署年月；《行状》节录系于嘉泰四年下（《文集》，18：8b—9a）。此篇丁守和等主编《中国历代奏议大典》收入，[③] 题名《论治道》。

2. 嘉泰四年（1204）札子（之二）

载《奏议》卷二三五《征伐》（235：6b—7b），未署年月；《行状》节录系于嘉泰四年下（《文集》，18：9a、b）。

3. 嘉定元年（1208）札子（之一）

载《奏议》卷二四七《荒政》（247：20b—21b），此札节录于

---

① 《行状》："先生自永嘉后，告老丐祠之章，又十余上。每切切乎道义，谓'有国者由乎道义……不去义乎，不义乎？'"（《遗书》，18：23a）此为撮引各札大意，故未统计在内。凡见于《行状》征引，而未辑得者有四札：1）绍熙五年（1194），以光宗遵孝宗成规，复三年丧制，奏："陛下此举，尧舜三代之举……岂不益光明伟特，为万世法欤？!"（《遗书》，18：7a、b） 2）庆元元年（1195），以赵汝愚受斥，上书言："臣与汝愚，义合者也……今日之言，不为汝愚发，为义而发。"（《遗书》，18：8a） 3）嘉定二年（1209），旱蝗，诏求直言，上封事："臣闻旱者，灾厉之气。三才一气……臣腊月三札所陈，皆弭灾厉、消祸变之道，愿陛下与二三大臣熟计之。"（《遗书》，18：12b—13a） 4）嘉定七年（1214），面对："方今上策，无过择贤久任。累白庙堂……则天下被如天莫大之恩。"（《遗书》，18：21b—23a）

② （明）杨士奇等编纂：《历代名臣奏议》，影印明永乐十四年（1416）内府刊本，台湾学生书局1985年版；据明永乐内府刊本影印本，上海古籍出版社1989年版。

③ 丁守和等主编：《中国历代奏议大典》，第3册，第588—589页。

《行状》(《文集》，18：10a、b)。

4. 嘉定元年（1208）札子（之二）

载《奏议》卷六〇《治道》（60：21a—23a），未署年月；《行状》节录系于嘉定元年下（《文集》，18：10b—12a）。丁守和等主编《中国历代奏议大典》（第3册，第586—588页）收入此札，题名《论择贤以正郡县策》。

5. 嘉定元年（1208）札子（之三）

载《奏议》卷二四一《任将》（241：3b—4b），未署年月；《行状》节录系于嘉定元年下（《文集》，18：12a）。

6. 嘉定三年（1210）札子（之一）

载《奏议》卷四《君德》（4：16a—17a），《行状》节录（《文集》，18：14a、b）。

7. 嘉定三年（1210）札子（之二）

载《奏议》卷一四八《用人》（148：10b—11a），《行状》节录（《文集》，18：14b）。

8. 嘉定三年（1210）札子（之三）

载《奏议》卷一四八《用人》（148：11b—12a），《行状》节录（《文集》，18：14b—15a）。

9. 嘉定五年（1212）札子

载《奏议》卷六〇《治道》（60：20a—21a），未署年月；《行状》节录系于嘉定五年下（《文集》，18：20a—21a）。

10.《礼记》说（二则）

宋人卫湜（字正叔，号栎斋，生卒年不详）撰《礼记集说》，征引慈湖说计有十八则，其中十六则见于《遗书》，另有二则《遗书》无载，亦不见于慈湖其他著作。卫氏活动时代略晚于慈湖，《礼记集说》成书于宝庆二年（1226），即慈湖去世之年，此书采摭赅博，去取精审，称为"礼家之渊海"[①]，值得学者重视。今将慈湖《礼记》说佚文二则录出如下：

[①] 《钦定四库全书总目》，21：266。

慈湖杨氏曰：送丧为生者，送葬为死者。《礼》送丧不由径，则辟涂潦；送葬不辟涂潦，则不由径。可知不由径，谓从丧而送，不由径道而会也；不辟涂潦，谓柩车涉涂潦，送死者哀情重，不惮涂潦而从之，无所避也。（《礼记集说》，7：32b—33a）

　　慈湖杨氏曰：子夏记先圣之言曰："三代之王也，必先其令闻。"先圣殆曰三代之王，必令闻先著，而后四方归之，于以明盛德之验，非以令闻为先务也。"先其"字，岂子夏记录之差耶？"明明天子，令闻不已"，不已之闻，非雨盈沟浍，涸可立待之誉，是为实德之誉。（《礼记集说》，120：46b）

值得指出的是，《礼记集说》征引慈湖说，文字亦有可据以校正《遗书》者。如《遗书》（9：45a）："古棺有衽，是谓小要，以钩边如衽也。古曰衽度，度左敛右敛如衽也。"此处"衽度"不词，《礼记集说》（145：16a）引慈湖说两"度"字皆作"席"，按《周礼·天官·玉府》云："掌王之燕衣服、衽席、床笫，凡亵器。"知以"席"字为是。又《遗书》（9：46b）："《深衣》惟曰抱方，时已圆其所负之方欤，中古之制欤？抑阙中偏前，故为抱方欤？循颈而势同，故独言抱方欤？"而"循颈而势同"句，《礼记集说》（145：22b—23a）引慈湖说"循颈"前有"后方"二字，"势同"作"势圆"，疑当据以补正。又《遗书》（9：22a）："……人之道心似之。自道心已明者观之，足以默证圣心之精微矣。""人之道心似之"句下，《礼记集说》（61：43a）引慈湖说有"古列圣于礼器有不说之至教焉"十三字，疑是。

11. 谏争说

宋项安世《项氏家说》卷一〇《说学篇·谏争》（10：114—115）引杨简敬仲说：

　　吾侪改过乐善之意，不素明白，异时年长官高，则人皆敬而远之，置之度外，谁复与吾切磋者。今略计一岁中，逆耳之言，至于吾耳者有几，可不惧哉！父有争子，何以谓之争？"事父母几谏，见志不从，又敬不违，劳而不怨"，此争子之法也。《礼》

曰:"与其得罪于乡党州闾,宁熟谏。"事之至此者亦鲜矣。

按此文不见于慈湖著作。《宋元学案补遗》卷七四《慈湖学案补遗》(74:5a)有录。

12. 刘氏族谱序

此篇载清刘黻廷等纂修《余姚开原刘氏宗谱五编》卷首《诸名公序》。谱载刘氏族人于南宋建炎三年(1129),由上虞蛾眉迁至余姚开原。① 慈湖序前有淳熙六年(1179)宋孝宗《御制刘氏家谱序》、淳祐五年(1245)史嵩之等序。慈湖序文曰:

> 刘氏族谱序
> 简读《易》至家人"正家而天下定"先圣一贯之旨,益明蛾眉刘氏以之而同居数百人,同籍十余世,上下雍睦,内外无间。□自隋唐受知,迄于本朝,神庙特旌表之。慈湖杨简不胜兴敬书于咏春堂,时嘉定癸未三月毂旦也。

慈湖于嘉定三年(1210)七月撰有《咏春堂记》(《遗书》,2:4a—5b;《年谱》,2:10a)。嘉定十六年癸未(1223),慈湖年八十三。慈湖序中"神庙"指北宋神宗,史嵩之序云"我大宋神宗皇帝旌表于前,孝宗皇帝序谱于后",可证。

13. 古井记

康熙《乐平县志》卷九《公寓列传》(9:64a):"宋 周善,字永福,弋阳人。宋大学士执羔之孙。乾道间由监冑掌乐平教,丕美风化,振作士习,获造就者居多。秩满迎父河行省就养,② 遂择城街北古井家焉。……井东有杨简《古井记》。"但康熙志不载记文。同治《乐平县志》卷一《地理·古迹》(1:21b、22a)云:"古井,在街北。弋阳周善官乐平教授,秩满迎父就养,家井傍,子孙以是冠其

---

① 参见王鹤鸣等主编《上海图书馆馆藏家谱提要》,第1031页。
② "河行省就养"五字疑有讹脱,同治《乐平县志》(8:227a)作"河南行省使静就养"。

姓。杨简记：（下为记文）"此篇《遗书》正、续、补编皆未载，文曰：

> 古井记
> 凡井皆井也，而周氏井独以古名，岂泉以古今异耶？先正云：道之在天下，如水行地，运乎古今。道虽无古今，能笃行古道于今者，伊谁为然。乐平街北有井，其凿之深，甃之洁，与凡井同。其中傍涯，石笋森列，泉注于是，性寒以冽，味美且甘，汲之者不以远近间昼夜息。父老相传，谓之古井。方伯廉静公致政归杉山，其冢嗣善掌乐平教事，迎养公寓，歆慕是井，适与心契，遂筑室其旁，号曰古泉先生。公非爱古泉也，爱古道也，以古泉将古道，即孔孟以川水将道体，以源泉将体道，而皆曰不舍昼夜之意。斯井之古，历代不知凡几。凿于唐虞，是唐虞之泉流于今，即尧舜之道脉流于斯也；凿于夏商，是夏商之泉流于今，即禹汤之道脉流于斯也；凿于有周，是有周之泉流于今，即文武周孔之道脉流于斯也。先生家古井旁，日夕所酌者古泉，所汲者古泉，所饮而味之者古泉，其于尧舜禹汤、文武周孔之道，而酌而汲而味之不容已矣。公之子孙，瞻斯泉者，油然动溯流穷源之想，力踵古道而行之，端在于斯。予尝官是邦，窃幸见而知之者，即先生之号，而先生用心于古道，清风高致，常若在予目。世之狃于今习，而忽于古道者，能无兴起也哉。庆元元年四月。

此文作于庆元元年（1195）四月。此前一年（绍熙五年，1194），慈湖由乐平知县入为国子博士。撰文时值庆元党禁开始，慈湖罢官前后。

14. 题名碑记（残）

光绪《慈溪县志》卷五〇《金石上》（50：32b—33b）录有"题名碑"残石一通。碑原在县城中市心口，作街铺石砌，清光绪十八年（1892）春，为市人发现，移置慈湖书院。据县志原注，碑泐上截，分四列：第一列记，十六行（其中立石一行），行九字；第二列十四行，第三列十六行，第四列三行，横列题名，行字不等；俱正书。按碑记末署"慈湖杨简□",文中有慈湖自称三处:"忽告简""属简叙首""简与邑"云云,可知碑记为慈湖撰书,时间在开禧三年(1207)。① 冯氏所辑《补编》,未收入此篇。今录记文如次:

(上阙)于今所至告难苟
立见其□□□
县务。嘉泰中□□
亏,至许奴告□□
县②尉施君奉
命经理其事,首罢斯
凡百在宽严之间而
赋目登。及瓜,忽告简
凡官有壁记,而邑务
阙,属简叙首。简与邑
蒙　尉君宽覆□德
甚久,复善其始终无懈,
□　监官李君亦振职
可书,故并书。开禧三年
余月,慈湖杨简□。
(迪功郎县尉兼措置酒税施子升立石。)

15. 宋大理司直裘竹斋墓志铭

按裘竹斋名万顷,字元量,为慈湖门人。③ 此篇载裘万顷《竹斋先生诗集》后附录。④ 篇中慈湖自述于太学循理斋初觉事,及对孟子之批评,关于伊川之觉等,文字有他处所未见者,弥足珍贵。

---

① 当时慈湖因"庆元党禁"被禁锢,在慈溪故里闲居(参见《慈湖先生年谱》,1:42a—43a)。
② "县"字原阙,据下文"迪功郎县尉兼措置酒税施子升立石"一行补。
③ 《慈湖先生年谱》,1:25b。
④ (宋)裘万顷:《竹斋先生诗集》,4:1b—2b。

宋大理司直裘竹斋墓志铭

朝请大夫宝谟阁待制提举南京鸿庆官杨简撰

古未有道之名。尧曰："畴咨若时登庸。"时，是，音之轻清者。时谓顺是道者，我将登庸之。时者，以道无得而名，故曰时。舜曰"人心惟危，道心惟微"，始有道之名。孔子语子思曰"心之精神是谓圣"，又曰"哀乐相生"，"正明目而视之，不可得而见；倾耳而听之，不可得而闻。"孟子曰：气配义道，列而为三。

简之行年二十有八，首秋，居太学循理斋之东序，以我先大夫尝有训，俾时复反观。简方反观，忽见天地内外，空同一体，范围天地，发育万物，果然焯然。心之精神，无形体，无际畔，无异同。孟子推测而未觉，屡有嚣嚣之言，此何等态度，而出诸口，言"仁，人心也"，而曰"不下带"，直可笑；曰："说大人则藐之"，直可鄙。

简旧同寅裘元量，日者因问答从容，元量忽觉。觉非心思言语所及，即伊川之觉。孔子谓智及之，颜渊庶几，余子日月至焉而已。

元量后为大理司直。府君讳继祖，字庆源，祖①无诤居士。有不逞登门慢骂，居士饮之酒，骂者惭而退。自是过其门者，咸曰"长者家也"。府君中年谢家事，摄衣危坐，终日汨然。二三世无一字入公门。有以语见侵，略不动，曰："吾祖固如是，吾家法则然。"乾道七年饥，质田得粟，疗饥者不辍。里中癃老，今犹感泣，以为卯辰之岁，微此翁与某，而人皆为沟中瘠矣。

元量讳万顷，嘉定癸酉六年，除吏部架阁。明年迁大理司直，力匄外任，月三上章，有旨添差江西抚干，以便禄养。卒于官。

铭曰：庆源厚德，元量默识。

慈湖杨简哀敬老笔。

---

① "祖"，董平校点《杨简全集·慈湖先生遗书》卷二五附编一《佚文佚诗》（第2544页）作"號"，疑是。

16.《芍药谱》题辞

民国时慈溪人柴萼（字小梵，1892—1936），曾在日本西京（即今京都）博物馆，见该馆藏有慈湖画作著色《芍药谱》一册，卷端有慈湖题辞，是其书画艺术造诣的一个证明。文曰：

  《扬州芍药谱》所采，有三十一种，无名氏复益其二种。间尝按谱以求，十不能得一二，所谓胡缬玉楼子、单绯粉缘子，问艺此者，且相率笑以杜撰。盖好事者随形立名，踵事增华，初非有何准则也。邑中鸣鹤叶文絜家，自广陵得四十一种，包金络紫，亦有误收。简为之汰其类似，辨其真伪，凡得花三十。文絜谱之，而简为写生。久疏绘事，知不能得花之神，日写一种，匝月而成，付文絜藏之。①

17. 邹近仁寻母跋

此篇载康熙《乐平县志》卷一四《艺文志》（14：57a、b），署名杨简。亦见同治《德兴县志》卷九《艺文志》（9：3a），署名作杨文元。按慈湖卒谥文元。《遗书》卷五《邹鲁卿墓铭》（5：17a）云："某为乐平，首得邹梦遇，某字之曰元祥。元祥自有觉，某从而涤其滓。元祥之叔祖居德兴，名近仁，字鲁卿，又来访道。某与语从容，翼日又与语，良久忽觉。"同卷《邹元祥墓碣》（5：18a）亦云："饶之乐平邹梦遇，字元祥。四明杨某之宰乐平也，梦遇与乡贡，自是相与从容。……后又得梦遇之叔祖近仁，字鲁卿，与之语，厥明，再语而顿觉。"此篇为慈湖所作无疑，《遗书》正、续、补编俱失载。② 录文如次：

---

① 柴萼：《梵天庐丛录》，19：24b—25a，"杨文元公芍药画谱"条。按：柴萼于民国六年（1917）春赴日，时慈溪旅日华侨吴锦堂（1858—1926）于神户办中华学校，柴氏在该校执教七年，期间曾周游各处，博览日本所藏汉籍。

② 此文收入《全元文》（1816：534—535），误，小传云："杨文元，生平不详。"编者失考。

108

邹近仁寻母跋

邹鲁卿三岁，而所生母去。越四十五年，间关访问，始得于去乡千里之外。流涕再拜，子母至情，不胜念念。欲迎以归，而母安彼室；欲往以居，而力不能；若①已焉，又②不安。来问予。予曰："《礼》为人后者，为出母无服，丧者不祭，何也？重祖考故也。鲁卿可以少安矣。时节往省，不犹愈前日乎。天下惟其义而已矣。"

邹近仁寻母事，康熙《乐平县志》卷一一《遗书遗事志·遗事》"远寻去母"条（11：7a）略云："邹近仁，绍熙间父尉建德，近仁甫三岁，生母邓氏去之。父寻卒，近仁事继母三十年惟谨。继母卒，近仁念与生母一会，死亦无憾。乃诣建德物色之，不获。涉大江，入濡须，西至铜陵。以情白邑令，求丁籍阅邓氏所在，而至则邓一门死戎祸已久，无可质访。偶一妇告云：'妾亦邓女也。妾在室时，闻有姑自外归，适九华童氏③。'近仁如其言走求之，得见母。谋奉以归，母执不许，近仁不得已，乃倾囊金奉赠以归。"同书卷一五《艺文·记类》有邹近仁《寻母记》，详述其始末。邹文撰于绍熙四年（1193）八月，慈湖跋当亦作于此年。

又慈湖跋后有朱子《辨寻母跋》，乃与慈湖讨论礼制之作。《晦庵先生朱文公集》（《朱子全书》本，84：3979—3980）有《题不养出母议后》一篇，文字视此较详。兹并录《辨寻母跋》于后，供学者参考。

辨寻母跋

朱　熹

《礼》不著嫁母之服，而律令有之。或疑其不同，以予考之，《礼》于嫁母，虽不言亲，而独言继，又著出母之服焉，皆举轻

---

① "若"，同治《德兴县志》（9：3a）作"欲"。
② "又"，同治《德兴县志》（9：3a）作"若"。
③ "童"原作"董"，据邹近仁《寻母记》（康熙《乐平县志》，15：38a）改。

以明重，而见亲母之嫁者，尤不可无服，而①律令之意，初不殊也。乐平令尹所论，以嫁母为出母，谓有服为无服。予不无疑。夫嫁母者，死固不可祔于庙，生不可养于家。为之子者，率其妇子，就母之家，或舍其侧而养之，则于礼也，其节矣乎。

（康熙《乐平县志》，14：57b、58a）

18. 宋马和之《袁安卧雪图》跋（疑伪）

清乾隆年间张照、梁诗正等奉敕撰《石渠宝笈》，著录"宋马和之《袁安卧雪图》一卷"，素绢本著色画，列为上等，卷后有慈湖与王应麟、萨都剌（字天锡，号直斋，1305？—1355？）等宋、元、明、清历代诸家题跋。慈湖跋曰：

> 右卧雪图，宋马和之所作也。司徒裔孙登闻鼓院判袁熙默，请予志其后。按袁安隐居洛阳城中，西汉元始间举明经，为太子舍人。时大雪，洛阳令出按行，至安门，见安僵卧，谓曰："何以不出？"安曰："大雪不宜干人。"令举孝廉，起为阴平长，至和帝时为司徒，史称其贤。和之钱塘人，绍兴中进士，官工部侍郎，善山水人物，笔力高古，为南宋画史第一，皆可爱重，熙默其宝之。慈湖杨简书。②

据诸家跋语，此画于宋、元、明三代皆为袁氏旧物，后入清代内府收藏，乾隆年间经《石渠宝笈》著录，于1922年流散出清宫，今已亡佚。③ 马和之（1112—1188），字号不详，钱塘（今浙江杭州）

---

① "而"，同治《德兴县志》（9：3b）作"與"。
② （清）张照、梁诗正等：《石渠宝笈》，32：55b—56a。
③ 据故宫博物院编辑《故宫已佚书籍书画目录四种·赏溥杰书画目》，宣统十四年（1922）十月二十一日，赏溥杰"马和之袁安卧雪图真迹"，原注"静字一千一百二十二号"（参见陶湘编《书目丛刊》，第436页）。今台北故宫博物院藏有《袁安卧雪图》一轴，作者为元人颜辉。日本学者嶋田英诚认为，关于"袁安卧雪"的题材，颜氏所作为现今存世最古者（参见氏著《中国绘画史辞典》WEB版，http：//www2.mmc.atomi.ac.jp/web01/Dictionaries/Dictionary%20of%20Chinese%20Painting/Items/gadai_jinbutsu_yen'an%20gasetsu_Yuan%20An%20woxue.htm，2005年9月3日）。

人，为宋代著名画家，擅人物、佛像、山水，南宋高宗、孝宗两朝深重其画。① 跋尾既以"慈湖"自署，则为其晚年所撰。有关马和之生平的史料奇缺，故慈湖此跋具有极为重要的意义。美国学者孟久丽（Julia K. Murray）特别指出，因画卷原作已佚，而跋语中又出现"南宋"的字眼，这是当时人不太可能使用的称呼，因而对于慈湖此跋的真实性尚有存疑的必要。②

19. 元侯公像赞（疑伪）

此篇载清王臣销等纂修《圻村王氏族谱》卷一《祖像》（1:5b）。按王氏世系，一世祖祐，字景叔，大名莘人；二世祖旦，父子俱为北宋前期名臣，《宋史》卷二六九、卷二八二各有传；三世祖素，四世祖巩，《宋史》卷三二〇有传。五世祖直臣（元侯公），为宋承奉郎、太常寺太祝，徙居苏州吴县包山（洞庭山）圻村，是为圻村王氏始祖。文曰：

> 元侯公像赞
> 鲜标霞举，令望飙驰。泥涂轩冕，敦说书诗。大裁者帽，深衣者服。遯迹包山，养高林屋。诒厥孙子，君子有穀。
> 宝庆元年冬十月，秘书郎历著作郎将作少监兼国史院编修官宝谟阁待制直学士慈溪杨简撰。

此篇之前并有嘉熙三年（1239）慈湖门人袁甫撰《宗正丞王公像赞》。按《宋史》卷四〇七《杨简传》及《行状》《年谱》，慈湖于嘉定元年（1208）除秘书郎；次年除著作郎，迁将作少监；三年，兼国史院编修官兼实录院检讨官，后出知温州；五年，入为驾部员外郎；六年，迁军器监兼工部郎官，转朝奉大夫，又迁将作监兼国史院编修官兼实录院检讨官；七年，转朝散大夫……十五年（1222），特

---

① 关于马氏生平、画作与画风，参见顾平安《马和之及其〈毛诗图〉》，《南京艺术学院学报》1998年第1期，第39—43页；以及 Julia K. Murray, *Ma Hezhi and the Illustration of the Book of Odes*（马和之与《毛诗》图）一书，特别是其中第三章，第32—56页。

② 参见 Julia K. Murray, *Ma Hezhi and the Illustration of the Book of Odes*, pp. 32 - 33, 209.

授朝请大夫、右文殿修撰主管南京鸿庆宫，赐紫衣金鱼；次年除宝谟阁待制、提举鸿庆宫；次年理宗即位，进宝谟阁直学士，提举如旧；宝庆元年（1225），授朝议大夫、慈溪县开国男、食邑三百户，寻授华文阁直学士、提举佑神观、奉朝请，诏入见，以疾屡辞。《元侯公像赞》篇末慈湖署名的结衔是有问题的，"秘书郎历著作郎将作少监兼国史院编修官宝谟阁待制直学士"一行，将不同时期、不同品级的几个官职罗列拼凑在一起，似不合乎古人的署名结衔习惯。慈湖于宝庆元年十月，撰有《宋故孺人蒋氏墓志铭》（《续集》，1：27a—28b；《年谱》，2：28a），篇题下有结衔如次：

  宝谟阁直学士朝议大夫提举南京鸿庆宫慈溪县开国男食邑三百户赐紫金鱼袋杨某撰并书。

  与《元侯公像赞》篇末结衔比观，后者是伪作的可能很大。

20.《潮泉》诗

同治《乐平县志》卷一《地理志·山川》（1：22a）"凤游山"下载：

  宋知县事杨简《潮泉》诗："妙藏天地秘，神斧为谁开。水性元流下，山灵强勒回。源源并本本，去去与来来。世仰为霖久，何当徧九垓。"

  慈湖此诗又载同书卷一《地理志·古迹》（1：99b）"潮泉"下，"祕"作"秘"，"元"作"原"。同书卷一《地理志·山川》（1：21b）"凤游山"云："凤游山，在县东北八十里。饶、徽间一巨镇。旧名渚源，唐改今名。为县脉发迹之祖山。山麓有潮泉，其出汹涌，其收立涸。"按慈湖于绍熙三年至五年间（1192—1194）知乐平县事，① 诗当作于是时。《慈湖遗书》卷六《贺傅宪生辰》（6：28a）诗有句云："精神已致鸣山雨，更愿为霖徧九州。"诗意与《潮泉》

---

① 《慈湖先生年谱》，1：21b—28a。

末句仿佛。

慈湖此诗之较早出处，见《大明一统志·饶州府》（50：6b）：

> 潮泉，在凤游山麓，有石窍，可尺许，日常两潮，其出汹涌，其收尽涸。宋杨简诗："妙藏天地秘，神斧为谁开。水性元流下，山灵强勒回。"

嘉靖《江西通志》（8：9a）略同，俱只录前四句。《大明一统志·饶州府》（50：4a）上文并云："凤游山，在乐平县东北八十里。山势盘礴，为徽、饶间一巨镇。旧名濬源，唐改今名。"

董平校点《杨简全集·慈湖先生遗书》卷二五附编一《佚文佚诗》，辑有慈湖佚诗《凤游山潮泉》一首，亦只有前四句，出处为陈焯编《宋元诗会》卷四六。陈焯（1631—1704）是明末清初人，[①] 时代较《大明一统志》晚。

四

新版《全宋文》第二七五、二七六册，卷六二一八至卷六二四四，为杨简卷。其中卷六二一八、六二一九，增补慈湖奏疏九篇，其中前八篇，是根据《历代名臣奏议》抄录。按《奏议》共收录慈湖奏疏九篇，其中卷四《君德》所载嘉定三年（1210）奏札，[②] 为《全宋文》所阙，应据以补入。《全宋文》增录的八篇奏议，除第二篇《论济民弭寇安社稷疏》系于嘉定元年之外，其余七篇未署年月，故各札编排颇有错乱。实则根据《行状》，各札年份皆可考见如次：

1. 《乞表章闻过则改疏》（6218：67），嘉定五年（1212）。
2. 《论济民弭寇安社稷疏》（6218：68—69），嘉定元年（1208）。

[①] 关于陈焯生卒年，参见江庆柏《清代人物生卒年表》，第434页；谢海林：《清代宋诗选本研究》第五章"宋元诗会研究"，第138页。

[②] （明）杨士奇等编纂：《历代名臣奏议》，4：16a—17a。

3. 《论择贤久任疏》（6218：70），嘉定三年（1210）。
4. 《论改过服义疏》（6218：71），嘉定三年（1210）。
5. 《论六军命将疏》（6218：72），嘉定元年（1208）。
6. 《论当今急务疏》（6219：73—74），嘉泰四年（1204）。
7. 《论治道疏》（6219：75—76），嘉泰四年（1204）。
8. 《论择郡守县令疏》（6219：76—78），嘉定元年（1208）。

再卷六二二○，由《石渠宝笈》卷三二辑得慈湖佚文《跋卧雪图》一篇。此跋疑伪（详见上文），故当与卷六二四一，疑伪撰《秦鲁国贤穆明懿大长公主传》一篇同例，[①] 入于"附录"。

又卷六二四三，《孙烛武先生圹志》一篇，注出《慈湖先生遗书补编》、《烛湖集》附编、《宋元学案补遗》卷七七。按《宋元学案补遗》仅有片言只字，姑置不论，《慈湖先生遗书补编》文后注"《烛湖集》附编"，可知《烛湖集》附编为此文原始出处。"烛武"为"烛湖"之误书；志文起首"孙烛武先生应时"句，"孙"字衍；文中"某与季和"云云，"某"字原文为"简"，凡此宜皆以《烛湖集》本为正。文末慈湖自署"朝散郎主管建昌军杨简书"，"建昌军"下脱"仙都观"三字，应据以补入（说详见上文）。

五

宋袁甫《乐平县慈湖先生书阁记》（《蒙斋集》，14：200）云：

> 先生之训曰：舜曰道心，即心即道。何道也？"熙帝之载"，"亮采惠畴"。载、采，事也；畴，类也。凡流行乎事物之间，理当如是，而不容不如是者，何往非帝载乎，何往非道心乎！从五典，叙百揆，穆四门，祭大麓，是帝载也，皆道心也。察璇玑，觐群后，举元凯，去四凶，是帝载也，皆道心也。舜命禹昌言，禹辞焉，曰："予何言，予思日孜孜。"乃历叙其身之所亲历，刊

[①] 此篇原出《钱氏家书》第二种，亦见钱文选纂修《（安徽广德）钱氏家乘·传记》，题作《秦鲁国大长公主传》，文字全同，末署"常平使者杨简奉诏撰"。

木浚川，暨稷、益播奏艰鲜，与凡懋迁之事。禹亲承舜道心之传，而所谓昌言乃如此，是帝载也，皆道心也。呜呼！果可以有精粗本末论哉，果可以无精粗本末论哉，果可以置有无精粗本末之论哉？谓有精粗本末者，卑云乎哉？谓无精粗本末者，高云乎哉？置有无精粗本末之论者，不高不卑云乎哉？皆论说也，非事实也。先生每举《易大传》曰："书不尽言，言不尽意。"噫！先生其得之矣。

此段节录载《宋元学案·絜斋学案》（75：2534），系于袁甫之下，作为其学说思想之反映，疑非是。《乐平县慈湖先生书阁记》一文，篇章结构可分为三个部分，首先引述慈湖学说，其次言书阁建设经过，最后是袁甫对慈湖学术之理解。这里引录的是第一部分，自"舜曰道心"至"皆论说也，非事实也"，疑皆为慈湖学说之引述，而不见于今存慈湖著作，当为慈湖佚语。篇首说"先生之训曰"，按袁甫《书慈湖遗稿》（《蒙斋集》，15：221）云："先生之言多矣。门人冯兴宗、周之德，取训语之要，聚为一编，属甫刻梓，以惠后学。"引述内容或即出自袁甫所刻《慈湖遗稿》。

宋俞文豹《吹剑四录》（《吹剑录全编》，第99—100页）云：

> 杨慈湖夫子言性与天道论，"闻之固所以不闻，不闻所以真闻"。又云："可以知则可以闻，不可以知则不可以闻。"又云："有所闻焉，必有动焉；有所闻焉，必有实焉；有所闻焉，必有彼焉。"此全是禅家葛藤语。又云："鉴之虚明，本无一物，尘或汩之，则鉴非其鉴。性天之真，本无一物，又有闻焉，是加一物也。"此即①六祖云"本来无一物，何处惹尘埃"。盖慈湖之学出于象山，象山于禅学固尝经意，于内典固尝贯穿。观其答王顺伯②第二书可见。近太学私试，再出此题，魁者谓"道之妙者，

---

① "此即"，原讹作"此祖"，据《吹剑录外集》改。
② "王顺伯"，"伯"字原脱，据《吹剑录外集》补。

不容不言也"①。此言②慈湖意尔。不知慈湖论中，自有一论③云："举夫子一身，皆性与天道。"只此语自可包尽此一段意。盖圣人一身，举措云为，无非性与天道之发见，何待于言。

《遗书》（10：40a）云："夫子之文章也，性也，天道也，其名言不同，而一物也。而子贡以为三，又以文章为可闻，以性、天道为不可闻，是安知可闻之即不可闻，不可闻之即可闻也哉！"《吹剑四录》引慈湖说"闻之固所以不闻，不闻所以真闻"，或即出此。其他"可以知则可以闻，不可以知则不可以闻"，"有所闻焉，必有动焉；有所闻焉，必有实焉；有所闻焉，必有彼焉"，"鉴之虚明，本无一物，尘或汩之，则鉴非其鉴。性天之真，本无一物，又有闻焉，是加一物也"等，似不见于今存慈湖著作，当为慈湖佚语。所谓"性天之真，本无一物"云云，慈湖曾言"此心虚明，实无一物"（《先贤大训》，4：14b），可相为印证。

《朱子语类》（124：2985）云：

"杨敬仲说阳爻一画者在己，阴爻一画者应物底是。"先生云："正是倒说了，应物者却是阳。"（泳）

"杨敬仲言天下无掣肘底事，沈叔晦言天下无不可教底人。"先生云："此皆好立偏论者。"（振）

朱子门人汤泳、④吴振所录慈湖"阳爻一画者在己，阴爻一画者应物""天下无掣肘底事"之说，似不见于今存慈湖著作，亦当为慈湖佚语。据《朱子语类姓氏》（第15页），汤泳所录为乙卯所闻，乙卯是庆元元年（1195），则慈湖前一语时代当在庆元元年之前。

又宋真德秀《西山读书记》卷七《仁下》（7：43b、47a）云：

---

① "魁者"，"者"字原脱，据《吹剑录外集》补。又"不容不言"，《吹剑录外集》作"不容言"，疑是。
② "此言"，《吹剑录外集》作"此亦"。
③ "一论"，《吹剑录外集》作"一语"。
④ 参见（宋）朱鉴编《朱文公易说》，2：9b。

上蔡谢氏曰：心者何也，仁是已。仁者何也，活者为仁，死者为不仁。今人身上麻痹不知痛痒，谓之不仁。桃杏之核，可种而生者，谓之桃仁、杏仁，言有生之意。推此，仁可见矣。……按近世慈湖杨氏曰："智者觉之初，仁者觉之全。"其原亦出于此。

此处慈湖"智者觉之初，仁者觉之全"之说，语见慈湖《愤乐记》（《遗书》，2：32a），原文作"知者觉之始，仁者觉之纯"，文字略异。

补　　记

董平校点《杨简全集·慈湖先生遗书》卷二五附编一《佚文佚诗》，有误收者。所辑佚诗《论李杜诗》（出盛如梓《庶斋老学丛谈》卷中下），已见《慈湖先生遗书》卷六，为《偶作（十九首）》之十五（校点本，第1945页）；佚诗《送张大著出守衡阳》（出《两宋名贤小集》卷二一五《慈湖小集》），已见《慈湖先生遗书》卷六，题作《送章大著出守衡阳》（校点本，第1953页）；佚文《跋汪逵古字碑刻》（出舒天民《六艺纲目》附录《字原》），已见《慈湖先生遗书》卷五，题作《跋汪尚书达古字碑刻》（校点本，第1926页）。此三篇俱非佚作。

又辑慈湖佚语二条：

慈湖谓："文士之文，止可谓之巧言。"（王应麟《困学纪闻》卷一七）

杨慈湖先生曰："吾少时初不知有过，但见他人有过。一日自念曰：岂他人俱有过，而我独无耶？乃反观内索，久之得其一，已而又观索，得其二三，已而又索，然后见过不胜其多，乃大惧，力改。"（刘宗周《人谱杂记》二）

按此二条俱见《慈湖先生遗书》，并未佚去。第一条见《慈湖先生遗书》卷一五《家记九》，原文如次：

> ……若文士之言，止可谓之巧言，非文章。（校点本，第2192页）

第二条见《慈湖先生遗书》卷一七《纪先训》：

> 吾少时初不知己有过，但见他人有过。一日自念曰：岂他人俱有过，而我独无也①？殆不然。乃反观内索，久之乃得一，既而又内观索，又得二三，已而又索，吾过恶乃如此其多，乃大惧，乃力改。（校点本，第2232页）

此为慈湖记录其父杨庭显之语，并非慈湖本人的言论，陆象山撰《杨承奉墓碣》云："少时盖常自视无过，视人则有过。一日自念曰：岂其人则有过，而吾独无过，殆未之思也。于是思之，即得一过，旋又得二三，已而纷然，乃大恐惧，痛惩力改。"（《陆九渊集》，28∶326）② 可为佐证。刘蕺山谓为慈湖语，亦不确。

---

① "也"，《四明丛书》本作"耶"。标点视董校本略有调整。
② 按中华书局点校本《陆九渊集》（28∶326）此处脱去"而吾独无过殆未之思也于是思之即得一过"十八字，兹据《象山集》（《文渊阁四库全书》本，28∶9b）补。《象山先生全集》（《四部丛刊初编》景印明嘉靖刊本）卷二八亦阙《杨承奉墓碣》一篇。

论清代四川的学风

四川地区具有古老悠久的学术传统，历史上曾涌现过众多的著名学者，略如汉代的司马相如、扬雄，晋代的陈寿、常璩；唐代的陈子昂、李白、马祖道一、圭峰宗密，宋代的苏洵、苏轼、苏辙、张栻、魏了翁、李焘、李心传等。简而言之，在宋代以前，在经学、史学、文学、思想、宗教等中国传统学术文化的各个领域，"蜀学"都占有极为重要的地位。①

宋元之际是四川学术史的一个重要转折点。蜀境兵连祸结，亡殁近五百万人口，世家旧族徙居东南，蜀学亦因之流散，四川人文不复振作。②明代四川学术文化渐趋恢复，又经历明末清初长期战乱，四川人口数目急剧减少，达到历史最低数字（仅有约50万人，相当于明万历年间四川人口总数的10%—20%），③对社会经济与学术文化造成严重破坏，蜀学臻于衰微的境地。

---

① 关于蜀学历史的简明论述，可参看刘咸炘《蜀学论》，《推十书·推十文集》，卷1，第2100—2102页。按：本文所注《推十书》页码均为成都古籍书店1996年影印本。
② 1913年谢无量撰《蜀学原始论》（中央文史研究馆编：《崇文集：中央文史研究馆馆员文选》，第234页，原载四川国学院《国学杂志》第六号，1913年刊）已经指出："至宋世金元之祸，蜀民靡孑遗，古先传之学，燼焉遂亡。（世但知张献忠残蜀，而不知元人入中国，蜀被祸最惨。虞道园、袁清客、赵东山诸集言之綦详。）"有关宋末蜀学流徙于东南的情形，可参看刘咸炘《重修宋史述意》，《推十书·史学述林》，卷5，第1537页；胡昭曦等：《宋代蜀学研究》，第321—323页。
③ 李世平：《四川人口史》，第146—155页。

一　清代四川学术的影响力

光绪十一年（1885），四川布政使易佩绅写道：

> 国家右文之治，超越往古，蜀之文学，视各行省，未称极盛。①

1917年，四川学者吴虞指出：

> 胜清之世，文学丕兴，远轶前古，康、乾、嘉、道之际，作者如林，而吾蜀之士，阙然莫预。②

又曰：

> 余常谓蜀学孤微，不仅受南方人士之排抑（正续两《经解》，正续《碑传集》文苑、儒林，皆不收蜀人），即蜀中士夫，亦未尝有崇拜维持之事。③

1924年2月，梁启超撰《近代学风之地理的分布》，论清代四川学风曰："四川夙产文士，学者希焉。"④ 近代四川著名诗人、学者林思进，更有一尖锐批评："有清二百余载，蜀中无学术之可言……"⑤ 现代四川学者刘咸炘撰有《蜀学论》专篇，他以设言答客问的方式，表达了关于清代蜀学"荒秽"的兴感：

---

① （清）易佩绅：《尊经书院初集序》，《尊经书院初集》，《中国历代书院志》，第16册，第2页；参见胡昭曦《尊经书院与近代蜀学》，载舒大刚主编《儒藏论坛》，第2辑，第329页。
② 《吴虞集·重印曾季硕〈桐凤集〉序》，第138页。
③ 吴虞：《吴虞集·爱智庐随笔》，第92页，标点略作调整。
④ 梁启超：《近代学风之地理的分布》，《梁启超全集》，第7册，第4275页。
⑤ 林思进：《题西沤先生函稿册子》，《清寂堂集·清寂堂文录四》，第661页。

> 有客来问曰：吾尝历数师儒，旁求篇帙，衡较天下，蜀学尝黜，录于《四库》，十不占一，何周汉旧邦，而下侪滇越？不必远征，且举晚近二百年来，学士殷赈。大河南北，守关洛之朴实；长江东西，驾汉唐之博敏。……而蜀士闻者，才三四人。……光绪以来，渐致彬彬。遽遭丧乱，古道湮沦，岂山川阻蔽，化不通而气不伸乎？何其贫也！①

1939 年，四川文化名人、著名的"厚黑教主"李宗吾，亦提出清代四川文衰武盛的特别观点：

> 四川自汉朝文翁兴学而后，文化比诸齐鲁，历晋唐以迄有明，蜀学之盛，足与江浙诸省相埒。明季献贼蹯蜀，杀戮之惨，亘古未有。秀杰之士，起而习武，蔚为风气。有清一代，名将辈出，公侯伯子男，五等封爵，无一不有。嘉道时，全国提镇，川籍占十之七八。于是四川武功特盛，而文学则蹶焉不振。②

近年对清代四川学术有深入研究的李朝正亦曾提出：

> 在学术的各个领域里，从清代顺治朝始，直到咸丰末年，经历了约二百二十年时间，四川处于沉睡之中，直到同治朝四川人才如梦初醒……③

梁启超、钱穆二氏所著《中国近三百年学术史》，这是专门论述清代学术史的两部经典名著。梁著撰于 1923 年，凡称述清代学者计 78 位（以关于本人有专论者为限），④ 其中四川学者只有费密、唐甄两位，据之制表如下（省籍据现代地理名称）（见表一）：

---

① 刘咸炘：《蜀学论》，《推十书·推十文集》，卷 1，第 2100 页。
② 转引自张默生《厚黑教主传》，见李宗吾、张默生《李宗吾传》，第 129 页。
③ 李朝正：《对清末民初四川学术崛起的思考》，《天府新论》1988 年第 2 期，第 72 页。
④ 梁启超：《中国近三百年学术史》，《梁启超论清学史二种》，朱维铮校注本。

表一 梁启超《中国近三百年学术史》称述学者数目分省统计表　单位：人,%

排名	省籍	学者数目	百分比	备注
1	浙江	18	23.1	
2	江苏	17	21.8	
3	江西	13	16.7	包括"易堂九子"9人
4	安徽	10	12.8	
5	河北	6	7.7	包括直隶及顺天府籍
6	福建	2	2.6	
6	广东	2	2.6	
6	河南	2	2.6	
6	湖南	2	2.6	
6	山东	2	2.6	
6	四川	2	2.6	
7	湖北	1	1.3	
7	陕西	1	1.3	
	合计	78	100.3	

钱穆著《中国近三百年学术史》撰于1937年，正文称述清代学者计51位，[1] 其中四川学者只有廖平一位，据之制表如下（见表二）：

表二 钱穆《中国近三百年学术史》称述学者数目分省统计表　单位：人,%

排名	省籍	学者数目	百分比	备注
1	江苏	15	29.4	
1	浙江	15	29.4	
2	安徽	6	11.8	
3	湖南	5	9.8	
4	广东	3	5.9	
4	江西	3	5.9	
5	河北	2	3.9	
6	山东	1	2.0	
6	四川	1	2.0	
	合计	51	100.1	

---

[1] 钱穆：《中国近三百年学术史》，商务印书馆1997年版。

梁、钱二氏《中国近三百年学术史》，著述的侧重点不同，所称引人物互有异同，合而观之，据之制表如下（见表三）：

表三 梁启超、钱穆《中国近三百年学术史》称述学者数目分省统计表

单位：人，%

排名	省籍	学者数目	百分比	备 注
1	江苏	25	24.5	
2	浙江	23	22.5	
3	江西	15	14.7	包括"易堂九子"9人
4	安徽	13	12.7	
5	河北	6	5.9	包括直隶及顺天府籍
6	湖南	5	4.9	
7	广东	4	3.9	
8	四川	3	2.9	
9	福建	2	2.0	
9	河南	2	2.0	
9	山东	2	2.0	
10	湖北	1	1.0	
10	陕西	1	1.0	
	合计	102	100.0	

从以上三表不难看出，以学者数目而言，江苏、浙江两省遥遥领先，此外安徽也是一个盛产学者的地区。这三个省份是清代学术最为兴盛的地区。清代四川学者的数目远较江、浙、皖三个地区为少，差距非常大。

但是，梁启超、钱穆的两部《中国近三百年学术史》的称引情况，只能表示学者当中堪称精英的部分，似乎并不能充分反映一个时代普遍的学术成绩。为了更加切实地了解清代四川学术在全国的地位，我们根据近人萧一山著《清代通史》所附《清代学者著述表》，[①]

[①] 萧一山：《清代通史》，第5册，第397—594页。萧氏编《清代学者著述表》有国立编译馆1943年版单行本，内容稍异，北京中华书局影印本《清代通史》底本为台湾商务印书馆1980年修订本第五版，当据以为正。萧表偶有错误，如第554页以孙衣言（孙诒让之父）为江西瑞安人，按孙氏实为浙江瑞安人；第572页赵元益籍贯阙，按赵氏为新阳（今江苏昆山）人；第584页郑文焯籍贯阙，按郑氏为奉天铁岭（今属辽宁）人；第588页王仁俊籍贯阙，按王氏为吴县（今属江苏）人。

制作清代学者数目统计表如下（见表四）：

表四　　　　　　　清代学者数目分省统计表　　　　单位：人,%

排名	省籍	学者数目	百分比	备　注
1	江苏	322	33.3	
2	浙江	236	24.4	
3	安徽	83	8.6	
4	福建	43	4.4	
5	山东	40	4.1	
6	江西	39	4.0	
7	广东	35	3.6	包括今海南省
8	河北	31	3.2	包括直隶及顺天府籍
9	湖南	29	3.0	
10	河南	27	2.8	
11	陕西	15	1.5	
12	湖北	14	1.4	
13	山西	13	1.3	
14	旗籍	12	1.2	第524页佟景文系汉军镶黄旗人，原注：辽东人。
15	四川	8	0.8	
16	广西	7	0.7	
17	贵州	6	0.6	
18	甘肃	3	0.3	
18	云南	3	0.3	
19	辽宁	2	0.2	
	合计	968	99.7	

　　萧表著录清代学者计968位，其中四川学者只有费经虞、费密、唐甄、张问陶、顾印愚、杨锐、廖平、刘光第等8位，比较起江苏

（322位）、浙江（236位）两地，四川的差距实在太大。虽然萧表颇多漏略，不足以全面反映有清一代的学术情况，[①] 但已足以提示这样的信息：清代四川学术在全国的影响力是非常小的。

二 晚清四川学风的变化

晚清时期是四川学术的一个分水岭，学术成绩有突出发展，学术风气方面发生显著变化。学术成绩表现，由著述数目的突飞猛进可以看出，试以经学为例。我们比较嘉庆《四川通志》卷一八三《经籍志》所载清代中前期经学著述数目，与杨世文《清代四川经学著述简目》，[②] 据之制表如下（见表五）：

表五　　　　　　清代四川经学著述数目统计表　　　　单位：部，%

类别	嘉庆《四川通志》	《清代四川经学著述简目》	增长绝对值	增长百分比	备注
易	18	110	92	511.1	
书	2	35	33	1650	
诗	3	46	43	1433.3	
礼	7	87	80	1142.9	
春秋	6	57	51	850	
孝经	1	18	17	1700	

---

① 关于清代学者著述情况的综合反映，先有顾颉刚编《清代著述考》，并编成《籍望表》一种（均未刊）；萧表继之而成，著录有籍贯一项，颇便学者进行地域学术文化的考察，然仍多漏略；王绍曾主编《清史稿艺文志拾遗》，著录清人著述54880部，用功至勤，然限于全书体例，著录项中未有作者籍贯一项，不能供地域考察使用。虽然萧表不尽如人意，但是目前似乎还没有另外一个更合适的数据来源，这是一件很遗憾的事情。近年山东大学杜泽逊教授正在主持国家清史纂修工程中的"清人著述总目"项目，著录设有"籍贯"一项（参见杜泽逊《史志目录编纂的回顾与前瞻——编纂〈清人著述总目〉的启示》，《文史哲》2008年第4期），对于将来进行清代学术的地域研究，必定是更加翔实可靠的一个数据来源。

② 杨世文：《清代四川经学著述简目》，舒大刚主编《儒藏论坛》，第2辑，第439—470页。

续表

类别	嘉庆《四川通志》	《清代四川经学著述简目》	增长绝对值	增长百分比	备注
五经总义	3	69	66	2200	
四书	22	108	86	390.9	
乐	0	0	0	0	
小学	9	83	74	822.2	
合计	71	613	542	763.4	

可以看出，整个清代四川经学著述的总数，与清代中前期四川经学著述数目相较，增长率达到763.4%；其中"五经总义"类增长最快，增长率达到2200%。快速增长的发生，无疑是在道光以来的晚清时期。考虑到杨世文《清代四川经学著述简目》，对嘉庆《四川通志》卷一八三《经籍志》所载清代中前期经学著述数目有部分增补，即使有这一部分作为变量，晚清时期四川经学著述数目的增长，仍然是显而易见的。

在学术风气方面，尤其有显著的变化发生。晚清时四川学者张祥龄（1853—1903，汉州人）说："同治甲戌南皮张先生督学，提倡纪、阮两文达之学……以《说文》及《提要》为之阶梯……川省僻处西南，国朝以来，不知所谓汉学。"[①] 在同治十二年（1873）张之洞入蜀担任四川学政，掀起"汉学运动"之前，四川学者中与汉学同调的，并不多见。

文字、音韵、训诂之学的繁荣，很能代表清代汉学的特性。我们试以清代四川经学著述中"小学类"著述的数量与时代的分析，可以很清楚地看出这一点（见表六）。

[①] （清）张祥龄：《翰林庶吉士陈君墓志铭》，转引自廖幼平编《廖季平年谱》，第16页，原注：《受经堂集》。

表六　　　　　清代四川小学类著述统计表　　　　单位：部，%

类　别	经学其他类著述	小学类著述				总计
时　代		顺治、康熙、雍正三朝	乾隆、嘉庆二朝	道光、咸丰二朝	同治、光绪、宣统三朝	
数　量	530	1	9	8	65	613
小　计		83				
百分比	86.5	0.2	1.5	1.3	10.6	100.1
		13.6				

数据来源：杨世文《清代四川经学著述简目》。

整个清代四川经学著述共计 613 种，其中小学类著述 83 种，占 13.6%，与经学极盛的浙江地区相比，虽然绝对数字仅为浙江的一半弱，但比例则比浙江还要高一些。[①] 应该注意的是，清代四川大多数小学类著述出现在同治以后，自清初到咸丰 217 年间只有 18 种，占小学类著述的 21.7%，而同治以后 49 年间则出现了 65 种，占小学类著述的 78.3%。晚清四川学术风气的剧变是显而易见的，这里呈现出与学术中心区域趋向一致的态势。

三　清代中前期四川的学风

如张祥龄所说，既然同治以前，四川学者举世不知汉学，则二百余年间四川学者劳心费神、兀兀穷年者何事，其学术努力与智识倾向如何？

我们检阅嘉庆《四川通志》卷一五三至卷一五四"国朝人物"，对其传记语言进行类别分析，根据其中明确表述传主学术特长的案例进行归纳（研治医学、擅长书画的少量案例未予统计），据之制表如下（见表七）：

---

① 笔者据宋慈抱著《两浙著述考》统计，整个清代浙江经学著述共计 1403 种，其中小学类著述 172 种，占 12.3%。

表七　　　　　清代中前期四川学者学术倾向分类统计表　　　单位：例,%

排名	类别	案例数目	百分比	备注
1	擅长诗古文词	203	53.8	
2	博通经史百家	110	29.2	
3	研究理学	30	8.0	
4	研究经学	18	4.8	泛言"博通经史"者入第二类
5	擅长制艺	13	3.4	
6	长于史学	3	0.8	泛言"博通经史"者入第二类
	合　计	377	100.0	

应该指出的是，地方志的传记语言在具体人物的评价方面不免有夸张之处，但在学者的学术特长与智识倾向方面的表述，通过案例的集合可以获得相当程度的真实性。由上表可以看出清代四川学者致力的几个方面，下面分别来谈。

（一）诗文之学

在嘉庆《四川通志》四川学者传记的表述语言中，出现频率最高的是关于擅长诗赋古文词章之学的记述，共得203例。具体人物据县籍列举如下表（见表八）：

表八　　　　　　清代中前期四川文学人物表　　　　　单位：例

排名	县名	案例数目	人名
1	新繁	11	费密、费锡琮、费锡璜、费冕、费轩、费藻、杨宏绪、傅飏言、黄熙载、张宏仁、李湛
2	巴县	8	刘道开、吴伯裔、李以宁、周开基、周开丰、覃为毂、高继光、罗醇仁
2	成都	8	向廷赓、邱善庆、岳钟琪、芮檍、杨维震、张鬻、宋溶、李元芝
2	泸州	8	先著、周其祚、林中麟、王正常、任嗣业、任启烈、任履端、车慧龄

续表

排名	县名	案例数目	人　　名
2	罗江	8	郭奎先、赵亮、计万安、钱林虎、柴邦直、李调元、李鼎元、李骥元
2	内江	8	黄英、吴允谦、杨栻、张祖詠、喻宏林、喻宏猷、杨化元、刘汉健
3	富顺	7	万世玮、范璐、周祀、聂正遠、李九霞、王浑仁、李芝
4	丹棱	6	彭忠、彭端淑、彭肇洙、彭遵泗、彭端澂、彭蕙支
4	江津	6	夏琪、程于衡、曹文龙、周侪祚、李专、王家驹
4	资州	6	郑寅、郑秉仁、饶士盛、姚鼎、王宏纬、周暹
5	安岳	5	张象枢、张象翀、张象华、周嗣胡、蔡朝缙
5	大竹	5	王以暐、王以曜、徐开运、吴蟉、王正策
5	华阳	5	毛振翶、顾汝修、敬华南、王广益、余峄桐
5	金堂	5	郑新命、张时钦、高继苯、陈钧、陈一泗
5	资阳	5	陈应橡、王荐、鲁铭、詹德怀、王维兰
6	东乡	4	李俊棠、文有试、郭宗汾、张耀祖
6	洪雅	4	王沄、胡世惠、刘芳轲、祝岷
6	江安	4	杨晋、方端、杨卓、高汝仪
6	彭县	4	杨岱、杨崑、杨岐、李素
6	遂宁	4	朱衣点、张鹏翮、张问安、张问陶
6	营山	4	白不淄、陈汝明、陈缜、陈怀玉
6	中江	4	彭襄、牟裕祖、林愈蕃、孟邵
7	广元	3	石永健、李培元、赵时际

续表

排名	县名	案例数目	人　　名
7	乐山	3	朱轸裔、朱曙荪、罗芳
7	梁山	3	陈俊、李御、刘仕伟
7	渠县	3	李瑨、李珪、李姓
8	崇庆	2	何明礼、杨世芳
8	达县	2	李模、瞿戴仁
8	奉节	2	傅作楫、马天麟
8	珙县	2	赵世臣、袁海鲲
8	简州	2	傅霖、傅辉文
8	井研	2	李如泌、黄珣
8	南溪	2	廖朝柱、李如椿
8	彭水	2	李恒、董国绅
8	蓬溪	2	杨兆龙、蒲文甲
8	郫县	2	盛世芳、黄昶
8	平武	2	王宣、王树政
8	三台	2	谭结、罗克忠
8	什邡	2	李枢、李霖
8	石砫	2	马宗大、马斗熺
8	天全	2	杨大业、杨振业
8	西充	2	马士琼、赵心忤
8	兴文	2	罗旆、欧全修
8	荥经	2	游于夏、刘于陆
9	长寿	1	陈于际
9	崇宁	1	蔡时豫
9	大宁	1	王淑
9	丰都	1	熊兰徵
9	涪州	1	何鈊
9	高县	1	刁季麟
9	广安	1	蒲永信
9	汉州	1	张邦伸
9	会理	1	杨玉

续表

排名	县名	案例数目	人名
9	夹江	1	宋子嗣
9	犍为	1	李公鼎
9	江北	1	龙为霖
9	阆中	1	刘承莆
9	芦山	1	程翔凤
9	茂州	1	蒋复雋
9	冕宁	1	谢吉仁
9	南部	1	李先复
9	南川	1	周士忠
9	南江	1	何现图
9	青神	1	余焱
9	邛州	1	杨藩
9	铜梁	1	王汝璧
9	温江	1	赵增
9	巫山	1	王朝桓
9	永川	1	李天英
9	云阳	1	王瓒

光绪初年，绵州孙桐生（1824—1908）编有《国朝全蜀诗钞》六十四卷，其中单列一卷以上者有张问陶（6卷）、王汝璧（4卷）、费锡璜（2卷）、张怀溎（2卷）、刘硕辅（2卷）、孙缵（2卷）、傅作楫（1卷）、李调元（1卷）、何人鹤（1卷）、张怀溥（1卷）、杨庚（1卷）、李惺（1卷）、李炳奎（1卷）、李崧霖（1卷）、孙澈（1卷）、章宝箴（1卷）、李映棻（1卷）、马士琪（1卷）等18人。其中特别名家，清初有新繁费密、费锡璜父子：

> 吾蜀诗人，自杨升庵先生后，古风凌替，得费氏父子起而振之，其诗以汉魏为宗，遂为西蜀名家。①

---

① （清）孙桐生选辑：《国朝全蜀诗钞》，卷1，第11页。

是时密与成都邱履程、雅州傅光昭以诗（？）文雄西南，称三子。……至今蜀中谈诗者，尚推费氏为大宗云。①

后有丹棱彭端淑、彭肇洙、彭遵泗兄弟：

彭端淑……婠雅宏通，湛深经术，与弟肇洙、遵泗俱以文章知名，时号"三彭"……著有《白鹤堂今古文集》《雪夜诗谈》，士林奉为圭臬……②

论者谓蜀中制义，自韩太史琢庵后，董樗斋继之，为能发摅经旨；诗自三费后，傅济庵、王楼山两家继之，为能步武唐贤；古文散体，则绝少问津者。白鹤堂时文学归、唐，诗学汉魏，古文学《左》、《史》，皆诣极精微，几几乎跨越一代，独有千古矣。至今士林奉为圭臬……③

罗江李调元、李鼎元、李骥元兄弟：

雨村昆季擅名诗坛……吾蜀自前明三高后，人才歇绝，先生（鹏按：指李鼎元）……奋起词坛，后先济美，而先生……诚卓然为西蜀一大宗也。④

遂宁张问陶（1764—1814）等：

卓然为本朝一大名家，不止冠冕西蜀也。⑤
国朝二百年来，蜀中诗人以船山为最。⑥

---

① （清）张邦伸撰：《锦里新编》，5：1b、6a。按："诗"字漫漶不清。
② 嘉庆《四川通志》，154：24b。
③ （清）张邦伸撰：《锦里新编》，5：24a、b。
④ （清）孙桐生选辑：《国朝全蜀诗钞》，卷15，第140页；卷20，第202页。
⑤ （清）孙桐生选辑：《国朝全蜀诗钞》，卷23，第247页。
⑥ （清）李元度：《国朝先正事略》，卷44，第1147页。

我们根据清嘉庆二十一年（1816）刊行的嘉庆《四川通志》卷一八三至卷一八八《经籍志》，对宋代以来的四川学者著述，进行分类统计，做成以下表格，为了突出考察的重心，集部只选取了别集一类（见表九）：

表九　　　　宋至清代中前期四川四部著述统计表　　　　单位：部

部类	宋	元	明	清	备注
经部	258	42	111	71	
史部	277	8	127	81	
子部	149	4	151	89	
集部（别集）	165	14	235	237	

从统计表中可以看出，清代中前期四川经、史、子三部著述数目，比宋、明两代都少，而集部别集一类，则远远超过宋代，比明代还多一些。这是清代四川学者在诗文方面用力较多的一个明证。如果能就整个清代四川四部著述进行统计的话，① 相信所得到的结果会有更强的说服力。前引梁启超的评论"四川夙产文士"，殆非虚论。

（二）理学兴盛

"悠悠身后名，何须《理学传》"，"《理学传》应无我辈"②，以

---

①　自嘉庆以后至清朝灭亡的九十多年间，四川未再续修通志，所以表九"宋至清代中前期四川四部著述统计表"，只能表现清代中前期不足两百年中四川学者的著述简况。笔者原计划以四部分类辑录《清代四川著述总目》，从而对史、子、集部的情况，可以有一个确切的了解，限于时间、资料与学力的不足而未能纂成。近年王晓波主编《清代蜀人著述总目》，其收书范围之体例似可商榷（如不收已佚及存佚未明的稿本书目，又收入零星诗文篇目）之外，另外一个遗憾在于未据四部分类，而以县为单位，以人为纲，分别著录，因而减低了目录类著作"辨章学术，考镜源流"的主要功用。存在类似缺憾的，还有如安徽省图书馆编《安徽文献书目》、蒋元卿著《皖人书录》、李秉乾编《福建文献书目》等，皆仅据著者姓名排序，未进行四部汇总归类。以笔者浅见，这是编纂地域著述目录时，在体例方面不应忽视的一个重要问题。比较而言，广西统计局编辑出版《广西省述作目录》、宋慈抱著《两浙著述考》、李小缘编辑《云南书目》等以图书分类为纲目，体例较善。

②　语出张氏《出江口》《斑竹塘车中》诗，见（清）张问陶《船山诗草》，卷8，第189页；卷9，第220页。

风流自赏的清代四川名诗人张问陶，曾写过这样一些对理学颇为不屑的诗句。但是，从另外一个角度来看，这恰恰可以说是清代四川理学风气盛行的表证，理学对清代四川士人的智识与精神世界，具有深刻持久的影响。

嘉庆《四川通志》四川学者传记中，明言传主为理学家者共得30例：

1. 成都唐甄："其学以良知为宗。"（嘉庆《四川通志》，153：1b，下略书名）

2. 成都宋溶："究心性之学。"（153：13a）

3. 成都刘芳远："读书敦行，不欺衾影，乡人咸称为刘夫子。"（153：11b）

4. 华阳顾汝修："晚精宋儒之学。"（153：14b）

5. 新繁费密："晚年往苏门谒孙钟元，称弟子，究心性之学。"（153：16b）

6. 新繁傅飏言："关闽濂洛之学……靡不究心。"（153：17b）

7. 新都杨凤庭："六岁就塾……爱玩周子《太极图说》，于阴阳化生万物之旨，一一皆如夙悟。"（153：22a）

8. 巴县傅良辰："少游盩厔李二曲之门，复受业射洪杨愧庵，得闻道……邑人冯鼎心异之，同郡蒋秘、邓应宿，泸州林中麟，峨眉张天衢，群相讲学，推辰为祭酒。出所著《困学录》，与诸子相切劘。"（153：30a）

9. 巴县张锦："潜心理学。"（153：32a）

10. 巴县曹坤："通性命之源，达程朱之蕴。"（153：32a）

11. 江津潘治："究心理学。"（153：34a）

12. 长寿李廷芳："邃于理学。"（153：35b）

13. 西充林永昌："自撰《易经图说》，于天人心性之学，颇有所发明。"（153：53b）

14. 营山陈怀玉："诵法程朱……力持正学。"（153：56a）

15. 富顺李谟："平居言动不苟，教授生徒，每以收放心为务。又谓圣狂之别，须于起念处省察。"（153：60b）

16. 富顺周天任："日设行稿自省。"（153：61a）

17. 南溪郭城："从泸州林中麟游，探讨心性之学。"（153：63a）

18. 云阳闵士瑶："笃志圣贤之学，寡言笑，慎取与。"（153：66a）

19. 云阳鄢绶："研精理学。"（153：66a）

20. 万县沈复瑛："潜心理学。"（153：67a）

21. 冕宁陈我颜："于宋儒性理诸书，无不研究。"（153：68b）

22. 荥经游于夏："潜心理学。"（153：70a）

23. 威远倪象恺："寻绎洛闽诸子书，穷性命之原。"（154：5b）

24. 三台张佐维："生平非礼不道，非礼不履，跬步必严，有大儒者风度。授生徒数十人，悉以修身养性为本。"（154：8a、b）

25. 遂宁张鹏翮："圣祖仁皇帝尝以理学称之。"（154：14b）

26. 渠县李溯芳："一生讲宋儒学问。"（154：22a）

27. 大竹周国器："……尝作《谦德铭》以示教，时人比之濂溪，著有《桂湖讲义》。"（154：23a）

28. 资阳鲁洙文："研究理学。"（154：35a）

29. 仁寿游文瑹："晚年崇尚理学，于濂洛关闽之书，俱能析其奥。"（154：38b）

30. 丰都熊兰徵："其讲学则宗金溪、姚江云。"（154：47a）

以上理学家中，有幼儿即通晓理学者：

> 杨凤庭，字瑞虞，号西山，新都人。……六岁就塾师，端谨如成人。不二年，四书五经俱成诵。案头置周子《太极图说》，爱玩不置。师曰："此理学精粹之书，汝何能知？"曰："理本无穷，读此易晓耳。"因历陈阴阳五行化生万物之旨，一一皆如夙悟。师惊曰："少年有此，异日必为理学名儒。"[①]

另据记载，就连四川女性中，也有撰写理学著作的：

> 杨甲仁字乃所，号愧荼，射洪人，岁贡生。平生喜讲求性命

---

① （清）张邦伸：《锦里新编》，5：24b—25a。

之学，复潜心《易》象十余年。其侧室周氏，性警敏，通文艺，每闻愧莽言，辄有深悟，愧莽尝以哲徒呼之。撰《了心宗传》□卷，刊行于世，中多理学精语……我朝三百年，妇女能诗文者多矣，未闻有以理学著书者……愧莽有此一妾……可谓极教化之能事……①

四川理学之兴盛由此可见。其重要人物，清初有富顺李谟（号崟山）、邛州植敏槐（号鹤山）：

> 本朝蜀人以理学称者，崟山、鹤山两先生而已。②

后有双流刘沅（1767—1855）：

> 学有本原，经史而外，兼综众流，授徒数十年，多所成就。③
> ……先祖之和会三教，乃有身心实功，以明以来学风大势观之，此止更进一步，而非别为怪异，故先祖于先儒所已发明者，皆承认之。④

垫江李惺（1787—1864）等：

> 有清二百余载，蜀中无学术之可言，言学术必自西沤先生始。⑤
> 先生天才风雅，学贯众流……所著外集数种，仿佛吕新吾先生《呻吟语》、《小儿语》，于修己接物、持家居官诸务，言之綦详，较《颜氏家训》、《板桥家书》，尤为亲切有味，尽人随地，皆可遵行，羽翼经传，醖酿太和，其功不小，乃知先生非才人，

---

① （清）刘声木：《苌楚斋随笔》，卷7，第154—155页，标点略作改订。
② （清）孙桐生选辑：《国朝全蜀诗钞》，卷6，第53页。
③ （清）孙桐生选辑：《国朝全蜀诗钞》，卷32，第344页。
④ 刘咸炘：《与蒙文通书》，《推十书·推十文》，卷4，第2208页。
⑤ 林思进：《题西沤先生函稿册子》，《清寂堂集·清寂堂文录四》，第661页。

乃学道人也，亦即天下之大有心人也。彼仅以才人目先生，乌足以知先生哉？①

清末方守道等人编纂《蜀学编》，汇纂汉代迄清著名的四川儒者传记（以经学、理学为主），其中清儒收录射洪杨甲仁、新繁费密、夔州唐甄、遂宁张鹏翮、威远倪象恺、华阳顾汝修、渠县李漱芳、垫江李惺、隆昌范泰衡等9人。② 实则清代四川理学家远不止此数。除上文所引嘉庆《四川通志》所载30人之外，检李朝正撰《清代四川进士征略》，复得巴县高继光、李含青，巴州余焕文、余坤，达县王方衡、王正谊，大竹濮斗衡，汉州吴翼基，嘉定李嘉秀，梁山高人龙，内江姜锡嘏，南溪王铎，荣县蓝瑾章，万县陶仁明，新都王利堂、唐宗海，秀山王大琮，中江林愈蕃等18人。

晚清时四川经学家廖平曾云："予幼笃好宋五子书及八家文。"宋五子指周敦熙、二程、张载与朱熹。廖幼平编《廖季平年谱》系于同治十三年（1874），时年二十三。并云："乡先辈如王育德仁山、宋治性橡山、鄢周潘立山、李茂林竹虚、吴锡昌书田，皆'敦纪饬行……喜读宋人书'，似于先生不无影响。（据《井研志》卷三十《乡贤传》六。）"③ 井研乡间普通士人研究理学成为风气，无疑是清代四川理学兴盛的一个证明。

光绪元年（1875），四川学政张之洞创建尊经书院，课程有经、史、小学、辞章等四门，以"宋学贵躬行，不贵虚谈……非所能课也"为由，取消了理学课程，④ 但办学主张中有"读书宗汉学，制行宗宋学"⑤ 一条，理学尚存一席之地。光绪四年（1878），王闿运入蜀主讲尊经书院。王氏认为"宋代大约无真人才，为历代最劣之

---

① （清）孙桐生选辑：《国朝全蜀诗钞》，卷38，第410页。
② 参见胡昭曦《尊经书院与近代蜀学》，载舒大刚主编《儒藏论坛》，第2辑，第335—341页。
③ 廖幼平编：《廖季平年谱》，第1、12页。
④ 同上书，第13、15页。
⑤ （清）张之洞：《四川省城尊经书院记》，6a；参见胡昭曦《四川书院史》，第303页。

朝"①，因而反对提倡宋学，以"通经致用"取代张之洞"制行宗宋学"的办学主张，②于是理学在尊经书院遂无立足之地。至光绪十二年（1886），锦江书院山长伍肇龄兼代尊经书院山长，③伍氏尊崇朱学，在尊经书院提倡理学，于是发生汉学与宋学的斗争。据廖幼平编《廖季平年谱》记载：

（光绪十三年二月）二十九日，王万震堂课不用先生所拟题目，又欲出宋学题，先生偕刘子雄力争得止。

三十日，刘子雄、邹增祐来访，因言堂课出题之谬。先生言伍最服江西陈溥。陈乃袄人，著书多妄诞，托于宋学而杂以左道……伍刻其所批书甚多。

……

新任学政高赓恩喜宋学，与伍肇龄合……伍新刻《近思录》，高为作序，痛诋汉学，有"寝树藩篱，操末忘本，世儒之蠹"之语，盖指先生也。④

按陈溥字稻孙，号广㪍，江西新城（今黎川县）人，学问广博，程朱陆王以至释氏之学，都曾精究。光绪八年至九年（1882—1883），伍肇龄刻《陈氏丛书》，收有陈溥等撰著作38种，其中有陈溥撰《性修论》，以及评注《明道先生行状》（程颢）、《正蒙轨物口义》（张载）、《朱子集节录》（朱熹）、《涵泳篇》（节采陆象山集）、《王阳明集节录》等书，注解皆极精详。⑤伍氏撰《性修论序》，以为"夫性善自孟子道之，未有发明之精且详若是者"⑥，推尊之意溢于言表。

---

① （清）王闿运：《湘绮楼日记》，第50页，同治八年（1869）八月二十一日条。
② 参见龙晦《薛焕与王闿运——尊经书院研究之二》，《蜀学》，第2辑，第36—37页。
③ 民国《名山县新志》卷11《学校·书院》（11：5a）说："省立者二。一为锦江，教制艺。垫江李惺、邛州伍肇龄长院，教泽及于县人。一为尊经。……"
④ 廖幼平编：《廖季平年谱》，第41—42页，标点略有改订。
⑤ 魏际昌：《桐城古文学派小史》，第144—145页。
⑥ 转引自孙琴安《唐诗选本六百种提要》，第540页。

伍氏执掌尊经书院期间，曾与学生发生激烈冲突，据时任四川总督刘秉璋（谥文庄，1826—1905）之子刘声木回忆：

> 先文庄公督川时，太史（鹏按：指伍肇龄）正主尊经书院讲席……后有某年四月，太史仓猝至督署辞馆，先文庄公问其故。太史曰："诸生不服教，欲驱我走，我已年老，欲让贤者也。"先文庄公谓曰："……况尊经书院关聘，须由总督出名，院中诸生，我视之，更与我家子弟无异。设有我家子弟，要驱先生，我能答应乎。此事老前辈愿让，我却不能同意。今日请回，明日我到院中，告诫诸生。"次日，先文庄公到尊经书院答拜，诸生环而听者，几于全数皆来。先文庄公大声，以此意告太史，并指窗外诸生，亦厉声以此意告之。诸生闻之，相率散去。①

伍氏号称"天下翰林皆晚辈，蜀中佳士半门生"，在四川士人中极有威望。② 尊经书院之所以发生"驱伍"运动，与上文所引《廖季平年谱》相联系，可以想见是以其推尊理学之故。

晚清时期尊经书院发生的这一起汉宋学术之争，正是清代四川理学之流不绝如缕的一个表征。此后有温江曾学传（字习之，1858—1930）在四川国学院讲理学，③ 现代蜀学大家蒙文通即其传人之一。④ 其他如刘咸炘、彭芸生、唐迪风及其子唐君毅等研习理学，均从此一学术潮流而来。将来盼有学者撰写《清代四川理学史》，将这一学术思潮全面揭出。

---

① （清）刘声木：《苌楚斋随笔》，卷2，第39—40页。
② 张永春：《清代科举制概况暨伍肇龄生平简介》，载邛崃县政协文史资料研究委员会编辑出版《邛崃文史资料》，第2辑，第49页；徐仁甫：《振兴蜀学人才辈出的尊经书院》，载中国人民政治协商会议四川省委员会文史资料研究委员会编《四川文史资料选辑》，第35辑，第1页。
③ 温江县志办人物编写组整理：《著名教育家曾学传事略》，温江县政协文史资料研究委员会编辑出版：《温江县文史资料选辑》，第1辑，第115—118页。
④ 蒙文通《古学甄微·儒家哲学思想之发展》（第98页）："不肖昔从皂江曾习之师问学，师专以象山为教……"

(三) 制义时文

四川是一个人口大省，据官方的各省人口数字，四川和江苏两省在1850年的人口数目皆为4420万，为全国之冠，但清代四川的进士数目位居全国第14名。位居前两名的江苏、浙江，进士数目分别为2920名、2808名，而四川仅为763名，与湖南、云南、贵州、广西、辽宁等同属千名以下省份。①

清代四川的科举成绩不佳，有进士数目定额限制的因素存在，②并不一定表示教育方面的落后。但是四川士子在科举考试中面临的竞争，应该比其他许多省份激烈。而四川处于内陆盆地，因为地理环境的限制，不像山西、安徽或广东、福建等地学子有弃儒从商，远赴塞北、江南或南洋另寻出路的机会，四川士子受科举制度左右人生的几率较大。故而科举考试的负面影响，在清代四川有较为明显的反映，普通士子受科举时文窒锢，难得研究真实学问。民国《名山县新志》叙述成都尊经书院创建之前的四川学风说："粤自制艺取士以来，群好帖括，经史百家，每束高阁。"③廖宗泽《六译先生行述》亦谓："先是，文襄（鹏按：指张之洞）未来时，蜀士除时文外，不知读书，至毕生不见《史》、《汉》。"④

嘉庆《四川通志》四川学者传记中，明言传主擅长制义者，有安岳周嗣胡、巴县高继光、大竹王正策、富顺李芝、华阳敬华南、夹江宋子嗣、井研黄珣、泸州何飞凤、罗江赵亮、范士灏、内江黄开运、兴文罗斾、资阳鲁铭等13例。嘉庆《四川通志》又载4人：成都王瑧撰《尚书制艺》，成都张鬻撰《制艺》二卷，东乡张汝诚

---

① 参见何炳棣《科举和社会流动的地域差异》，王振忠译，中国地理学会历史地理专业委员会《历史地理》编辑委员会编《历史地理》，第11辑，第302页。
② 关于湖北、湖南、四川、广东等省份，特别是四川，在明清时期因举人、进士定额的限制，其科举成绩蒙受损失的情形，参见何炳棣《科举和社会流动的地域差异》，王振忠译，中国地理学会历史地理专业委员会《历史地理》编辑委员会编《历史地理》，第11辑，第306—307页。
③ 民国《名山县新志》，卷11《学校》，11：5a；参见隗瀛涛主编《四川近代史稿》，第261页。
④ 廖幼平编：《廖季平年谱》，第85页。

撰《峨城书屋课艺》，南充杨元玠撰《举业要法》。检张邦伸《锦里新编》卷五《儒林》记长于制义者，又得合江董新策、雅州邓伦等2人。

粗检王晓波主编《清代蜀人著述总目》，又得44人（"试帖"一类暂未统计）：安岳王应鹍撰《制艺》，璧山刘宇昌撰《觉初制义》，丹稜彭端淑撰《时文稿》三卷，垫江李惺撰《制艺》一卷，定远聂元珪撰《研经山馆时文》，广安周克堃撰《经艺》五卷，汉州曾光旭撰《时文》，汉州张懋畿撰《时文》八卷，合州罗衡撰《乐育堂时艺》，合州朱彘撰《时艺》一卷，洪雅周又颐撰《举业良箴》，金堂何涵漳撰《龟谷老人时文》，金堂何绳武撰《虎溪制艺》《畿南课草》《绣川课艺》《归田课草》，开县陈堃撰《陈太史时文》，邻水廖寅撰《震复堂制艺》，泸州林中麟撰《时文》，绵州叶上林撰《制艺新旧稿》，南川唐锐撰《彝欢堂时艺》，南川韦杰生撰《远山时艺》，蓬溪奚大壮撰《制义续集》二卷、《雨谷时文》一卷，蓬溪张昌泽撰《会川制义》，郫县姜国伊撰《制艺》存一卷，屏山聂光銮撰《制艺》二卷，綦江罗星撰《九峰制艺》四卷，綦江伍绍曾撰《搞明文小题钞》，黔江李灼撰《制艺类典》，射洪黄继敝撰《制艺铎》，射洪罗云撰《时艺》四卷，通江屈升瀛撰《朗陵课艺》，铜梁郭和熙撰《友竹山房时文》二卷，铜梁苏璋撰《兰亭制艺》二卷，铜梁王泮撰《槐阴时艺》一卷，温江车酉撰《五柘山房制艺》，西充李庄撰《望云庐制艺》，西充王世泰撰《制艺传稿》，新都廖玉湘撰《举业泽古》，新都温永恕撰《时文读钞》，新繁张粹德撰《淡斋课艺》四卷，叙州黄耀明撰《丛秀山房制艺》，叙州赵城撰《制艺诗赋》，营山白瀞铣撰《景阳山房制艺》，营山周德垣撰《柏荫堂制艺》，永川罗世德撰《思敬堂制艺》，中江林愈蕃撰《敬义堂制义》四卷。以上所得总计63人。

四川制义名家，清初有泸州韩士修［康熙十二年（1673）进士，字琢庵］、合江董新策［号樗斋，1675—1756，康熙三十九年（1700）进士］：

> 论者谓蜀中制义，自韩太史琢庵后，董樗斋继之，为能发摅

经旨。①

成都向日贞［康熙五十二年（1713）进士］：

> 向日贞……制艺敏捷，出黄际飞越之门。所刻有程墨大小题文宪，蜀中论时文者，必首称焉。②
>
> 向日贞……工制艺，出黄际飞太史门下，所刻程墨大小题文，沾溉后学，蜀中论时文者，奉以为宗。③

乾隆年间有罗江李化楠［1713—1768，李调元之父，乾隆七年（1742）进士］：

> 早年以制义名家……其《万善堂稿》，尤为帖括家所瓣香……蜀中以时文名家者，先生为最著也。④

后有丹棱彭端淑等：

> 论者谓蜀中制义，自韩太史琢庵后，董樗斋继之，为能发摅经旨……白鹤堂时文学归、唐……皆诣极精微，几几乎跨越一代，独有千古矣。至今士林奉为圭臬……⑤

彭端淑曾言："余一生尽力于制义。"⑥ 一代诗文大家，尚有如此

---

① （清）张邦伸：《锦里新编》，5：24a。
② （清）李调元：《淡墨录》，第129页。按黄越，字际飞，江宁府上元人（今江苏南京），康熙四十八年（1709）进士，（清）方苞《黄际飞墓志》（《方苞集》，卷12，第348页，标点略有订正）："……潜心宋五子书，而以余力评选制举之文，盛行于时。自入国朝，排纂《四书》义疏，绅绎先儒之绪论，为世所称者，仅三数家，而际飞其一焉。"
③ （清）孙桐生选辑：《国朝全蜀诗钞》，卷9，第76页。
④ （清）孙桐生选辑：《国朝全蜀诗钞》，卷12，第104页。
⑤ （清）张邦伸：《锦里新编》，5：24a、b。
⑥ （清）彭端淑：《晚年诗序》，《彭端淑诗文注·诗集》，第1页。按：李朝正《彭端淑的生卒年及思想初探》（《四川大学学报》1980年第4期，第16页）引作"余一生精力，尽于制义"。

感慨，何况是普通士子！刘咸炘曾批评彭端淑的文学成就道："乐斋之文，杂八比之陋习（丹棱彭端淑）。"①此论虽不免过于苛刻，但有清三百年间，制艺时文消耗清代四川士人精神心力者至巨，则是完全可以想见的。

（四）博雅多通而不以专家名

嘉庆《四川通志》学者传记语言表述中，明确记述传主研究经学的有18例。其中巴县傅良辰、达县高秉醇、丹棱彭珣、广安蒲永信、南溪廖朝柱、黔江汤学尹、威远倪象惇等7例，言传主研精《易》学；其他安岳蔡朝缙、成都芮檍、崇庆吴家驹、大竹周国器、富顺张斌、汉州张奇瑞、简州施成泽、江津王家驹、冕宁谢吉仁、南溪王万显、万县陶仁明等11例，仅有成都芮檍著有《四书讲义》一种。

又传记中明记述传主长于史学的，有苍溪熊良辅、邛州甘曰懋、三台罗洪峨等3例，熊氏参与"采辑邑采，颇称详核"（嘉庆《四川通志》，153：47b），罗氏著有《历代建都考》《历代君道论》《历代臣道论》等。②

而传记中泛言传主博通经史百家，以学问渊洽著称的，则有110例，与明确记述研究经学（18例）、长于史学（3例）二者相较，数量上的差别不可以道里计。在上文表七"清代中前期四川学者学术倾向分类统计表"，仅次于擅长诗古文词者（203例），排名第二。可以看出，博雅多通而不以专家名是清代中前期四川学术风气的一大特点。

就传记语言描述来看，称传主"博极群书"（成都向廷赓嘉庆《四川通志》，153：3a，下引文注释仅出卷叶），"于学无所不窥"（江津夏琪，153：32b），"于书无书不读"（奉节傅作楫，153：65b），而"博览十三经、廿一史及诸子百家之书"（江津王家驹，153：34b）一语，实可以作为标准性叙述。凡经史之外的百家之学，有于《老》《庄》《荀子》有特解者（成都芮檍，153：11a、b），有

---

① 刘咸炘：《蜀学论》，《推十书·推十文集》，卷1，第2100页。
② 嘉庆《四川通志》，154：9a；参见王晓波主编《清代蜀人著述总目》，第511页。

"并究天文地理、医卜星象、奇门遁甲诸书……精岐黄术……"（新都杨凤庭，153：22a；金堂高辰、简州施成泽、汉州张奇瑞略同），"旁及天文星数之学……素精《九章算法》……于奇门六壬五禽遁法诸书，尤尽其其秘"（绵竹唐乐宇，154：43b），以及"精六壬星象医卜诸术……晚尤精古燋契法"者（梁山刘仕伟，154：49b），不一而足。这种博雅多通的学风，在罗江李调元身上得到充分的表现：

> 李调元……自经史百家以及稗官野乘，靡不博览。群经小学，皆有撰述。性爱奇嗜博……蜀中撰述之富，费密而后，厥推调元云。①

李调元工诗文，著述宏富，遍及四部，蜚声中外，著书73种（其中撰58种，辑15种），② 凡数百卷，计数百万言，涉猎之广，为清代蜀中第一。论蜀人著作之富，即宋代的苏轼，明代的杨慎，清初的费密等，皆所不及。③ 清代著名诗人袁枚，有诗赞之曰"西蜀多才今第一"④。刘咸炘谓"雨村记丑而不博（罗江李调元）"⑤，实为苛论，不足为据。

四 结语

在普通的常识观念里，关于清代四川，特别是清代中前期的学术成绩，几乎是一片空白。史学界既有的研究，对清代四川学术史的认识亦过于简单粗率。上文提到，梁启超著《中国近三百年学术史》

---

① 蔡冠洛：《清代七百名人传》，第五编，第1769—1770页。
② 邓长风：《明清戏曲家考略·〈函海〉的版本及其编者李调元》，第405页。
③ 参见李朝正《清代四川进士征略》，第83页；以及袁庭栋《论李调元在四川文化复兴中的历史作用》、赖安海《李调元传略》、张学君《非常之人与非常之功——李调元生平述论》、张力《全才大学者李调元》等文，均载四川省民俗学会等编《李调元研究》一书。
④ （清）袁枚：《奉和李雨村观察见寄原韵》，载（清）李调元《童山诗集》，卷34，第470页；参见（清）李调元《童山自记》，伍文整理，《蜀学》，第4辑，第279页。
⑤ 刘咸炘：《蜀学论》，《推十书·推十文集》，卷1，第2100页。

收录清代四川学者2人，钱穆著《中国近三百年学术史》收录1人，萧一山著《清代学者著述表》收录8人。近年王晓波主编《清代蜀人著述总目》（四川大学出版社2009年版），共收录清代四川学者约3000人，著作5000种。① 试问除此8人之外，有清三百年间，四川3000位学者，其精神心力与智识活动，果真无足道哉？萧一山《清代通史》且以廖平代表"蜀学之兴起"②，则晚清廖平崛起之前，蜀中学术近乎一片荒原，事实恐不尽然。

目今清代学术的研究正呈方兴未艾之势，特别是对传统上远离学术中心，处于学术边缘地位的各个地域学术形态进行深入细致的研究，已经卓有成效地开展，这将极大程度地丰富我们对于清代学术史的认识。有关清代四川学术的研究，即为一个生动的案例，本文仅就其学术风气方面稍引其端绪，谨俟方家论其大者。

---

① 笔者根据《清代蜀人著述总目》附录作者索引和书目索引统计，全书收录作者4966人（包括佚名2人），著作5346种。如果除去相当一部分零星诗文篇目作者（估计占1/3左右），以及同书不同版本的条目，作者数目约为3000人，著作在5000种左右。

② 萧一山：《清代通史》，下册，第1820页。

梁启超《中国近三百年学术史》成书问题辨析

在梁启超的所有著作中，《中国近三百年学术史》无疑可以列入最受欢迎者之列，由其再版次数之多，就可以看出这一点。仅就1949年以后单行本的粗略统计来看，海内外共有20余家出版社，先后印行过40余版，其中台湾中华书局一家，就有10版之多；2014年有北京联合出版公司、江西教育出版社、中国和平出版社、上海古籍出版社四家机构，约略同时推出此书；最近一个版本，则是上海古籍出版社2014年8月出版"世纪文库"中的一种。[①] 各种新出版本中，特别值得学者关注的，为商务印书馆2011年出版的夏晓虹与陆胤新校本，校订颇见用心，是较好的一个版本。

然而遗憾的是，关于梁启超这部广泛流传的著作本身的历史，迄今为止，尚少有比较细致准确的研究。关于此书的成书过程与早期版本情形，既有学术文献的叙述颇不明朗。[②] 笔者谨就此题草成小文，自以见闻有限，恳请方家教正。

关于此书撰述的缘起、时间，一种有代表性的看法是："原为梁启超任教于清华大学、南开大学等校时所编的讲义，约撰于一九二三年冬至一九二五年春之间。"[③] 此说语焉不详，今试稍加辨析。

[①] 根据笔者的统计，梁启超著作中再版次数最多的，是《中国历史研究法》，该书在1949年以后的单行本，海内外出过50余版，其中台湾中华书局在1991年已印至第十五版；其次则为《中国近三百年学术史》。

[②] 夏晓虹、陆胤2011年新校本的《校订说明》，及书后附录夏晓虹《作为讲义的〈中国近三百年学术史〉》一文，关于成书与版本问题已有相当涉及，然仍多阙略，不尽完善。

[③] 朱维铮：《校注引言》，《梁启超论清学史二种》，第2页。

梁启超《中国近三百年学术史》成书问题辨析

按 1923 年 7 月，梁氏在南开大学暑期学校讲学，编有一部《清初五大师》讲义，这是《中国近三百年学术史》最早成稿的部分。1923 年 7 月 13 日，梁氏致蹇念益（字季常）书谓："……日日编南开暑校讲义也（正甚得意）……"① 同年 7 月 31 日致张元济、高梦旦书谓："……一月来在南开演讲，带编讲义，日不暇给……顷南开讲义将完……"② 清初五大师指黄宗羲、顾炎武、王夫之、朱之瑜、颜元，内容分载《中国近三百年学术史》第五、六、七、十章。南开讲义未见传本，检王永祥著《船山学谱·船山先生传记录》摘录《梁任公评船山》，有小注"据南开大学暑期学校《清初五大师》讲义"③，内容与《中国近三百年学术史》第七章有关王夫之的部分大体相同。

1923 年 9 月开始，梁氏担任清华学校特别讲师，讲授"中国近三百年学术史"课程，④ 授课时间为每周三晚七点半至九点半，⑤ 讲义即《中国近三百年学术史》一书。清华讲义今有存本，藏北京中国国家图书馆古籍馆。故严格说来，《中国近三百年学术史》在 1923 年秋即已成书，过去将其撰著时间下推至 1925 年，不确。有学者说此书为梁氏任教清华大学研究院时的讲义，⑥ 实误，按清华学校于

---

① 转引自丁文江等编《梁启超年谱长编》，第 1000 页。
② 同上书，第 1001 页。
③ 《丛书人物传记资料类编·学林卷》，第 13 册，第 531 页。又 1977 年 4 月台北出版的《湖南文献季刊》第 5 卷 2 期，刊有梁启超撰《王船山的学术思想述评——据南开大学暑期学校清初五大师讲义》一文（参见傅淑华《王船山〈老子衍〉之研究》，第 132 页）。
④ 丁文江等编：《梁启超年谱长编》，第 978 页；《一年来学校大事记》，《清华周刊》，第十次增刊，1924 年 6 月，页码另起，第 1 页；梅汝璈：《欢迎梁任公先生》，《清华周刊》第 288 期，1923 年 10 月 5 日，第 1—3 页。按梅文称梁氏为"本校国学讲师"，又彭光钦《请梁任公先生讲中国学术史》（《清华周刊》第 299 期，1923 年 12 月 21 日，第 3 页）云"现在刚讲近三百年学术史……"，张荫麟《中国近三百年学术史附表一（明清之际耶稣会教士在中国者及其著述）校补》（《清华周刊》第 300 期，1923 年 12 月 28 日，第 17 页）亦谓"梁任公先生《中国近三百年学术史》讲演……"
⑤ 崔国良等：《梁启超与张伯苓张彭春》，载郭长久主编《梁启超与饮冰室》，第 175 页，崔文谓课程名称为"最近三百年学术史"。
⑥ 陈勇：《钱穆传》，第 116 页。按此说出现甚早，民国年间李肖聃著《星庐笔记》（第 39 页）已谓："清华大学设研究院，梁与王国维、陈寅恪俱为导师。于是梁著《清代三百年学术史》，本其先所述《清代学术概论》而增修之。"

147

1925年始设立大学部与研究院（先设国学一科，通称国学研究院）。①又1924年春，梁氏在南开讲学，题目为"清代学者整理旧学之总成绩"，内容系清华讲义中一部分，此时复作增订。②

《中国近三百年学术史》讲义全文分为十六章，前十二章曾于1924年5月至1925年6月间，连载于东南大学史地研究会编辑《史地学报》第三卷第一至第八期；第十三至第十六章题名《清代学者整理旧学之总成绩》，其中第十三至第十五章于1924年6月25日至7月10日、8月10日至9月25日，连载于《东方杂志》第二十一卷第十二至十三、十五至十八号，第十六章阙载。③

而1923年11月8日，上海《时事新报》副刊《学灯》，刊载梁氏《中国近三百年学术史》讲稿之一，④这是梁氏《中国近三百年学术史》最早公开发表的一部分。此后11月14日，12月25日，1924年1月4、8、9日，《学灯》连续刊载梁氏《中国近三百年学术史》讲稿；⑤1923年11月27、28日出版的《学灯》，还刊有梁氏《清初五大师黄梨洲顾亭林王船山朱舜水颜习斋学术梗概》一文，亦为

---

① 清华大学校史研究室编：《清华大学九十年》，第33—34页。
② 丁文江等编：《梁启超年谱长编》，第1008、1014—1015页；崔国良等：《梁启超与张伯苓张彭春》，载郭长久主编《梁启超与饮冰室》，第174页，惟崔文误系此事于1923年。按1924年4月23日，梁氏撰《亡友夏穗卿先生》（《晨报副刊》，第94号，1924年4月29日，第一版）文谓"我正在这里埋头埋脑做我的《中国近三百年学术史》里头《清代学者整理旧学之总成绩》一篇……"同日致张元济书谓"顷著有《清代学者整理旧学之总成绩》一篇，本清华讲义中一部分……"同日复张东荪、陈筑山书云"日来因赶编讲义，每日埋头脑于其间，百事俱废……"此前4月16日与梁令娴书云"我每日埋头埋脑著书……平均每日五六千字……"（转引自丁文江等编《梁启超年谱长编》，第1014、1016页）
③ 参见朱维铮《校注引言》，载《梁启超论清学史二种》，第2页；仓修良主编：《中国史学名著评介》，第3卷，第455页，"中国近三百年学术史"条目，撰者胡逢祥。惟学者以往似未注意到《东方杂志》所刊《清代学者整理旧学之总成绩》（后有上海商务印书馆1933年单行本、北京商务印书馆1999年重印本），阙载第十六章的情形。
④ 中共中央马克思恩格斯列宁斯大林著作编译局研究室编：《五四时期期刊介绍》，第3集，下册，第874页。
⑤ 中共中央马克思恩格斯列宁斯大林著作编译局研究室编：《五四时期期刊介绍》，第3集，下册，第874—876页。许啸天编《国故学讨论集》第二集收录梁氏《中国近三百年学术史》第一至第四章，疑即据《学灯》刊本。

《中国近三百年学术史》讲稿之一。①

又1923年12月1日北京晨报社出版的《晨报五周年纪念增刊》，载有梁氏《清代政治之影响于学术者》一文，即《中国近三百年学术史》第二、三、四章；②约略同时，1923年12月2—4日出版的《晨报副刊》第三〇五至三〇七号，载有梁氏《清初五大师学术梗概》一文，是他10月在北京平民中学五次演讲"清初五大师"的笔记，③类似于《中国近三百年学术史》第五、六、七、十章中有关黄宗羲、顾炎武、王夫之、朱之瑜、颜元等内容的简本；1924年1月25日出版的《东方杂志》第二十一卷第二号，载有梁氏《颜李学派与现代教育思潮》一文，内容与《中国近三百年学术史》第十章近似；④1924年1月北京师范大学国文学会编辑出版的《国文学会丛刊》第一卷第二号，载有梁氏《清代政治与学术之交互的影响》一文，是他1923年11月在北京师范大学国文学会的四次讲演笔记，⑤即《中国近三百年学术史》第二、三、四章，而内容多有引申发挥；

---

① 中共中央马克思恩格斯列宁斯大林著作编译局研究室编：《五四时期期刊介绍》，第3集，下册，第874页。

② 梁启超《清代政治之影响于学术者》（《晨报五周年纪念增刊》，北京晨报社编辑出版，1923年12月1日，第9页）谓："本文为今秋在清华学校所讲中国近三百年学术史之第二章……"实则内容包括《中国近三百年学术史》第二、三、四章《清代学术变迁与政治的影响》（上、中、下）。

③ 陈哲文回忆，载《北京市第四十一中学（平民中学）校庆纪念专刊》（1991年印行），转引自刘乃和《陈垣年谱》，第38页。耿申等编《北京近代教育记事》（第162页）记梁氏讲演题目为"清初五大师学术"。梁氏讲演笔记后收入那志良编《（平中）学术演讲集》（第1集，北京平民中学1925年版），题为《清初五大师》[北京图书馆编：《民国时期总书目（1911—1949） 社会科学（总类部分）》，第18页]；以及许啸天整理，胡翼云校阅：《王阳明集》（上海群学社1926年版），题为《清初五大师学术梗概》[北京图书馆编：《民国时期总书目（1911—1949） 哲学·心理学》，第130—131页]。

④ 此文有北平四存中学校1930年、1934年铅印单行本，以《颜李学术》为名，副题"梁任公中国近三百年学术史节录"，藏北京中国国家图书馆，参见李国俊编《梁启超著述系年》，第221页。

⑤ 梁氏在国文学会的讲题亦为"清初五大师"，参见梁容若《梁任公先生印象记》，载吴其昌《梁启超传》，附录，第198页。梁氏《清代政治与学术之交互的影响》一文，又曾作为王桐龄著《中国史》第四编之序言刊行。按《清代政治之影响于学术者》（《晨报五周年纪念增刊》，1923年12月1日，第9页）前有梁氏识语："本文为今秋在清华学校所讲中国近三百年学术史之第二章……近顷在师范大学国文学会续讲此题，颇有所增订，未及校改。或将来该会有笔记，可资参考也。"

1924年2月10日出版的《东方杂志》第二十一卷第三号，载有梁氏《明清之交中国思想界及其代表人物》一文，近乎《中国近三百年学术史》相关内容的提要之作；1924年3月2—6日出版的《晨报副刊》第四三至第四七号所载梁氏《清学开山祖师之顾亭林》一文，即《中国近三百年学术史》第六章第一节。①

　　1926年7月，《中国近三百年学术史》全书由上海民志书店出版。②有学者撰《梁启超清代学术年表》，将《中国近三百年学术史》的撰著时间系于1929年，并谓"梁启超《中国近三百年学术史》如以完帙型式出书，当不会早于一九二七年"③，不确。梁氏于1929年1月19日去世，④有学者说"在作者生前，全书似未以完帙形式公开发表过"⑤，亦误。该书另有上海中华书局1936年出版《饮冰室合集·专集》本，及同年出版单行本，之后翻印本甚多，兹不赘述。值得一提的是20世纪40年代，日本学者岩田贞雄曾将梁著翻译出版，题名作《支那近世学术史》（东京人文阁1942年版）。⑥

　　1985年复旦大学出版社出版朱维铮先生校注的《梁启超论清学史二种》，收录《清代学术概论》和《中国近三百年学术史》，这是一个获得学界广泛好评的整理本。⑦但是朱先生未使用《中国近三百年学术史》的《学灯》《史地学报》与《东方杂志》三种刊本参校，实则其文字颇有校勘价值；且此书的最早版本——清华讲义本现仍存

---

①　参见李国俊编《梁启超著述系年》，第223页。按：《梁任公近著》（《清华周刊·书报介绍副刊》，第9期，1924年3月，第35页）："《清学开山祖师之顾亭林》……此为任公在清华讲演近三百年学术史一部分……"

②　笔者所见民志书店版《中国近三百年学术史》，版权页署"民国拾五年七月出版，民国拾八年十月四版"，参见北京图书馆编《民国时期总书目（1911—1949）　哲学·心理学》，第133页。李国俊编《梁启超著述系年》（第226页）谓《中国近三百年学术史》有1924年民志书局单行本，疑误。

③　詹海云：《论梁启超的清代学术研究》，载台湾中山大学清代学术研究中心编《清代学术论丛》，第3辑，第392—394页。

④　丁文江等编：《梁启超年谱长编》，第1198页。

⑤　朱维铮：《校注引言》，载《梁启超论清学史二种》，第2页。

⑥　李庆：《日本汉学史》，第二部，第104页。

⑦　吴铭能《梁启超清代学术史研究述评》（台湾中山大学清代学术研究中心编：《清代学术论丛》，第3辑，第451页）附录朱先生于1997年1月15日致吴先生书云："拙校注即将出修订版。"然近20年过去，朱先生亦已于2012年去世，尚未见此书修订版问世。

世，北京中国国家图书馆古籍馆并藏有民国年间辅仁大学铅印本一种，皆可作为校勘时的重要版本依据。① 又《清代学者整理旧学之总成绩》，前有作者于1924年5月7日撰"绪言"六百余字，即同年4月23日致张元济书中所谓"小序"②，介绍《中国近三百年学术史》的内容、结构、目的、写作方法等，与此后刊布之成稿颇有差异。比如"绪言"说《中国近三百年学术史》"全书约四十余万言"，而成稿只有20余万字；即以《清代学者整理旧学之总成绩》部分而言，梁氏计划撰写十八章，其中政书、金石学、佛学、编类书、刻丛书及目录学、笔记及文集、官书等七章，未见于《中国近三百年学术史》，知终未完稿。此序于考察梁氏学术思想之演进，不无参考价值。此外，后来成为著名史家的张荫麟（1905—1942），当时曾对《中国近三百年学术史》附表"明清之际耶稣会教士在中国者及其著述"作过校补，③ 所举梁氏之误，朱先生校注本已有部分校正，亦有未校出者。将来学者重新校印此书，除各章节相关单行发表各文之外，理应补入此二篇作为附录。

　　《中国近三百年学术史》为全面总结有清一代学术思想的开拓性著作，在著述体例与内容范围方面均具有开创性，甚得学者推许。如张荫麟当时称梁氏"关于……近三百年中国学术史之探讨，不独开辟新领土，抑且饶于新收获，此实为其不朽之盛业"④。这一论断如今看来，仍可谓为确切的评价。关于此书的学术价值，另一位著名史家张舜徽（1911—1992）有极简明扼要的提示，⑤ 值得参看。

　　梁氏《中国近三百年学术史》问世之后，深受读者欢迎。1935年，云南文物学者张希鲁（1900—1979），游历北平大量购书，自述"尤爱梁任公的《中国近三百年学术史》和《要籍解题》，故俱买双

---

① 按夏晓虹、陆胤2011年新校本，已使用国图藏清华讲义本、《史地学报》本、《东方杂志》本互校。
② 转引自丁文江等编《梁启超年谱长编》，第1016页。
③ 张荫麟：《中国近三百年学术史附表一（明清之际耶稣会教士在中国者及其著述）校补》，《清华周刊》第300期，1923年12月28日，第17—20页。
④ 素痴（张荫麟）：《近代中国学术史上之梁任公先生》，《大公报》1929年2月11日第十五版。
⑤ 张舜徽：《四库提要叙讲疏》，第168页。

份，先寄一份回乡"①。梁著对于后进学人的吸引程度，于此可见一斑。关于梁著的最初传布，钱穆有一段生动的追述："任公卒后，某书肆印此书，梁家以此书乃任公未定稿，版权所属，不准书肆发行。余求其书不得。或人告余，可赴东安市场，在某一街道中，有一书估坐一柜上，柜前一小桌，可迳授与八毛钱，彼即在其所坐柜内取出一纸包授汝，可勿问，亦勿展视，即任公此书也。余果如言得之。"②一部与政治无关的学术著作，以一种带有传奇色彩与神秘意味的方式传布，这在中国现代学术史上，还是一个罕见的例子。

对于民国时期的学术界而言，梁著《中国近三百年学术史》具有一种"典范"的作用。20世纪30年代初，蒋维乔在上海光华大学讲授中国哲学史，1932年出版有讲义《中国近三百年哲学史》；③1931—1936年间，钱穆在北京大学史学系与清华大学历史系，讲授"中国近三百年学术史""中国近三百年学术史研究"课程，④讲义《中国近三百年学术史》于1937年由商务印书馆出版；1934年上海民智书局出版陈安仁著《中国近三百年学术思想史概论》；1934—1935年间，中山大学中国语言文学系、史学系，分别开设有选修课程"近三百年中国思想史""中国近三百年思想史"，讲者为文学院教授陈嘉霭。⑤约在1937年，张西堂在广东省立勷勤大学教育学院文史系讲授"中国近三百年学术思想史"，编有讲义。⑥凡此种种，皆为梁著《中国近三百年学术史》直接或间接影响的产物。⑦

---

① 张希鲁：《西楼文选》卷三《漫游微影》，第262页。
② 钱穆：《师友杂忆》，第162页。
③ 蒋维乔：《中国近三百年哲学史·例言》，第1页。
④ 钱穆：《中国近三百年学术史·自序》，第1页；国立北京大学文学院编辑出版：《国立北京大学文学院课程一览（民国二十一年至二十二年度）》，第36页；《国立北京大学文学院课程一览（民国二十二年至二十三年度）》，第32页；《国立北京大学文学院课程一览（民国二十三年至二十四年度）》，第107页；《国立北京大学文学院课程一览（民国二十四年至二十五年度）》，第130、136页。钱氏于1934年在清华大学历史系讲授"中国近三百年学术史"课程的记述，参见何炳棣《读史阅世六十年》，第70页。
⑤ 国立中山大学编辑出版：《国立中山大学现状（二十三年）》，无页码；范锜：《文学院布告》，《国立中山大学日报》第2008期，1935年，第8—9页。
⑥ 张西堂编《中国近三百年学术思想史》讲义今存广东省立中山图书馆。
⑦ 以钱穆为例，他开设此课，是"因与任公意见相异"，而因此立异之故，在北平学术界即引起"群相注意"（钱穆：《师友杂忆》，第162—163页）。

在梁著《中国近三百年学术史》之后，以钱穆的同名之作最受学者推重。梁、钱二氏所撰，如同双星交相辉映，为清代学术史研究奠定了基本格局，影响至为深远。以"近三百年"为题的中国史著作中，这是名声最为显赫的两种。可以说，在一般的常识观念中，"近三百年"四个字，是与梁、钱二氏的著作紧密联系在一起的。

值得注意的是，1928年9月，顾颉刚在中山大学开设有一门"三百年来思想史"课程。[①] 次年1月28日，在梁启超去世后不久，顾氏在《致选修三百年来思想史诸同学书》中表示，"前数年……我……以为梁氏一生著作只有量的扩张而无质的创造"[②]，可见他对上一代学界领袖学术成就的颇不以为然。此课程名为"三百年来思想史"，试揣其情，恐不无与梁氏"近三百年学术史"立异之心。不过，顾氏这门课程的名声颇不显著，讲义或课堂笔记似亦未见公开印行。[③] 在中国现当代学术史上留下深远影响的，还是梁启超的"中国近三百年学术史"，梁氏学术魔力之强大，实在耐人寻味。

---

① 《作者年表》，顾颉刚：《顾颉刚集》，第440页。
② 附载康有为《长兴学记 桂学答问 万木草堂口说》，第44页。
③ 顾颉刚《致选修三百年来思想史诸同学书》（附载康有为《长兴学记 桂学答问 万木草堂口说》，第43页）："本学期的'三百年来思想史'，我讲的是康有为。当时因为很忙，没有编讲义。过后，虽有魏应麒、石兆棠两君将听讲笔记交给我，但我仍因牵于事务，到今还没有改好。"

蒙文通《书目答问补正》按语拾遗

范希曾（1899—1930）编撰《书目答问补正》（下文省称《补正》）一书，自1930年前后问世以来，成为版本目录学的一部名著，具有重要的学术价值。《补正》付印前，曾由著名史学家蒙文通（1894—1968）先生，对其中"经学"一部作过订正，以按语的形式对原稿正讹补阙，被称为"补正之补正"①。

不过蒙先生的名字，在《补正》中只出现过一次（卷一，第二页），其他则以"蒙按"（按或作案）的字眼注明。因为"蒙按"两字也是古人著述较常使用的字眼，作者以"蒙"字表示谦逊之意，容易被读者忽略。而且《补正》以往通行的版本，是上海古籍出版社1983年版、瞿凤起的校点本，书首徐鹏的《前言》，也没有提到蒙先生的订正工作，所以今人对蒙先生与《补正》一书的因缘不知其详的，似不在少数。②

---

① 参见柴德赓《重印〈书目答问补正〉序》，载范希曾编《书目答问补正》（中华书局1963年影印本）书首，第5页；又载柴德赓《史学丛考》，第231—232页。崔文印：《范希曾和〈书目答问补正〉》，《读书》1981年第9期，第39页。骈宇骞：《打开历史宝库的一把钥匙——〈书目答问〉及其〈补证〉介绍》，中华诗词网（http://210.39.136.85:8008/sd/teacher/d12/shuyuan/GONGJU/Gj027.htm），2004年10月10日。

② 如近年秦进才考察张之洞的著述，谈到《补正》一书时，说范氏在对《书目答问》进行"补"与"正"的同时，"增加了一些按语"，显然不知这些按语的真正作者（参见秦进才《张之洞著述版本举要》，载苑书义等主编《张之洞全集》，第12卷，第10837页）。又朱维铮为新本《汉学师承记》所撰"导言"中说："又据范希曾《书目答问补正》卷一经部，《汉学师承记》目下按语，谓：'江书有陈寿祺眉注本，偶见传抄。赵之谦《续国朝汉学师承记》，未见传本。'范说不知何据？今两种均未见其他著录。"亦误以为《补正》中的按语系范氏所为［参见（清）江藩《汉学师承记（外二种）》，徐洪兴编校，第38页，注六三］。

据笔者粗略统计,《补正》一书,自1929年在南京《国学图书馆年刊》刊出"史部"以来,七十五年中(统计数据截至2004年),海内外先后出现过十七种版本,其中载有蒙先生按语的有十五种,[①]更有一种递经十四次印刷(台北新兴书局,1953—1992年)。《补正》作为学人常用的文史入门书,就此一书而言,蒙先生可谓霑溉学林广矣。

蒙先生的按语,见《补正》卷一"经部",共四十九条,细目如下表。[②]

表一　　　　蒙文通《书问答问补正》按语细目表

序号	卷次	页码	行数	书　　名
1	一	二	一	十三经注疏　毛诗正义七十卷
2	一	三	五	永怀堂古注十三经　易九卷,附略例一卷
3	一	三	八	永怀堂古注十三经　周礼四十二卷
4	一	三	一四	永怀堂古注十三经　孝经九卷
5	一	四	二	永怀堂古注十三经　尔雅十卷
6	一	五	五	毛郑诗三十卷,诗谱一卷,毛诗音义三卷,附毛诗校字记一卷
7	一	五	八	重刻嘉靖本周礼郑注十二卷,附札记一卷
8	一	六	二	影宋单注本公羊传十二卷
9	一	八	一三	郑氏易注十卷
10	一	九	一	周易郑注十二卷
11	一	一〇	一〇	周易郑氏义二卷
12	一	一四	一二	周易本义辨证五卷
13	一	一五	一〇	尚书大传定本八卷

---

① 其中《校订书目答问补正》(题范希曾补正,台北艺文印书馆1957年版)一本,以台湾大学中文系教授台静农所藏国学图书馆本为底本影印,行间多有批校,除过录柴德赓校记(参见柴德赓《记贵阳本〈书目答问〉兼论〈答问补正〉》,载《辅仁学志》,十五卷一、二合期,1947年12月;后收入氏著《史学丛考》,第216—228页)外,另有增补校订,可资参考。

② 除非特别说明,下文所引页码根据上海古籍出版社1983年版、瞿凤起校点本。

续表

序号	卷次	页码	行数	书　　名
14	一	一五	一三	尚书马郑注十卷
15	一	一六	二	尚书今古文注疏三十卷
16	一	一八	一一	尚书王氏注二卷
17	一	一九	一	毛诗传笺通释三十二卷
18	一	一九	四	毛诗后笺　卷
19	一	一九	九	诗经小学四卷
20	一	二二	一	毛诗通考三十卷，郑氏诗谱考正一卷
21	一	二二	四	鲁诗故三卷
22	一	二五	九	毛诗名物图说九卷
23	一	二九	四	仪礼释官九卷
24	一	三〇	一三	仪礼逸经传二卷
25	一	三三	五	大戴礼记正误一卷
26	一	三三	一三	孔子三朝记七卷，目录一卷
27	一	三四	五	白虎通义四卷
28	一	三五	三	礼说　卷
29	一	三六	四	五礼通考二百六十二卷
30	一	三八	五	瑟谱六卷
31	一	三九	二	春秋左氏古义　卷
32	一	三九	八	左传杜解补正三卷
33	一	四〇	七	刘炫规杜持平六卷
34	一	四二	三	春秋识小录九卷
35	一	四二	一〇	春秋繁露注十七卷
36	一	四二	一三	春秋正辞十三卷
37	一	四四	一三	谷梁大义述　卷
38	一	四五	五	箴膏肓一卷，起废疾一卷，发墨守一卷
39	一	四七	九	春秋说略十二卷
40	一	四八	二	论语正义二十卷
41	一	四九	五	论语后案二十卷
42	一	五〇	一二	四书释地一卷，续一卷，又续二卷，三续二卷
43	一	五二	四	孝经郑氏注一卷

续表

序号	卷次	页码	行数	书　　名
44	一	五六	四	五经异义疏证三卷
45	一	五六	一二	圣证论一卷
46	一	六二	一一	国朝汉学师承记八卷，附经师经义目录一卷
47	一	六六	一	唐石经
48	一	七九	一四	龙龛手鉴四卷
49	一	八四	三	急就篇四卷

一　渊源

蒙先生是四川人，早年在成都从廖平、刘师培等研读经学。我们试读《补正（经部）》中署明"蒙按"的案语，可以从中看出对四川刻本的熟悉（计六条）：

蒙按：四川刻相台本《周礼十二卷》。（卷一，第三页）

蒙按：王（鹏按：指王闿运。）补注《尚书大传》，成都刻本。……（卷一，第一五页）

蒙按：马郑注，四川有刻本，近未见，非存古书局本。（卷一，第一五页）

蒙按：孙（鹏按：指孙星衍。）别有《尚书今古文注三十卷》，成都存古书局刻本，湘绮手写本。（卷一，第一六页）

蒙按：……富顺张芉圃《诗经异文释补　卷》，自刻本，……（卷一，第二五页）

蒙按：成都唐氏刻本，稍有增辑。（卷一，第五二页）

增补廖先生的相关著作（计五条）：

蒙按：廖平《春秋左氏古经说十二卷》，成都存古书局本。（卷一，第三九页）

蒙按：廖平《左传杜解辨正八卷》，成都排印本。（卷一，

第三九页）

> 蒙按：……廖平《谷梁古义疏十一卷》，廖平《释范一卷》，四川存古书局刻本。（卷一，第四五页）

> 蒙按：……廖平《起起废疾解一卷》，存古书局刻本。（卷一，第四五页）

> 蒙按：廖平《春秋三传折衷不分卷》，存古书局刻本。（卷一，第四七页）

又引刘先生说一处：

> 蒙按：仪征方申……方氏为一大家，仪征刘氏称之。……（卷一，第一四页）

以上三类共计十二条，已约占按语的四分之一，可以证明按语的确出于蒙先生之手。

至于按语的写作时间，一般认为是在 1931 年《补正》全书印行之时（见前引柴德赓、崔文印、骈宇骞说）。其实有蒙先生按语的《补正（经部）》，先已于 1930 年 11 月，在《国学图书馆第三年刊》刊出。[①] 据年刊版权页上的说明，当年年刊于 7 月付印，则蒙先生作按语的时间应在此之前。《补正》作者范希曾，于 1930 年 7 月 10 日病逝，[②] 可知蒙先生为《补正》作按语时，范氏当仍在世。

我们注意到，《补正》最早刊行的部分，是其中的史部。本来按照四部顺序，无论撰著还是刊刻，例以经部为先。1929 年 10 月，《补正（史部）》先在《国学图书馆第二年刊》刊出，可以想见是因为这一部分比较完善，可先行付梓，而经部则尚拟倩人订正的缘故。

而经学一门，在晚清已日趋衰微，特别自"五四"新文化运动以

---

① 南京国学图书馆编：《国学图书馆第三年刊》，影印本，第 937—988 页。
② 王焕镳：《范君墓志铭》，参见范希曾编《书目答问补正》，第 363 页。南京国学图书馆编：《国学图书馆第四年刊》，影印本，第 1971 页。

来，"疑古惑经"之风盛极一时，经学逐渐退出历史舞台。无怪乎1927年，日本学者本田成之，在他的《中国经学史》末尾写道："像经学这一学科，将或失于中国，而被存于日本，也未可知，我于此有无限的感慨了。"① 在1930年前后，民国以来几位著名的经学家，刘师培（1884—1919）已下世十载，康有为（1858—1927）新近过世，廖平（1852—1932）寿届八十，陈汉章（1863—1938）年近古稀，章太炎（1869—1936）也已是花甲之年，当时的学界后进，治经者屈指可数，蒙先生实为其中翘楚。

蒙先生自1911年起，先后在成都存古学堂、国学馆，师从廖平、刘师培、吴之英等研习经学，迟至1930年前后，蒙先生已发表经学论著，如《孔氏古文说》（1915年）、《近二十年来汉学之平议》（1922年）、《经学导言》（1923年）、《与胡朴安论三体石经书》（1924年）、《清代经学》（1925年）、《经学抉原处违论》（1930年）等多部，② 由此知名于学界。蒙先生无疑是当时校订《补正（经部）》的合适人选。

正是在1929年，蒙先生践师门五年之约（1924年，蒙先生在南京支那内学院，从欧阳竟无问法相唯识之学），复至南京支那内学院，遂留教授于中央大学史学系。③ 因缘和会，乃应国学图书馆馆长柳诒徵之请，为范氏《补正》作校订。

---

① ［日］本田成之：《中国经学史》，第320页。参见蒙季甫《文通先兄论经学》，载蒙默编《蒙文通学记》，第58、77页。钱穆说，康有为的《新学伪经考》《孔子改制考》二书，在民国初年的社会上地位极高，成为新文化运动的先锋，"疑古辨伪"之声因此响彻天空。自1930年6月钱穆《刘向歆父子年谱》在《燕京学报》刊出（见该年第七期），驳斥康说无据之后，北京各大学的经学课程本来都照康氏的讲法，至此一律停开（钱穆：《经学大要》，第12页）。如此则新文化运动与经学的关系，可谓"始乱终弃"；而钱先生的文章之所以有那么大的力量，也正是因为晚清以来经家少讲实学，游谈无根，经学的生命当时已臻极度衰微的境地。又范希曾去世之后，赵曾俦挽诗云："用夷哗俗尽支离，疑古惑经空吊诡。"（赵曾俦：《挽未研先生》，载范希曾编《书目答问补正》，第365页。）亦为当时风气之表现。

② 参见邵恭录《蒙文通先生已刊著作目录系年》，载蒙默编《蒙文通学记》，第194—195页；《蒙文通先生学术年表》，载蒙默编校《中国现代学术经典·廖平　蒙文通卷》，第686—688页。

③ 参见《蒙文通先生学术年表》，载蒙默编校《中国现代学术经典·廖平　蒙文通卷》，第687—688页。

1924蒙先生首次金陵之游，与汤用彤订交，汤先生时任教于东南大学哲学系；1929年再往，汤先生亦正任教于中央大学哲学系（并任系主任）。汤先生自1922年起，即与柳先生以及吴宓等先生，共同创办《学衡》杂志；1928年又受柳先生聘请，担任国学图书馆参议。① 蒙先生与柳先生的相识，当由于汤先生的引荐。

柳先生的遗札中，有一通复李源澄书，中云：

> 尊论悉本廖、蒙两先生之说，诒徵未获亲炙廖先生，荷蒙先生不弃，恒过山馆论学，真如大禹导山导水，条贯秩然……②

此书不系年月，惟书中提及将李著《校订谷梁序例》印入《国风》杂志，按《国风半月刊》于1932年创办，柳先生任社长，③ 而李源澄《公羊谷梁序例》一篇，刊于该刊第三卷第八期（1933年10月，第15—18页），④ 则此书时间必在1933年前后。又柳先生于1927年后始长国学图书馆（初名江苏省立第一图书馆），⑤ 故柳先生书中所言蒙先生过国学图书馆论学事，当在1929—1930年间，他再次赴金陵，并任教于中央大学史学系时。

也正是在1929年，柳先生与缪凤林等组织南京中国史学会，并创办《史学杂志》。⑥ 1929—1930年间，蒙先生在该刊发表《天问本事序》《古史甄微》《三皇五帝说探源——与缪凤林书》《经学抉原处违论》《中国古代北方气候考略》《三代文化论》等重要著作。我们

---

① 参见孙尚扬编《汤用彤年谱简编》，载汤用彤《汤用彤全集》，第7卷，第668—672页；柳定生原编，柳曾符等订补：《柳诒徵年谱简编》，载柳曾符等编《劬堂学记》，第356页。

② 柳诒徵：《劬堂遗札·复李君书》，载王元化主编《学术集林》，卷6，第26页；又载柳诒徵《柳诒徵劬堂题跋》，第282页。

③ 柳定生原编，柳曾符等订补：《柳诒徵年谱简编》，载柳曾符等编《劬堂学记》，第358页。

④ 周何编著：《春秋谷梁传著述考（一）》，第69页。

⑤ 柳定生原编，柳曾符等订补：《柳诒徵年谱简编》，载柳曾符等编《劬堂学记》，第358页。

⑥ 同上书，第356页。

还可以注意到，在刊载这六篇著作的《史学杂志》各期（第1卷第4、5、6期，第2卷第1、2期，第3、4期合刊，第5、6期合刊），①蒙先生的论著都是开篇之作，由此可以看出柳、缪等先生对蒙先生的尊崇。柳先生致李源澄书中，谓蒙先生论学"真如大禹导山导水，条贯秩然"，语出清初汤斌赞黄宗羲《明儒学案》，"如大禹导山导水，脉络分明"②，真可谓褒扬备至。

值得注意的是，当时经学家陈汉章任教于中央大学史学系，自1928年起亦受柳先生聘请，兼任国学图书馆参议。③不知《补正（经部）》当时是否曾经陈氏校正，存疑待考。而柳诒徵特请蒙先生校正《补正（经部）》，更可看出他对蒙先生经学造诣的推崇。

《补正（史部）》于1929年10月刊出，蒙先生于是年来南京；《补正（经部）》于1930年7月付梓，蒙先生于当年暑中返川。④我们现在可以做出一个粗略的判断，即蒙先生订正《补正（经部）》的时间，就在1929年蒙先生初抵南京，至1930年7月之间，比过去一般认为的1931年，应该提早一年的时间。

《补正》问世八十多年来，论者多惋惜蒙先生的按语只限于经部，其他诸部则付诸阙如。实则《补正（史部）》于1929年10月在《国学图书馆第二年刊》先行刊出，当因此一部较为完善，在刊行之前，应已经柳先生校定。当时柳先生年届五十，著述等身，历任南北各大学历史教授，以史学蜚声大江南北，且又兼擅版本目录校雠之学。⑤即使柳先生有意相属，蒙先生身为后辈，恐亦不肯接受史部的覆按工作。

蒙先生于1930年暑中返川，复受聘于成都大学，翌年更远客汴

---

① 参见余秉权编《中国史学论文引得续编》，第550页。
② 汤斌：《与黄太冲书》，载黄宗羲《南雷文定》三集"附录"，第10页。
③ 参见许廷长《柳诒徵振兴国学图书馆》；柳定生原编，柳曾符等订补：《柳诒徵年谱简编》；并载柳曾符等编《劬堂学记》，第256、356页。
④ 参见《蒙文通先生学术年表》，载蒙默编校《中国现代学术经典·廖平 蒙文通卷》，第688页。
⑤ 参见柳定生原编，柳曾符等订补《柳诒徵年谱简编》，载柳曾符等编《劬堂学记》，第346—356页。

梁，教授于河南大学。①《补正》作者范希曾于 1930 年 7 月 10 日病逝，柳先生为表纪念之意，于 1931 年 6 月斥资印行《补正》之全本。自范氏病逝至《补正》全本刊行，其间蒙先生已离开南京，自无从再为《补正》其他诸部续作订正。

以笔者揣测，设若范氏康强永年，依《补正》已刊史部、经部之例，子部、集部亦当逐年刊出一部，其间作者蒉讨益精，兼倩硕学订正，斯书所成必当更有进者。②

据悉，柳先生的《劬堂日记（1898—1954 年）》八十册，以及友朋手札等，尚存于其后人手中。③ 笔者希望将来能有机会读到有关的篇章，从而对蒙先生订正《补正》的经过，以及柳、蒙诸先生的交游，有更多的了解。

蒙先生关于《补正》的按语，有长有短，或详或略，并没有固定的体例。柴德赓因此认为，蒙先生大概是就范希曾的《补正》原稿随手批注，④ 笔者同意这种看法。事隔八十余年之后，不知范氏稿本，也即蒙先生的批校本，是否还存于世间，待考。

《书目答问》一书，为张之洞于清光绪元年（1875），在四川学政任上所撰；曾肄业成都尊经书院（张氏所创建）、与张氏有近于师弟之谊的廖平，据传在成学之后，曾向张氏当面指出该书之差

---

① 参见《蒙文通先生学术年表》，载蒙默编校《中国现代学术经典·廖平 蒙文通卷》，第 688 页。汤用彤亦于 1930 年夏转至北京大学哲学系任教（孙尚扬编：《汤用彤年谱简编》，载汤用彤《汤用彤全集》，第 7 卷，第 672 页），蒙先生 1930 年夏返川，次年出川而不再至南京执教，与此应有关联。

② 《补正》问世八十多年来，较多受到后人批评的，为其子部与集部之阙失，正是书中未重加订正的部分（参见曹仁邦《书目答问编次寓义之一例——佛教书目之编次》，载《新亚书院学术年刊》，第 9 期，1967 年 9 月，第 147—153 页；袁行云：《〈书目答问〉和范希曾的〈补正〉》，载《社会科学战线》1979 年第 1 期，第 347 页）。

③ 柳曾符：《柳诒徵与柳诒徵的著作》，载柳诒徵《柳诒徵说文化》，书首，第 6 页；柳曾符：《柳诒徵先生的书法》，载柳曾符等编《劬堂学记》，第 319 页。

④ 柴德赓：《重印〈书目答问补正〉序》，载范希曾编《书目答问补正》（中华书局 1963 年影印本）书首，第 5 页；又载柴德赓《史学丛考》，第 232 页。柳诒徵为《补正》所作序中说："余亦检其遗簏，斥馆金印《书目答问补正》之全稿。"（载范希曾编《书目答问补正》，书首，第 2 页）亦可知国学图书馆有范氏之稿本。

错；① 时隔五十年后，蒙先生作为廖氏经学的传人，又为此书续作订正。如此则《书目答问》一书，与蜀人之关系不可谓不深，而师弟三世，以是书所系之因缘，亦堪称近世学术史上的一段佳话。

二 价值

虽然在有关蒙先生生平学术的各种传记资料中，都没有与此相关的记载，但蒙先生曾为《补正》作过订正，则是目录学界的共识。20世纪80年代，海外曾出现过一种署名为"蒙文通校点"的《补正》（台北汉京文化事业公司1984年版），时隔二十年后，另一家出版社，又以同样的署名方式再版《补正》（台北顶渊文化事业公司2004年版）。这种署名方式虽然不准确，却也表明了蒙先生与《补正》一书的渊源关系。

在生平自述中，蒙先生一向没有提及他曾为《补正》作过订补，此事也不见于蒙先生的各种传记资料。其主要原因，应该是蒙先生自己并不太看重这件事情。

蒙先生是喜好哲思的人，他重视义理，不喜欢考据、词章、小学一类学问。② 蒙先生虽然担任四川省图书馆馆长之职达九年之久

---

① 吴虞《爱智庐随笔》（参见赵清等编《吴虞集》，第91页，此篇于1915年10月发表于《国民公报》）谓："胡安澜为余言：季平丈游湖北，见张南皮，历指《书目答问》之误……南皮爽然久之，曰：'予老矣！岂能再与汝递受业帖子耶？'"按廖平于光绪十五年（1889）成进士后，次年"至武昌谒张之洞，留连弥月"（廖宗泽：《六译先生年谱》，卷3，载廖幼平编《廖季平年谱》，第44—46页）。

② 蒙先生认为"清世学者四分之三以上都是恒饤之学"。他曾说："几十年来，无论是讲课、写文章，都把历史当作哲学在讲，都试图通过讲述历史说明一些理论性问题。唐君毅说：'你每篇文章背后总觉另外还有一个道理。'丁山说：'你每篇考据文章都在讲哲学。'这虽显有推崇之意，却也符合实际。"（蒙文通：《治学杂语》，载蒙默编《蒙文通学记》，第2、6页）蒙先生对哲思的喜好，从他对其哲嗣蒙默教授早年选择治学方向的意见中也可以看出。据蒙教授自述，1947年夏，他升入四川大学，本来想读哲学，但川大当时没有哲学系；与蒙先生商量，蒙先生认为中文系主要是小学和辞章，没有什么意思；历史系尽是讲的考据，一看就能懂，也没有什么好学的。蒙先生要他读经济系，认为学经济以后，再回过头来研究历史，从社会经济的角度来研究，就会比一般只搞考据的高出一等（参见蒙默《我和南方民族史研究》，载张世林编《学林春秋》，二编上册，第300页）。

（1940—1949），尝集馆中同仁，以旧本旧钞检校古籍二十余种，并有《道书辑校十种》的煌煌巨著，其中尤以成玄英、李荣之《老子》注疏二部，学者叹为有清三百年来辑佚之事所未曾有。① 但他始终认为版本目录之学是"末"而非本。他曾说：

> 我本不喜校勘板本之学……而校勘一事也不是凿空而来，如清人那样专治校勘学者，是不会成功的。必于此学识积累稍多，涉猎稍广，自然提出要校的问题也才能校，必治此学者才可校此书。若专从版本或类书下手，是用处少而害处多，所以清末有反对校书的说法，是有道理的。这也是学有本末之意。②

虽然如此，我们从蒙先生关于《补正（经部）》的按语中，首先能够看到的是他在目录学方面的深厚学养。

蒙先生虽然不专治版本目录学，却对经书的各种版本非常熟悉，深谙其中的奥妙。比如在《永怀堂古注十三经·尔雅十卷》下，他增补了两种版本：

> 蒙按：顾广圻覆刻吴元恭本《尔雅三卷》，曾燠覆宋音图本《尔雅三卷》。（卷一，第四页）

这两种都是《尔雅》刊刻流传中的重要版本，并见著录于邵懿辰《增订四库简明目录标注》。传世《尔雅》的古本，以明吴元恭刊本最佳，③ 而清代嘉庆年间顾千里覆刻吴本，亦称善本。④ 晚清以来著名的版本学家叶德辉，曾撰《书目答问斠补》，在《附释文尔雅单注本十卷》条下，亦补入顾氏重刻吴本。⑤

---

① 龚谨述：《蒙文通先生传略》，载蒙默编《蒙文通学记》，第190页。《蒙文通先生学术年表》，载蒙默编校《中国现代学术经典·廖平　蒙文通卷》，第689页。
② 蒙文通：《治学杂语》，载蒙默编《蒙文通学记》，第36页。
③ 叶德辉：《书目答问斠补》，载张之洞《书目答问二种》，第351页。
④ 邵懿辰撰：《增订四库简明目录标注》，第156页。
⑤ 叶德辉：《书目答问斠补》，载张之洞《书目答问二种》，第351页。

不仅如此，蒙先生还对经书版本的优劣，提出了精到的看法。试举《白虎通义》为例。此书通行本为四卷，而《隋书》卷三二《经籍志一》、《旧唐书》卷四六《经籍志上》、《新唐书》卷五七《艺文志一》、《通志》卷六三《艺文略一》载目并作六卷，宋代《崇文总目》、《中兴书目》（《玉海》卷四二引）、《郡斋读书志》卷四、《直斋书录解题》卷三、《宋史》卷二〇二《艺文志一》著录十卷。① 蒙先生在按语中说：

> 《白虎通义》以十卷终嫁娶本为善，今惟北宋小字本（或谓亦是元本）为终嫁娶，而书合为上下二卷，但十卷之次可寻。元大德本十卷，终于崩薨，已非宋人之旧。明人合此十卷本为二卷，再分二卷本为四卷。今因范君之注，故附记如此。（卷一，第三四页）

在古今关于《白虎通义》的著述中，似未见有学者像蒙先生这样，以极精练的文字，将该书自宋以来的版本源流，优劣精粗，原原本本地说出。我们只要将蒙先生的按语，与清代《四库全书总目》，及民国时《续修四库全书总目提要》中的有关条目作一比较，② 就可以清楚地看出这一点，这是需要对该书有极为深入的了解才能达到的境界。③

---

① 参见庄述祖《白虎通义考》，见陈立撰《白虎通疏证》"附录二"，第604—605页；刘师培：《白虎通义斠补》，见陈立撰《白虎通疏证》"附录三"，第610页。

② 四库全书研究所整理：《钦定四库全书总目》，卷118，第1574页；中国科学院图书馆整理：《续修四库全书总目提要（经部）》，第1317页。

③ 蒙先生曾经说："每一学问必有其基础典籍……今古文学，则不离《五经异义》、《白虎通义》……"（蒙文通：《治学杂语》，载蒙默编《蒙文通学记》，第3页）可证他对《白虎通义》一书的重视。追根究底，则此实源于师教。据吴虞《爱智庐随笔》记述，"季平丈……尝为余言：《白虎通》为十四博士专门之说，实诸经之精华……且此书皆今学，极为难得，真现在中国少有之书……能精此书，殆可横行天下！"（参见赵清等编《吴虞集》，第92页）刘师培则自道"师培治斯书久"，"师培治《通义》久"云云（刘师培：《白虎通义斠补》《白虎通义阙文补订》，见陈立撰《白虎通疏证》附录三、四，第610、734页），且著有《白虎通义斠补》《白虎通义阙文补订》《白虎通义佚文考》《白虎通义定本》《白虎通义源流考》《白虎通德论补释》等六种书（并见陈立撰《白虎通疏证》附录三至八，第610—812页），为近世治此书之第一人。

前引柴德赓说，蒙先生的按语可谓范氏《补正》之补正，① 他一是对范氏所补书目续加增补，较为重要的，比如惠栋《周易本义辨证》下，补入方申《易学五书》、庄忠棫《周易通义》、戴棠《郑氏爻辰补》、李道平《周易集解纂疏》等书（卷一，第一四、一五页）；② 王肃《尚书王氏注》下，补入简朝亮《尚书集注述疏》（卷一，第一八页）；③ 吴澄《仪礼逸经传》下，补入丁晏《佚礼扶微》、曹元弼《礼经校释》（卷一，第三〇页）；④ 汪中《大戴礼记正误》下，补入王树枏《大戴礼记补注》（卷一，第三三页），⑤ 皆为此学之要籍。秦蕙田《五礼通考》下，范氏补入黄以周《礼书通故》，蒙先生又补入徐乾学《五礼备考》、林乔荫《三礼陈数求义》、林昌彝《三礼通释》，谓此三书"皆通礼中要著"（卷一，第三六页）。⑥ 庄存与《春秋正辞》下，补入赵汸《春秋属辞》，并谓"庄书继赵而作"（卷一，第四二页），以见源流。在郑玄《箴膏肓》《起废疾》

---

① 柴德赓：《重印〈书目答问补正〉序》，载范希曾编《书目答问补正》（中华书局1963年影印本）书首，第5页；又载柴德赓《史学丛考》，第231页。
② 关于方申《易学五书》、戴棠《郑氏爻辰补》、李道平《周易集解纂疏》等书之价值，可参看清人李慈铭、民国时柯绍忞及近人潘雨廷的评论［李慈铭：《越缦堂读书记》，第4页；中国科学院图书馆整理：《续修四库全书总目提要（经部）》，第107页；潘雨廷：《读易提要》，第456—458页］。
③ 关于简氏此书之特长，可参看民国时江瀚的评语［中国科学院图书馆整理：《续修四库全书总目提要（经部）》，第268页］。
④ 蒙先生按语原文作"元和曹元忠《礼经校释二十二卷》"，而《礼经校释》作者是曹元弼，此处偶误（参见本文第三节《苴补》第10条）。关于丁、曹二家礼书之要略，可参看近人胡玉缙、吴廷燮的评述［中国科学院图书馆整理：《续修四库全书总目提要（经部）》，第527、624页］。
⑤ 关于王书价值所在，可参看吴廷燮的评论［中国科学院图书馆整理：《续修四库全书总目提要（经部）》，第590—591页］。
⑥ 蒙先生按语原文作"梁　《三礼通释》"，然《三礼通释》作者实为林昌彝，此处当为偶误（参见本文第三节《苴补》第12条）。关于林氏此书之博大，可参看清人李慈铭与民国时胡玉缙的评论［李慈铭：《越缦堂读书记》，第67页；中国科学院图书馆整理：《续修四库全书总目提要（经部）》，第625页］。蒙先生尝谓："章太炎颇推重孙诒让《周礼正义》、黄以周《礼书通故》二书，然二书路数则不同。孙为汉学路子，纯宗郑玄，然信之太过。黄以周则不纯为汉学，也讲宋学，以宋学方法讲汉学则时有臆说。然其书又多用林昌彝《三礼通释》，而其下结论则较林为精，林书则为《五礼通考》路子。"（蒙文通：《治学杂语》，载蒙默编《蒙文通学记》，第7页，原文"五礼通考"作"三礼通考"，当为手民误植）由此将清代几部重要礼书的利害得失说得清清楚楚，足供治此学者参考。

《发墨守》下，补入皮锡瑞关于三书之疏证（卷一，第四五页）；马国翰辑王肃《圣证论》下，补入皮锡瑞之《补评》（卷一，第五六页）；又在陈寿祺《五经异义疏证》下，补入皮锡瑞《驳五经异义疏证》（卷一，第五六页）；江藩《国朝汉学师承记》下，补入赵之谦《续国朝汉学师承记》（卷一，第六二页），体现出目录学"辨章学术，考镜源流"，"即类求书，因书究学"①之功用，于学者极为有益。

可以看出，蒙先生不是简单地增附书目，他能够对版本，特别是对该部经书内容的好坏、解经水平的高下做出明确的判断。比如在惠栋《周易本义辨证》下，范氏《补正》增黄式三《易释四卷》，王树枏《费氏易订文十二卷》，马其昶《周易费氏学八卷》②等书，蒙先生谓：

> 马书有新、旧两刻本，原刻十二卷，象象不合经，后刻象象合经，书不善。王书亦不善，黄氏《易释》亦不善。（卷一，第一四、一五页）

王肃《尚书王氏注》下，范氏《补正》增入黄式三《尚书启幪五卷》等书，蒙先生评道：

> 黄书不善。（卷一，第一八页）

在段玉裁《诗经小学四卷》下，他补充说：

> 张远览亦有《毛诗小笺》，偶见钞本，不善。（卷一，第一九页）

在林伯桐《毛诗通考三十卷》，丁晏《郑氏诗谱考正一卷》下，

---

① 此俱章学诚语。参见王重民《校雠通义通解》，章氏自序、卷1，第1、15页。
② 按范氏《补正》谓马书十八卷，实仅八卷。

汉宋相假：中国学术思想史论集

蒙先生的按语说：

> 胡元仪《毛诗谱》，《续经解》本，最善。（卷一，第二二页）

可以这样说，蒙先生的按语，言简意赅，内涵丰富，读者如能细心研寻，不啻读了一部别具特识的经学史著作。①

其次，蒙先生对范氏《补正》中的讹误，进行了订正。如在顾炎武《左传杜解补正》及程廷祚《春秋识小录》下，范氏同时补入丁晏《左传杜解集正八卷》（卷一，第三九、四二页），显为重出，蒙先生在按语中指出："丁书重出，应删。"（卷一，第四二页）又如徐鼎《毛诗名物图说》下，范氏《补正》增入臧庸《韩诗遗说一卷订讹一卷》，蒙先生在按语中说：

> 臧庸书略，此书例不取，移附《韩诗故》下，无妨。（卷一，第二五页）

照蒙先生的意见，此书应前移，增入汉韩婴《韩诗故二卷》，《韩诗内传一卷》，《韩诗说一卷》条下（卷一，第二二页）。但是范氏于1930年6月10日"病假回里"，一月之后（7月10日）随即病故，未及根据蒙先生的校订对《补正（经部）》加以修订。而1930年11月出版《国学图书馆第三年刊》所载《补正（经部）》，以及次

---

① 蒙先生对经学史上许多著作的评价，持有自己独立的看法，与其他学者所见颇有不同。如他认为马其昶《周易费氏学》、王树枏《费氏易订文》、黄式三《易释》等书"不善"；而同时柯绍忞对黄著颇有好评，黄寿祺则推崇马书为"不可多得之作"，王书则学"有心得"，明于"汉人家法"，较马书尤为胜出［中国科学院图书馆整理：《续修四库全书总目提要（经部）》，第135、181页］。又如他认为黄式三《尚书启幪》"不善"，另外补入简朝亮《尚书集注述疏》一书；而同时有江瀚及近人刘起釪则对黄著颇有好评，刘先生且谓简氏书"无甚可取"［中国科学院图书馆整理：《续修四库全书总目提要（经部）》，第249页；刘起釪：《尚书源流及传本考》，第103、112页］。又如他认为胡元仪《毛诗谱》"最善"，而同时江瀚则谓胡书诋诃失当，"敢为大言"［中国科学院图书馆整理：《续修四库全书总目提要（经部）》，第419页］。其中是非高下，自当俟诸专治其书之学者加以衡定。

年6月印行《补正》全本,① 这些失误并未修正,遂沿袭至今。

蒙先生学养深淳,能够不拘流俗,提出与一般学者不同的独立看法,这种看法随着学术的发展,往往被证明极有见地。比如宋人郭忠恕《汗简》与夏竦《古文四声韵》二书,为清代学者所排斥,其中郑珍的说法很有代表性:

> 小学有三,曰形,曰声,曰义。形则三代文体之正,具在《说文》。若《历代钟鼎款识》及《汗简》、《古文四声韵》所收奇字,既不尽可识,亦多伪造,不合六书,不可以为常也。②

特别是《古文四声韵》一书,尤其受到贬斥。四库馆臣谓"其书由杂缀而成,多不究六书之根柢"③,此前全祖望更有说云:

> 予观是书所引遗编八十八家,以校郭氏《汗简》,未尝多一种。其实即取《汗简》而分韵录之,无他长也。……乃绝无增减异同于《汗简》,则是书虽不作可也。④

在这种风气之下,《书目答问》中虽然著录有《汗简》的条目,却未有《古文四声韵》的独立条目,仅在《龙龛手鉴》条下作为附录。⑤

蒙先生不同意这种处理,他提出:

---

① 南京国学图书馆编:《国学图书馆年刊》,影印本,第三年,第1106页;第四年,第1971、1974页。
② 赵尔巽等撰:《清史稿》,卷482,第13288页。
③ 四库全书研究所整理:《钦定四库全书总目》,卷41,第542页。
④ 全祖望:《古文篆韵题词》,载朱铸禹汇校集注《全祖望集汇校集注·鲒埼亭集》,卷31,第585页。
⑤ 张之洞《輶轩语》尝列举汉至隋小学之书,继谓"此后唐人《一切经音义》最胜,尚有《汗简》、《集韵》、《韵补》、《韵会》、薛尚功《钟鼎款识》之属,亦资考订,但可少缓耳"(参见张之洞《书目答问二种》,第306页)。这个书目中也同样没有《古文四声韵》的位置。

169

夏书大同郭书，所收古文字多出郭书外，两书应并存。（卷一，第七九、八十页）

应该指出的是，民国时期古文字学界对待郭、夏二氏之书的态度，与清人并没有明显的不同。① 只有近年随着战国文字资料的大量出现，《汗简》和《古文四声韵》才更多地受到关注，现在普遍受到重视，这是以前的学人完全不可想象的。② 蒙先生在当时有比较持平的看法，提出给予《古文四声韵》以起码应有的地位，这是非常难能可贵的。③

蒙先生见闻广博，他当时所知、所见的一些经书版本，今天已很难见到，甚至少为人知。因为在他的按语中留有记录，仍可提供给后人以蒐寻的线索。这里举几个例子：

马书（鹏按：指马其昶《周易费氏学》一书）有新、旧两刻本，原刻十二卷，彖象不合经，后刻彖象合经，书不善。（卷一，第一四、一五页）

阮元有《毛诗补笺》，不知刻否？《揅经室集》中全刊《十月之交》数篇。（卷一，第一九页）

张远览亦有《毛诗小笺》，偶见钞本，不善。（卷一，第一

---

① 比如现代著名文字学家唐兰，对郭、夏二书的批评意见，可为这种态度的代表（唐兰：《古文字学导论》，第8页；唐兰：《中国文字学》，第20页）。
② 何琳仪：《战国文字通论》，第6、60—70页；李学勤演讲：《新出土文献与古代文明研究》，朱渊清笔记，"中国先秦史"网站，http://zgxqs.org/wzsf/wzsf20040023.htm，2004年10月10日；李学勤：《古文字学的现状与展望》，载清华大学历史系等编《清华历史讲堂续编》，第85页。
③ 据近年学者研究，《古文四声韵》收字9千多个，是《汗简》收字（2962字）的三倍，所收单字则比《汗简》多出1245字，其中汇集的战国古文字大多有根有据。另外，夏书引书98种，除去可能同书异名重出外，至少比《汗简》增多16种（参见何琳仪《战国文字通论》，第60—61页；国一姝：《〈古文四声韵〉异体字处理讹误的考析》，第3页）。可知全祖望所谓夏书"所引遗编八十八家，以校郭氏《汗简》，未尝多一种……乃绝无增减异同于《汗简》"之说，以及张之洞在《书目答问》中说夏书"全本《汗简》不录"之类（范希曾：《书目答问补正》，卷1，第79页），皆为无根之谈。回过来看蒙先生的按语，就可以用"义据通深"四字（此缪钺先生赞蒙先生史学之语，参见蒙默编《蒙文通学记》，书首，缪钺撰书联语）来形容了。

九页）

　　陶方琦《鲁诗故训纂》，未见传本。（卷一，第二二页）
　　梅植之《谷梁注疏》，成书一卷。康有为《谷梁刘氏学卷》。（卷一，第四四页）
　　江书有陈寿祺眉注本，偶见传钞。（卷一，第六二页，江藩《国朝汉学师承记》下）

这里提到的马其昶《周易费氏学》十二卷本，① 阮元《毛诗补笺》，张远览《毛诗小笺》，陶方琦《鲁诗故训纂》，② 梅植之《谷梁注疏》，康有为《谷梁刘氏学》，以及江藩《国朝汉学师承记》陈寿祺批注本，笔者曾试作查考，似未见各种公私藏书目录中有载。除可资经学掌故外，我们由此对蒙先生的博学又多了一层体会。

三　苴补

如前引柴德赓、骈宇骞二先生所说，蒙先生的按语比较简略，所补书的卷数、版本及刻书年月，亦未一一注明。③ 笔者不揣固陋，为蒙先生的按语略作苴补，以求美备，而点窜涂改、"实芜正典"之讥，恐未免耳。

---

① 　马氏《重定周易费氏学八卷首末各一卷》（民国庚申刊本）一书，民国时黄寿祺曾叙述其版本源流说："先是马氏主讲潜川书院，三年，成《易费氏学八卷》。光绪三十一年，其门人合肥李国松辑入《集虚草堂丛书》，刊版行世已十余年。至民国八年己未，马氏又加重定，翌年庚申，豫章饶氏、庐阳聂氏助资刊行，即此本也。"［中国科学院图书馆整理：《续修四库全书总目提要（经部）》，第 181 页］马氏《周易费氏学》一书，先曾收入《马氏家刻集》（马□辑，清光绪中刊本）与《集虚草堂丛书甲集》（李国松辑，清光绪中合肥李氏刊本），俱作八卷叙录一卷（参见上海图书馆编《中国丛书综录》，第 1 册，第 257、463 页）。是其新、旧二本，俱作八卷，并无十二卷本，疑此为蒙先生误记。
② 　陶方琦：《〈鲁诗故训纂〉叙》，载氏著《汉孳室文钞》卷 3，《绍兴先正遗书》本；又载周何编著《诗经著述考（一）》，第 2296—2299 页。
③ 　柴德赓：《重印〈书目答问补正〉序》，载范希曾编《书目答问补正》（中华书局 1963 年影印本）书首，第 5 页；又载柴德赓《史学丛考》，第 231—232 页；骈宇骞：《打开历史宝库的一把钥匙——〈书目答问〉及其〈补证〉介绍》，中华诗词网（http://210.39.136.85：8008/sd/teacher/d12/shuyuan/GONGJU/Gj027.htm），2004 年 10 月 10 日。

1. 毛郑诗三十卷，诗谱一卷，毛诗音义三卷，附毛诗校字记一卷（卷一，第五页）。嘉庆甲子木渎周氏刻本［同治壬申淮安重刻周本］。 蒙按：木渎周氏刻本，《毛诗传笺》惠栋校定，《诗谱》戴震校，《音义》卢文弨校。板毁，坊间有翻刻扬州五云仙馆丁□□重校精刻本，无《诗谱》《音义》。 ●鹏按："同治壬申淮安重刻周本"十字，为贵阳本《书目答问》补入，蒙先生作按语时未见，所谓"坊间翻刻扬州五云仙馆丁□□重校精刻本"，与同治壬申淮安重刻周本，实即一本。今北京中国国家图书馆、北京大学图书馆藏《毛诗传笺三十卷》，清同治十一年（1872）山阳丁氏五云堂刻本，书名页题"毛诗故训传郑笺三十卷"，每半叶九行，行廿二字，即为此本。

2. 周易郑氏义二卷（卷一，第一〇页）。 蒙按：赵坦《周易郑注引义》，未见传本。 ●鹏按：台湾"国家图书馆"藏有《周易郑注引义十二卷》，钞本。（全书四册。每半叶十行，行廿一字。全幅28.8×18.6厘米。有"修竹/吾庐"白文方印，及"国立中央图/书馆收藏"朱文长方印。）[①]

3. 周易本义辩证五卷（卷一，第一四页）。 蒙按：仪征方申《诸家易象别录　卷》、《虞氏易象汇编　卷》、《周易卦象集证　卷》、《周易互体详述　卷》、《周易卦变举要　卷》，统称《方氏易学五书》。方氏为一大家，仪征刘氏称之。 丹徒庄忠棫《周易通义十六卷》，丹徒戴棠《郑氏爻辰补六卷》，山阳丁晏《周易解故　卷》，湘潭王闿运《周易笺　卷》。…… ●鹏按：《方氏易学五书》五种，每种各一卷，共计五卷，清道光间青溪旧屋刊本，又光绪十四年（1888）江阴南菁书院刻《南菁书院丛书》本。庄忠棫《周易通义十六卷》，清光绪六年（1880）仪征刘寿曾冶城山馆刊本。戴棠《郑氏爻辰补六卷》，清道光二十九年（1849）燕山书屋刻本。丁晏《周易解故一卷》，清光绪十九年（1893）广雅书局校刻《广雅丛书》本；

[①] 台湾"国家图书馆馆藏目录查询系统"，http：//lib. ncl. edu. tw/cgi-bin/uz1？ROUTINE＝FULL1&n＿key＝100738444&nth＝1&&page. line＝20&total. item＝10&list. name＝WL914748&page. no＝1，2004年10月19日。

又清丁氏枕经阁钞本，藏北京中国国家图书馆。王闿运《周易笺十一卷》，清光绪三十二年（1906）刻《湘绮楼全书》本。

4. 尚书大传定本八卷（卷一，第一五页）。　蒙按：王补注尚书大传，成都刻本。……　●鹏按：王闿运《尚书大传补注七卷》，清光绪十二年（1886）成都尊经书院刊本。

5. 尚书马郑注十卷。孙星衍辑。岱南阁别行本。……【补】孙书成都存古书局本。（卷一，第一五页）　蒙按：马郑注，四川有刻本，近未见，非存古书局本。　●鹏按：系清光绪六年（1880）绵竹墨池书舍刻本，书名页题"古文尚书马郑注十卷逸文二卷附尚书篇目表一卷"。

6. 毛诗传笺通释三十二卷（卷一，第一九页）。　蒙按：……王闿运《毛诗补笺二十卷》。　●鹏按：清光绪三十一年（1905）江西官书局木活字本。

7. 毛诗后笺　卷。胡承珙。（卷一，第一九页）。　蒙按：胡书后　卷未成，为陈奂所补。　●鹏按：胡书三十卷，卷二十九《鲁颂·泮水》以下为陈奂所补。①

8. 毛诗名物图说九卷（卷一，第二五页）。　蒙按：富顺张芌圃《诗经异文释补　卷》，自刻本，补李书。……陈乔枞《诗纬集证四卷》。　●鹏按：即张慎仪撰《诗经异文补释十六卷》，民国间刻《蓤园丛书》本。张氏字淑威，号芌圃，四川成都人，原籍江苏阳湖。是书前有富顺宋富仁序，②蒙先生按语谓张氏为富顺人，疑与宋氏牵涉而误。李书指李富孙《诗经异文释十六卷》，《续经解》本；范氏《补正》作李遇孙，书十五卷，并误。陈乔枞《诗纬集证四卷附录一卷》，清道光二十六年（1846）小琅嬛馆刻、光绪八年（1882）林新图补刻本。

9. 仪礼释官九卷（卷一，第二九页）。胡匡衷。家刻本，学海堂

---

① 参见郭全芝《〈毛诗后笺〉整理说明》，载胡承珙撰《毛诗后笺》，第1页；卷29，第1606页。

② 参见张永言《点校前言》，载张慎仪《续方言新校补　方言别录　蜀言》，书首，第1页；中国科学院图书馆整理：《续修四库全书总目提要（经部）》，第435页。按：提要谓张书十四卷，误。

本，胡肇智重刻本。　蒙按：智疑当作昕，《仪礼正义》中胡肇昕说多，或即其人。　●鹏按：北京中国国家图书馆藏有清同治八年（1869）绩溪胡肇智重刻本，又有清同治六年（1867）刊、胡肇智编《安徽会馆录五卷》。肇智、肇昕并为清代绩溪金紫胡氏族人。肇智（1807—1871），字季临，号霁林，仕至吏部左侍郎。肇昕（1813—1861），字晓庭，一字筱汀，廪生。二人皆为经学名家胡培翚从子。蒙先生所疑不确。①

10. 仪礼逸经传二卷（卷一，第三〇页）。　蒙按：山阳丁晏《佚礼扶微五卷》。元和曹元忠《礼经校释二十二卷》，苏州局刻本，专校胡疏。　●鹏按：丁晏《佚礼扶微五卷》，清咸丰六年（1856）刻本，藏北京大学中国考古学研究中心，为著名史家张政烺旧藏；丁氏稿本，北京中国国家图书馆藏二册，上海图书馆藏五册，题名皆为《佚礼扶微二卷附录一卷》。又《礼经校释》作者是曹元弼。

11. 大戴礼记正误一卷（卷一，第三三页）。　蒙按：王树枏《大戴礼记补注十三卷》。　●鹏按：王树枏《大戴礼记补注十三卷序录一卷》，清光绪间定州王氏谦德堂刻《畿辅丛书》本。

12. 五礼通考二百六十二卷（卷一，第三六页）。　蒙按：徐乾

---

① 参见（清）方濬颐《吏部侍郎胡公家传》，（清）缪荃孙纂《续碑传集》卷12，收入《清代碑传全集》，上册，第857页；徐道彬《皖派学术与传承》，第346页。二人为胡培翚从子，因以从学。胡培翚去世后，肇昕整理补作《仪礼正义》中未完成之篇目，著书近二十种，成者如《方言义证》《说文经字考疏证》《形声表》《如不及斋文集》《诗集》《东山札记》《斋中读书记》《斋中读书诗》及《仪礼正义正误》等［参见（清）赵之谦手稿，漆永祥整理《汉学师承续记》，载中国典籍与文化编辑部编《中国典籍与文化论丛》，第7辑，第367页；中国科学院图书馆整理：《续修四库全书总目提要（稿本）》，第36册，第346页；"北大中文论坛·古典文献学"网页，http://chinese.pku.edu.cn/bbs/thread.php?tid=23580&highlight=&page=15&showgood=，2004年10月20日］。《仪礼正义》附录一《仪礼正义书后》有清同治戊辰年（1868）胡肇智题记一则，自称为侄，并有"族弟肇昕"云云（胡培翚撰，段熙仲点校：《仪礼正义》，第2434页）。又存世有《绩溪金紫胡氏家谱二十八卷首三卷末二卷》，胡广植等纂修，清光绪三十三年（1907）木活字本，藏于上海图书馆、北京中国国家图书馆、中国社会科学院历史研究所图书馆、安徽省图书馆等九处机构；卷首"艺文"载有胡氏著述书目，谱中当可考见肇智、肇昕等人生平（参见上海图书馆编《上海图书馆藏家谱提要》，第412页；国家档案局二处等编：《中国家谱综合目录》，第252页）；上海图书馆编《中国家谱资料选编》第四册《传记卷》有胡晋甡等撰《胡肇智行述》，当自此谱中录出。

学《五礼备考》百卷，稿本，存浙江图书馆。林乔荫《三礼陈数求义三十卷》，梁《三礼通释》，皆通礼中要者。●鹏按：徐乾学《五礼备考》一百八十卷，今浙江图书馆残存一百七十三卷，著录作清抄本。林乔荫《三礼陈数求义三十卷》，清乾隆刻本，孙诒让批校，藏杭州大学（今浙江大学）图书馆。《三礼通释二百八十卷首一卷目录四卷》，作者为林昌彝，蒙先生按语作"梁"，疑以音似而误；有清道光间林氏抄本，藏北京故宫博物院图书馆，又同治三年（1864）广州刻本。①

13. 春秋繁露注十七卷（卷一，第四二页）。蒙按：董金鉴《春秋繁露集注》，长沙有刻本。●鹏按：当即清光绪间会稽董氏取斯家塾刻《董氏丛书》本。

14. 谷梁大义述卷（卷一，第四四页）。蒙按：江慎中《谷梁条例十卷》，未刊，《谷梁笺释》，成书数卷。……王闿运《谷梁申义》，刊本。……●鹏按：江慎中《春秋谷梁传笺释二卷》。江氏关于《谷梁传》之著述，除范氏《补正》所补《春秋谷梁条指二卷》，及蒙先生所补二书外，并有《春秋谷梁经传解诂四卷》。② 王闿运《谷梁申义一卷》，清光绪十七年（1891）刻本。

15. 箴膏肓一卷，起废疾一卷，发墨守一卷（卷一，第四五页）。蒙按：皮锡瑞《箴膏肓疏证卷》、《起废疾疏证卷》、《发墨守疏证卷》……●鹏按：皮氏三书各一卷，清光绪二十五年（1899）湖南思贤书局刊本，其中《起废疾》一书，皮氏书名作《释废疾疏证》，蒙先生按语偶误。

16. 论语后案二十卷（卷一，第四九页）。蒙按：王闿运《论语训二卷》。●鹏按：清光绪十七年（1891）刻《湘绮楼全书》本，稿本藏重庆市图书馆。③

17. 四书释地一卷，续一卷，又续二卷，三续二卷（卷一，第五〇页）。蒙按：王鎏《四书地理考十二卷》。●鹏按：王鎏《四

---

① 中国古籍善本书目编辑委员会编：《中国古籍善本书目（经部）》，2：44、46。
② 廉江市地方志编纂委员会编：《廉江县志》，第643页。
③ 中国古籍善本书目编辑委员会编：《中国古籍善本书目（经部）》，3：37b。

书地理考十五卷》，清光绪十七年（1891）习静斋刻本。

18. 孝经郑氏注一卷。严可均辑。（卷一，第五二页）……【补】……光绪癸卯大关唐氏重刻本。……　蒙按：成都唐氏刻本，稍有增辑。　●鹏按：即民国十一年（1922）成都大关唐鸿学辑刻《怡兰堂丛书》本（其第二册牌记题"光绪癸卯大关唐氏重刊"，可知版本所从出）。

19. 五经异义疏证三卷（卷一，第五六页）。　蒙按：皮锡瑞《五经异义疏证　卷》，长沙刻本。　●鹏按：皮氏《驳五经异义疏证十卷》，清光绪二十五年（1899）刻本，蒙先生按语书名夺一"驳"字。

20. 国朝汉学师承记八卷，附经师经义目录一卷（卷一，第六二页）。　蒙按：……赵之谦《续国朝汉学师承记》，未见传本。　●鹏按：赵之谦《汉学师承续记》（不分卷），北京中国国家图书馆藏有稿本（残），三册，每半叶九行，行十八至廿一字不等。今人漆永祥有整理本（载中国典籍与文化编辑部编《中国典籍与文化论丛》，第7辑，第329—378页；又收入漆永祥《汉学师承记笺释》附录二，题名《国朝汉学师承续记》）。

21. 唐石经（卷一，第六六页）。　蒙按：张宗昌有覆刻本，凡阙文均双钩补足。　●鹏按：即张宗昌辑，民国十五年（1926）掖县张氏皕忍堂模刻《唐开成石壁十二经》本。

22. 急就篇四卷（卷一，第八四页）。　蒙按：叶本即明杨政本，孙、钮两校均据杨本及绍兴三年石本，绍兴本未见。　●鹏按："绍兴"当为"绍圣"，《急就篇》无绍兴本，而所谓绍圣三年石本，疑亦出于伪托。①

---

① 参见王国维《校松江本急就篇·序》，《王国维遗书》，第6册，5a。

蒙文通佚文《〈西洋近世史〉序》读后

笔者前曾将所见蒙文通先生佚著，辑为目录一编发表。① 近日偶见蒙先生另一篇佚文，系1932年任教河南大学历史系时，为同事张仲琳教授编著《西洋近世史》所作。蒙先生在序文中，对新文化运动与中国现代史学的发展情势，提出自己明确的看法，是一篇重要的学术史文献，谨此录出，供学者参考。

序

十数年来之新文化运动，所以移欧风以号召于国内者，曰德谟克拉西，曰赛因斯。然就近日之事实观之，则狄克推多之制，已滋漫于列邦，法西斯蒂之组织，复将普遍于欧亚；则政之去民治之途，且日远也。至国内出版界，虽一时风起云涌，璀璨煊赫；然又大要皆文艺及哲学之著作，鲜有纯然科学之制述；则学之去科学之途，又日远也。是果为者之欲适燕而固南其辙欤？抑倡之者识卑议近不足以知远而应世之急欤？夫知所以召行也。所

---

① 参见拙文《蒙文通先生佚著辑目》，载四川大学历史文化学院编《蒙文通先生诞辰110周年纪念文集》，第410—412页。蒙先生佚文，所见尚有《中国中古时期西南民族之北上》（旅外石室同学总会编辑出版：《石室学报》第9期，1935年，第1—4页）一篇，1936年11月3日、15日致顾颉刚先生书二通（《通讯一束》之一三二、一三三，《禹贡》半月刊，第6卷，第10期，1937年1月16日，第118—119页），及1959年2月致四川民族调查组关于羌族史的意见书摘要（李绍明编著：《羌族历史问题》，第99—101页）。又笔者前草《蒙文通〈书目答问补正〉按语拾遗》小文，对蒙先生1929—1930年订正范希曾《书目答问补正》经部的工作，略作考察，当时曾怀疑"事隔七十余年之后，不知范氏稿本，也即蒙先生的批校本，是否还存于世间"，近知范氏稿本五册，仍藏南京图书馆古籍部（馆藏号：112844），该本当即蒙先生批校之本。

标之表的，与见诸实行者相背；若兹则十数年来之文化运动，虽波荡一世，乃全无实效，非事之至可太息者耶？

自近一二十年来，凡国内刊物，十九皆关史学，而言文学言史学者，其述作又多属考订。在昔风靡一时之文、哲学，结果乃无纯然文、哲学方面之伟制；岂以凭虚者难继，而蹈实易攻哉！夫去浮华就征实，不可谓非学术界之一大进步也。然中国史册，浩穰无纪；苟惟从事枝节之勘定，而纲领滋晦，则将于何竟其功？况前世治史方法，尤须改辙，非借径于西洋史学难为役，故举纲絜要之作，于今日为更要。夫中国旧为史学发达之国，由今之情观之，最近以往，又将为史学迈进之时，而最急切赖资借鉴之西史絜要专书，寥落不可多得，是非一大缺恨欤！

吾友江陵张仲琳先生，曩学史于英国爱丁堡大学，博学广问，造诣精邃，主南北各国立大学讲席有年。民国二十年春，与余同任河南大学教事，温厚谨饬，学不厌，诲不倦，霭然儒者也。以数年精力，为《西洋近世史》一书，都约数十万言。悉本西儒各家原文，采其事实，而裁其偏见，不尚空论，删削一切不经之说，惟以说明事实为归，绝无穿凿附会之词。凡中西文各书，其事有涉于篇中各节者，靡不斟酌采取，而不批评任何人之著作。凡西文如剑桥之《近世史》各卷，海氏《近世欧洲政治社会史》两卷，弗利克之《世界史》，非乌特之《世界史》等；中文如何炳松、李泰棻、陈衡哲、伍光建、郎醒石等各家之书，靡不殷勤讨校，撷取众长，以为是书，期必尽心而后已。如先生者，可谓深造独往者也。顷以刊印蒇事，属余为弁一言，余学荒识浅，于西史尤懵瞀无所知，乌足以序先生之书！聊述旨要，与余所见近顷国内学术界之情势，谨识简端，以告世之读是书者。愿继是篇之作，风而起者之踵相接，更移治西史之法，以董理国史而发扬之，俾文化运动前途，益趋于实际，是固先生与余之所蕲向者也。

蒙文通谨叙

张仲琳（1886—1962），本名张健，字仲琳，湖北省江陵县（今属荆州市沙市区）人，为明代政治家张居正（1525—1582）后裔，谱名张立勉。① 清末就读于武昌两湖书院，1914 年毕业于北京高等师范学校英语部，继赴英国留学，入爱丁堡大学研读西洋史，获硕士学位，历时八年之久，时人称之为"英八年"。回国后任武昌高等师范学校西洋史教授，1923 年该校改名武昌师范大学，任历史社会学系主任；后任湖北省女子师范学校校长，北京师范大学、北京大学、南京中央大学、河南大学、兰州大学等校历史系教授；② 1949 年后赴台湾。③ 1931 年，张氏任教于河南大学，与蒙先生、卢前（字冀野，

---

① 黄杰《关于张居正历史遗迹的调查》（《华中师院学报》1985 年第 1 期，第 25 页）说，调查中见有江陵张氏族人祖传张居正画像，"据说，它是由张居正家守门的人保存下来的。后来也自称张姓后代，数传而至张仲琳（按：张仲琳即张立勉），从字辈来算，当是张居正的第十三代孙。前清时科考未第，曾以此像邀功，补为最末一名府生。民国后，曾留学英国，后任安徽省教育厅长。有人认为，张仲琳一支，不是张居正的亲后代。又有人说，他所藏的画像是用一斗米换来的。这可能是出于挖苦之辞，未尽可信"。张居正画像今藏湖北省荆州市博物馆，上有 1938 年 2—3 月间，民国元老、湖北省政府委员张难先（1874—1968）题词："戊寅春出巡荆郢，既谒江陵文忠公墓，复蒙哲裔仲琳先生示公画像……"（张难先：《题张江陵画像》，载严昌洪等编《张难先文集》，第 703 页；并参见张难先《六十以后续记》，出处前同，第 560 页）。按湖北省江陵县县志编纂委员会编纂《江陵县志·张健传》（第 765—766 页）说："其父是张居正陵园的守墓人……抗日战争爆发，（张健）寓居荆州城。江陵沦陷，张滞留荆沙。"

② 湖北省江陵县县志编纂委员会编纂：《江陵县志》，第 765—766 页；湖北省地方志编纂委员会：《湖北省志人物志稿》，第 1793 页；王郁之：《武昌高等师范学校纪略》，载政协武汉市委员会文史资料研究委员会印《武汉文史资料》1986 年第 2 辑，第 8—9 页；卢冀野："序"，载张仲琳《西洋近世史》，第 1 页；蒙文通："序"，出处同前，第 2 页；张仲琳：《西洋近世史·例言》，第 1 页；《北京高等师范学校第二次毕业生调查录》，《北京高等师范学校校友会杂志》，第 1 辑，1916 年 4 月，第 89 页（按该文谓张氏"留学美国"，则为误记）；《国立京师大学校师范部毕业同学录·毕业同学录》，1927 年，第 6 页。张氏一生，除大学教授外，并曾从政，如 1926 年在广州参加革命，任国民革命军第八军政治部副主任（湖北省江陵县县志编纂委员会编纂：《江陵县志》，第 766 页）；1927 年任安徽省政务委员会委员兼教育科科长（郭卿友主编：《中华民国时期军政职官志》，第 730—731 页）；而抗战期间滞留乡里，于 1942 年任伪江陵县合作社社长（秦仲祥：《荆沙沦陷时期的伪组织及其内幕》，载中国人民政治协商会议湖北省委员会文史资料研究委员会编印《湖北文史资料》1986 年第 3 辑，第 46 页），则为声名之玷。

③ 梁实秋《正朔》文后，有题记（1986 年作）说："上文发表后，收到张仲琳先生函及附件……"（梁实秋：《雅舍散文》，第 161 页），该文系梁氏于 1949 年后在台湾期间所写，故知张仲琳晚年赴台。

1905—1951）等人有同事之谊。①

张氏是中国现代最早从事世界史研究的学者之一，著述有《最新俄国史》②和《西洋近世史》二种。前者是中国学者所著第一部俄国通史，③后者亦为现代中国学者所撰西方近代史专著中较早的一种，④具有开创之功。《西洋近世史》一书，计398页，全一册，叙述自法国大革命至普法战争时期的历史。该书以张氏教授各大学所编西洋史讲义为主体，凡四易其稿，他曾以晚清著名学者俞樾"拼命著书"的典故自况，其精勤审慎，颇为友人称道。⑤书首《导言》一篇，叙述西方现代史学研究趋势之流变，尤为当时中国史家中难能可贵者。目录题"西洋近世史上册目录"，可知作者尚有撰著下册之计划，惟

---

① 卢冀野："序"，载张仲琳《西洋近世史》，第1页。蒙文通："序"，载张仲琳《西洋近世史》，第2页。

② 《北大师大教授张健先生编辑〈最新俄国史〉之内容概略》（《北京大学日刊》，第1494号，1924年6月14日，第三版）："是书编辑内容自俄国建国以至今日，凡关于靼鞑人之侵入，莫斯科立国之始末，农民生活之状况；政府与官吏之腐败，国内出产与工商业之发达，以及托尔斯泰、马克思学说之影响；与夫李林等之世界改革计书，无不言之极详，诚为研究东方史之新纪元。兹定于本年暑假出版，钦慕之余，特为介绍。北京大学史学会启。"

③ 参见北京图书馆编《民国时期总书目（1911—1949） 历史·传记·考古·地理》，第396—397页。张氏所著，较娄壮行编《俄国史》（上海中华书局1935年版）、顾谷宜著《俄国史纲要》（南京中国与苏俄杂志社1935年版）、何汉文著《俄国史》（长沙商务印书馆1939年版）诸种，时间要早十余年，但不见传本，疑未刊印行世。按查良鑑著《俄国现代史》（上海商务印书馆1930年版）、娄壮行编《俄国史》（上海中华书局1935年版）、张明养著《俄国革命》（上海开明书店1936年版）、何汉文著《俄国史》（长沙商务印书馆1939年版）等书，所列参考书目皆未收录张氏此书。

④ 现代中国学者所撰西方近代史专著，以李泰棻（1897—1972）编译《西洋近百年史》为最早（上海商务印书馆1922年版），在张氏之前，有何炳松编译《近世欧洲史》（上海商务印书馆1925年版）、朱公振编著《近百年世界史》（上海世界书局1929年版）、钱然编著《近百年世界史纲要》（上海广益书局1929年版）、徐澄编《世界近代史略》（上海中华书局1930年版）、陈此生编《西洋最近五十年史》（上海北新书局1931年版），与张氏此书同年出版者有许毅编辑《世界近世史》（天津百城书局1932年版）、李温民编《世界近世史》（北平文化学社1932年版）等，参见北京图书馆编《民国时期总书目（1911—1949） 历史·传记·考古·地理》，第37—38页。

⑤ 俞樾：《春在堂随笔》，卷1，第10页；卢冀野"序"（张仲琳：《西洋近世史》，书首，第1页）原文为"判命著书"。张仲琳《西洋近世史·例言》自陈"作者焚膏继晷伏案握管之苦心……"卢序亦以"勤慎"称之。

未见传本，疑未写成付梓。是书流传不广，稀见征引，① 现今存本无几，据笔者见闻所及，仅知有北京中国国家图书馆、上海图书馆各收藏一部。②

蒙先生序末未署年月，按该书出版于民国二十一年（1932年），卷首依次有卢冀野序（1932年7月），张仲琳自序（未署年月）、导言（1932年9月）、例言（未署年月），蒙序。蒙序的写作时间可以推知，应该也在1932年，时蒙先生任河南大学历史系教授。③

蒙先生一生较少为人作序，前此仅知有《〈韬晦集〉序》（1927年）、《〈华西大学图书馆四川方志目录〉序》（1951年）二篇；④ 而且蒙先生著述中，直接讨论新文化运动、民主与科学者，似仅此一见；又在中国现代史学的"新""旧"分野中，蒙先生一向被归入"旧"的系列之中，⑤ 而此序特别提出借鉴西方史学的必要性，故而尤其显得珍贵，可为考察蒙先生学术、文化思想的重要文献。

蒙先生在序文中，首先批评中国现代的新文化运动，虽以引进西方的"民主"与"科学"为口号，而二者在中国社会中皆未生根，政治生活与民主的目标相去日远，文化作品以文学、哲学为主，并无科学方面的伟撰，故"虽波荡一世，乃全无实效"。据当代学者研究，蒙先生作为一位"文化保守主义者"，与新派学者在文化观点上的重大差异，是他20世纪30年代于北京大学历史系任教期间被排挤

---

① 张氏此书问世后二年，四川大学历史系教授何鲁之（1891—1968）著《欧洲近古史》（第7—8页），曾征引其论拿破仑一段。

② 北京图书馆：《民国时期总书目（1911—1949） 历史·传记·考古·地理》，第37页。又此书出版当年，冯友兰先生（时任清华大学文学院院长）曾获张氏赠阅一本（蔡仲德：《冯友兰先生年谱初编》，1932年，第128页），该本是否仍存于世，不详。

③ 蒙先生于1931—1933年间，任教于河南大学，参见蒙默《蒙文通先生年谱》，载四川大学历史文化学院编《蒙文通先生诞辰110周年纪念文集》，第420—422页。

④ 蒙默：《蒙文通先生年谱》，载四川大学历史文化学院编《蒙文通先生诞辰110周年纪念文集》，第416、434页。

⑤ 王汎森：《从经学向史学的过渡——廖平与蒙文通的例子》，《历史研究》2005年第2期，第70—71页。

的原因所在。① 现在这篇序文的发现,是蒙先生在文化观点上持"文化保守主义"立场的直接证明。

其次,蒙先生指出,中国现代史学虽然获得巨大发展,呈现出兴盛的面貌,所谓"国内刊物,十九皆关史学",而其成果多属考订之作。他特别强调:"……中国史册,浩穰无纪;苟惟从事枝节之勘定,而纲领兹晦,则将于何竟其功?……举纲絜要之作,于今日为更要。"蒙先生治史最重通识,② 他的史学要义之一,是"试图通过讲述历史

---

① 王汎森:《从经学向史学的过渡——廖平与蒙文通的例子》,《历史研究》2005 年第 2 期,第 70、73 页。蒙先生于 1933—1935 年间,任教于北京大学历史系(蒙默:《蒙文通先生年谱》,载四川大学历史文化学院编《蒙文通先生诞辰 110 周年纪念文集》,第 422—423 页),后因故未获北大续聘。个中原由,颇耐人寻味。钱穆先生曾指出蒙先生与胡适疏远是一个原因,"文通在北大历史系任教有年,而始终未去适之家一次,此亦稀有之事也"(钱穆:《师友杂忆》,第 179 页)。蒙先生性格爽朗,喜好交游,他之所以始终未拜访文学院院长胡适,固有士人清高自守的因素,但应与他对胡适等人所代表的新文化运动的批评立场关系最大。再者,傅斯年的干涉是蒙先生被解聘的主导原因。据陶元甘先生回忆:"老师曾在北京大学历史系任教授,因为无法与霸气盎然的傅斯年融洽相处,失去讲席……顾颉刚先生觉得傅太过分了,推荐他到河北女师学院(在天津)任教……"(陶元甘:《蒙文通老师的美德》,载中国人民政治协商会议四川省盐亭县委员会编印《盐亭县文史资料选辑》,第 10 辑,出版年不详,第 61 页)此说系蒙先生门人陶元珍先生(陶元甘先生兄长)转述,他于 1935 年考入北大文科研究所史学部[国立北京大学注册组编印:《国立北京大学学生一览(民国二十四年度)》,第 106 页],且寓居蒙宅,所述应属可信。按傅氏于 1929—1935 年间兼任北大教授(《傅斯年先生年谱简编》,欧阳哲生编《傅斯年全集》,第 7 卷,第 407—412 页),校长蒋梦麟曾自述:"九一八事变后,北平正在多事之秋,我的'参谋'就是适之和孟真两位。事无大小,都就商于两位。"(蒋梦麟:《西潮与新潮·忆孟真》,第 346 页;参见石兴泽《学林风景:傅斯年与他同时代的人》,第 322 页)钱穆先生《师友杂忆》(第 169 页)也说:"(历史系)系主任陈受颐……实际并不任系,乃由孟真幕后主持。"足证蒙先生被北大解聘一事,与胡、傅二氏最有关系。除了文化观点的差异,史学主张的相左也是一个不应忽略的因素。本来蒙先生的《古史甄微》,与傅斯年约略同时发表的《夷夏东西说》,皆为 20 世纪 30 年代前期,提倡中国古史多元观的开创性名作(参见王汎森《从经学向史学的过渡——廖平与蒙文通的例子》,《历史研究》2005 年第 2 期,第 71 页)。但蒙先生治史卑视考订、推重"通识",与傅氏"……历史学只是史料学,利用自然科学供给我们的一切工具,整理一切可逢着的史料……"的史学纲领之间(傅斯年:《历史语言研究所工作之旨趣》,载欧阳哲生编《傅斯年全集》,第 3 卷,第 3 页;原载《国立中央研究院历史语言研究所集刊》,第一本第一分,1928 年 10 月,第 3 页,署名"本所筹备处"),存在着巨大的差异,即使二人在古史领域有较多的共同语言,亦未能避免关系的破裂。

② 罗志田先生以"历时性和共时性"解释蒙先生治史的"通识"意识(罗志田:《事不孤起,必有其邻:蒙文通先生与思想史的社会视角》,《四川大学学报》2005 年第 4 期,第 101 页),则近乎"创造的诠释学"的解读方式(语出傅伟勋《从西方哲学到禅佛教》,第 31—32、273—274、415 页),可以参看。

说明一些理论性问题"①。他后来有两段名言,最能表现其史学之精神:

> 孟子说:"观水有术,必观其澜。"观史亦然,须从波澜壮阔处着眼。浩浩长江,波涛万里,须能把握住它的几个大转折处,就能把长江说个大概;读史也须能把握历史的变化处,才能把历史发展说个大概。
>
> 做学问犹如江河行舟,会当行其经流,乘风破浪,自当一泻千里。若苟沿边逡巡,不特稽迟难进,甚或可能误入洄水沱而难于自拔。故做学问要敢抓、能抓大问题、中心问题,不要去搞那些枝枝节节无关大体的东西,谨防误入洄水沱。②

蒙先生为张著撰序时,正是他由经学转入史学,完成史学代表作《古史甄微》之际。③ 他史学思想的趋于成熟,在序文中有充分的反映。

值得注意的是,蒙先生在序文中,表现出对西方史学的积极开放的态度,"……前世治史方法,尤须改辙,非借径于西洋史学难为役",他对中国现代史学的发展抱有极大的信心,"夫中国旧为史学发达之国,由今之情观之,最近以往,又将为史学迈进之时",其具体的建设途径,则为"移治西史之法,以董理国史而发扬之"。张著《西洋近世史》,在他看来,即为"最急切赖资借鉴之西史絜要专书"的一种。

根据张氏的观察,"……自北伐成功后,各大学最近之研究史学趋势,既分时代,复划国别;于专门之内,再设专题研究,或专代研究;界限愈趋而愈狭,学术愈专而愈精"④。揣其语意,实不满于20

---

① 蒙文通:《治学杂语》,载蒙默编《蒙文通学记》,第2页。
② 同上书,第1页。
③ 蒙默:《蒙文通先生年谱》,载四川大学历史文化学院编《蒙文通先生诞辰110周年纪念文集》,第419—422页。
④ 张仲琳:《西洋近世史·自序》,无页码。

世纪 20 年代后期以来，中国史学界出现的这种风气。① 张氏自称撰著《西洋近世史》一书，采用的是一种"综合研究法"（Method of Synthetic Study），"将政治、经济、宗教、教育、学术、实业、社会等，冶为一炉，同时并重；并将相关联各点，综合而讨论之，藉以说明西洋人类文化演进之事实与程序"②。他并且强调，这种"综合研究法"，是西方史学由偏重政治，至偏重文化，再至综合全体人类文化，凡经三次转折，最新出现的研究趋势。③ 张氏对西方现代史学流变的观察是否准确，姑置不论，重视综合阔通，反对鲁莽灭裂，正是他与蒙先生的史学思想契合所在。

---

① 关于现代中国史学断代分科研究风气的兴起，可参看罗志田主编《20 世纪的中国：学术与社会·史学卷》，第四编"学科体制与近代中国史学的建立"，撰者刘龙心；刘龙心：《学术与制度——学科体制与现代中国史学的建立》，第三章第二节。依笔者浅见，由此进而及于考据与通识、新与旧的交错关系，是中国现代史学史的几个关键问题之一，就目前研究情况来看，似还有进一步探讨的空间。
② 张仲琳：《西洋近世史·例言》，第 2 页。
③ 张仲琳：《西洋近世史·导言》，第 1—3 页。

徐中舒佚著《尚书讲义》的新发现

——兼论其与民国时期暨南大学校史的关系

一

笔者近年在上海图书馆发现一部《尚书学讲义》，署名方欣安辑，暨南大学1929年10月铅印出版，全一册，184页。此书存本稀少，目前仅知另有一部藏于上海社会科学院图书馆。

方欣安即方壮猷（1902—1970），现代著名史家，以治民族史、宋辽金元史著称。方先生原名彰修，学名方兴，字欣安（或作欣菴、新安、心安），湖南省湘潭县人，1926年毕业于清华国学研究院，1927—1929年间，在暨南大学、复旦大学等校任兼职讲师，讲授中国古代史、中国文学史等课程。[1]

---

[1] 岳华：《方壮猷传略》，北京图书馆《文献》丛刊编辑部等《中国当代社会科学家》，第5辑，第11—19页。岳华为方壮猷先生哲嗣方克立教授笔名。按方先生在暨大、复旦的教学经历似乎都不久。1927年底暨大编辑出版的《国立暨南大学改组特刊·职教员一览表》，1928年1月14日出版的《暨南周刊》寒假特刊载黄振汉《改组后的国立暨南大学》附"职员一览表"，皆未见方先生的姓名。1928年初，他在清华国学研究院的同学、暨大同事周传儒说"……方君壮猷，原任复旦、暨南功课，后不满暨南当局，辞去教职，专在复旦"（周传儒：《从上海给研究院同学谢国桢君的一封信》，《清华周刊》第29卷第2号，1928年2月17日，第160页）。据暨大1929年10月印行方先生辑《尚书学讲义》，卷端题"国立暨南大学历史社会学系《尚书》学讲义第一种"，可知方先生于1928—1929年间，又重返暨大，执教于历史社会学系。但是方先生的姓名与《尚书》学课程，未载于暨大1929年编辑出版的《暨南年鉴（1929年）·教职员》，及1929年9月16日出版的《暨南校刊》第三期《文学院史学社会学系准开学程（十八年上学期）》。而1929年复旦大学编辑出版的《复旦大学章程·大学部教员》，及1935年复旦大学编辑出版《三十年的复旦（1905—1935）·中国文学系系史》列举该系历任教员，亦无方先生姓名。方先生于1929年赴日本留学，从东京大学教授白鸟库吉研究东方民族史，出国前并曾在商务印书馆任编辑工作（钱穆：《师友杂忆》，第143页）。

徐中舒（1893—1991），安徽省怀宁县人，现代著名历史学家、古文字学家、考古学家，曾任四川大学历史系教授、中国先秦史学会理事长、《汉语大字典》主编，以治先秦史、古文字学、明清史为学界推崇。1926 年毕业于清华国学研究院，1927—1929 年间，在暨南大学、复旦大学等校任教，讲授中国文字学史等课程。[①]

该书目录卷端题"国立暨南大学历史社会学系　尚书学讲义第一种"。全书由四个部分组成，依次为徐中舒《尚书讲义》（40 页）、王国维《尚书讲义》（54 页）、方欣安《尚书讲义》（24 页）、方欣安选《尚书学讲义》（66 页），页码皆自为起讫。

第一部分卷端题"《尚书》讲义　徐中舒"，内容为《商书》四篇（《盘庚上、中、下》《高宗肜日》《西伯戡黎》《微子》），《周书》八篇（《牧誓》《大诰》《金縢》《康诰》《酒诰》《梓材》《召诰》《洛诰》）注释，共计十二篇。

第二部分版心题"尚书讲义　王静安""尚书讲义第三编"，总以"商书参考材料""商周书参考材料"之名，收录王国维古史论著七篇：1.《殷之先公》；2.《殷之先王》；3.《殷先王世数》；4.《商诸臣》；5.《商之都邑及诸侯》（以上"商书参考材料"五篇，见《古史新证》）；6.《殷周制度论》（"商周书参考材料"一篇，见《观堂集林》）；7.《殷都邑考》（收录《说自契至于成汤八迁》《说商》《说亳》《说耿》《说殷》五篇，见《观集集林》）。

第三部分版心题"尚书讲义第一编　方欣安"，内容为"汉以后伪《尚书》"，收录《伪古文尚书》二十五篇白文，及《书古文训》中之古文《尚书》举例。

第四部分版心题"尚书学讲义第二编　方欣安选"，收录《尚书》学参考材料十六种：1. 阮元《国史儒林传·阎若璩传》；2. 阎若璩《尚书古文疏证》目录；3. 崔述《古文尚书辨伪》卷二"集前人论《尚书》真伪"；4. 皮锡瑞《书经通论》之二十五"论伪古文多重复且敷衍不切"；5. 皮锡瑞《书经通论》之二十四"论伪孔书相

[①] 何崝：《徐中舒传略》，陈翔华等编《中国当代社会科学家传略》，第 11 辑，第 260—284 页。

承不废，以其言多近理；然亦有大不近理者，学者不可不知"；6. 惠栋《古文尚书考》（节选）；7. 阎若璩《尚书古文疏证》第九"言《左传》'德乃降'之语今误入《大禹谟》"；8. 阎若璩《尚书古文疏证》第十七"言安国古文学源流真伪"；9. 李绂《书古文尚书冤词后》；10. 丁晏《尚书余论》；11. 孔安国《尚书孔氏传序》（伪）；12. 孔安国《孔子家语后序》（伪）；13. 皮锡瑞《经学史讲义》①第五章《经学中衰时代》；14. 万斯同《群书疑辨》卷一《古文尚书辨》；15. 《四库全书总目》卷十三"书类存目一"《书古文训》提要；16. 孙星衍《尚书隶古定释文序》。

徐中舒、方壮猷先生为清华国学研究院1926年毕业生，"古史新证"是导师王国维1925年9月在清华国学研究院开讲的第一堂课，当年10月王氏并讲授《尚书》课程，②《观堂集林》是王氏考辨古史的代表作。《尚书学讲义》第二部分，从王氏《古史新证》《观堂集林》中选录七篇论著，体现出徐、方二先生师承所在。这一部分题名"商书参考材料""商周书参考材料"，与第一部分徐中舒先生《尚书讲义》紧相配合，应该为徐先生编选。③

署名为方壮猷先生所编的第三、四部分，疑系根据顾颉刚《尚书》讲义改编而成。第四部分"《尚书》学参考材料"之六，为惠栋《古文尚书考》（节录），卷首还保留有顾氏案语"颉刚案：……今以限于钞印之力，止录《舜典》及《大禹谟》两章……"一段，可为证明。④

徐中舒先生的《尚书讲义》，凡《今文尚书》二十八篇，"虞夏

---

① 皮锡瑞著《经学历史》有上海群益书社1911年版，题名《经学史讲义》。
② 孙敦恒：《清华国学研究院史话》，第53页。
③ 本书卷首目录阙载方壮猷先生编选第三、四部分，仅载讲义第一、二部分，且篇目拆散，另按"商书""周书"的部类重新编排，可证。
④ 顾颉刚：《〈尚书〉讲义（厦门大学）》，王煦华整理，彭林主编《中国经学》，第3辑，第15—17页。按顾先生于1926—1929年间，在厦门大学、广州中山大学开设《尚书》研究课程，编印有《尚书讲义第一编》（厦大）、《尚书学讲义》（中大），后者收录参考材料六十二篇，汇集汉代以来《尚书》学者之说（顾潮编著：《顾颉刚年谱》，第130—135、145页；王煦华：《顾颉刚先生在中山大学》，载《庆祝杨向奎先生教研六十年论文集》，第666页）。

书"未录,"商书"阙《汤誓》一篇,"周书"阙《洪范》《多士》《无逸》《君奭》《多方》《立政》《顾命》《康王之诰》《柴誓》《吕刑》《文侯之命》《泰誓》十二篇。其中多采用王国维之说,例如《盘庚中》"暂遇"(7页)、《金縢》"丕子"(19页)、《酒诰》"棐徂"(29页)、《洛诰》"惟七年"(40页)等条;亦有自抒新解处,如《微子》"刻子"(12页)等条,可与王氏在清华国学研究院的《尚书》讲义参看。①

广泛利用甲骨文、金文等新出资料,解说简明切要,是徐先生《尚书讲义》的一个显著特点。这部讲义学术价值的另一方面,在于参考材料选录的精当。参考材料有三大部(第一、第三部仅见目录,正文未收):首先是从《史记》中选录《殷本纪》《周本纪》,《三代世表》中的殷、周世表,《鲁周公世家》等十篇;其次是王国维有关古史的重要论著,《古史新证》为王氏有关甲骨文与殷商史研究一系列独创性成果的总结,②《殷周制度论》就殷周祀典、世系、宗法、丧服、分封制度等方面进行系统论述,"义据精深,方法缜密,极考证家之能事"③,有"近世经、史二学上第一篇大文字"④之称;最后是清代学者崔述有关古史记载进行全面考辨的论著,崔述(号东壁,1740—1816)的辨伪考信工作,在20世纪20年代由于刘师培、梁启超、胡适、钱玄同、顾颉刚等学者的表彰,⑤以"科学的古史家"著称于世,⑥崔氏学说盛极一时,"东壁《遗书》几于一时人手一

---

① 吴其昌:《王观堂先生尚书讲授记》;刘盼遂记:《观堂学书记》,并见王国维《古史新证——王国维最后的讲义》。
② 仓修良主编:《中国史学名著评介·〈古史新证〉》,第3卷,第475—498页,条目撰者谢维扬说。徐中舒《王静安先生传》(《东方杂志》,第24卷第13号,1927年7月10日,第49页):"……先生在研究院讲演《古史新证》、《尚书》……先生此时对于古史,已有成熟之见解。其《古史新证》,乃增损《殷卜辞中所见先王先公考》、《续考》、《殷周制度考》诸篇而成,凡前后之不足持者,至是皆刊削净尽。"
③ 徐中舒:《王静安先生传》,《东方杂志》,第24卷第13号,1927年7月10日,第48页。
④ 抗父:《最近二十年间中国旧学之进步》,《东方杂志》,第19卷第3号,1922年2月10日,第37页。
⑤ 陈光唐:《邯郸历史人物传续集》,第199页。
⑥ 胡适:《科学的古史家崔述》,见(清)崔述撰《崔东壁遗书》,第952页。

编"①。梁启超认为崔氏《考信录》一书,"考证三代史事实最谨严,宜一浏览,以为治古史之标准"②。徐先生选择崔氏《商考信录》《丰镐考信录》《丰镐考信别录》三种计四十篇,作为《尚书讲义》的主要参考材料,正是时代学术风气的一种反映。③以上三种参考材料,较为全面地提供了阅读《尚书》的历史背景知识。

以笔者浅见,这部编纂于八十年前的大学讲义,内容包括中国上古史最基本的原始文献与学术文献,根据今天学术进步的程度衡量,仍然具有较高的学术价值,可以作为一种有相当学术深度的《先秦史文献读本》,供中国古代史专业教学使用,尤其适合先秦史专业的研究生研读。

与徐先生同时在清华国学研究院从学于王国维的杨筠如,著有《尚书覈诂》一书,为学界极口揄扬,近年学者以宋代朱熹、蔡沈师弟薪火相承,撰定《书集传》的美谈,称其能发扬王氏《尚书》之学。④作为王国维《尚书》学的另一部传承之作,徐先生《尚书讲义》的发现,可以预见将引起学术界的广泛重视。

二

除了《尚书讲义》之外,徐中舒先生另有一种著作《中国文字

---

① 钱穆:《读崔述〈洙泗考信录〉》,见钱穆《孔子传》,附录(二),第116页。按:原文如此,疑当作"东壁《遗书》一时几于人手一编"。

② 梁启超:《国学入门书要目及其读法》,《(清华周刊)书报介绍副刊》,第3期,1923年5月,第8页。

③ 现今古史学界已不大重视崔述的作品,著名先秦史家赵光贤曾经感慨,崔氏著作虽经顾颉刚精心整理出版,"但读者并不多,不少在大学讲授先秦史的教师竟不读《考信录》"(赵光贤:《崔述在中国史学史上的地位》,《北京师范大学学报》1992年第5期,第58页)。吕思勉曾经说"……崔氏考据之学,并无足称"(吕思勉:《论学集林·读〈崔东壁遗书〉》,第177页),这是一种有代表性的批评意见。但在笔者看来,撇开其偏颇固陋之处,崔对上古历史所作的细密考辨,特别是《商考信录》《丰镐考信录》《丰镐考信别录》三种著作中试图建立系统的商、周史的努力,仍然具有久远的价值。

④ 李学勤:《尚书覈诂新版序》,见杨筠如《尚书覈诂》,第4页。按王国维晚年有志撰写《尚书注》,但未写成,他于1924年为容庚《金文编》作序说:"余尝欲撰《尚书注》……荏苒数年,未遑从事……"(《王序》,见容庚编著《金文编》,第9页)

学》，1930年由暨南大学出版。这应是徐先生在暨大中国语文学系开设"中国文字学史"课程的讲义。① 该书同年4月入藏暨南大学洪年图书馆，② 因1932年中日淞沪战役，暨大校址沦为战区，藏书损失大半，1938年所编《暨南大学图书馆劫余书目》，1939年编《国立暨南大学图书馆新编书目》，其中"语言文字"类均未见收录，③ 可知当时暨大藏本已经散亡。检京、沪两地各大图书馆藏书目录，此书皆无藏本，疑佚。

再者，1927—1928年，徐先生在暨大曾为大学部预科讲授"国文"和"国学概论"课程，二者都印有讲义，④《国文》讲义目录如次（序号及撰者、出处为笔者所加）：

1.《答冯子华处士书》[（唐）王绩]、2.《大道篇》（《尹文子》）、3.《爱类》（《吕氏春秋》）、4.《察今》（《吕氏春秋》）、5.《论贵粟疏》[（汉）晁错]、6.《周黄徐姜申屠列传叙》（《后汉书》）、7.《解嘲》（扬雄）、8.《三国志·诸葛亮传》、9.《游黄山记》[（明）徐宏祖]、10.《庐山草堂记》

---

① 徐先生执教暨大期间，自1927年起，在中国语文学系讲授"中国文字学史"（或称"文字学史"），课程编号"国七十一"[《十六年度教务概况》，国立暨南大学编辑出版《国立暨南大学校务特刊（十六年度）》，第57页；《文学院中国语文学系准开学程表（十八年秋季）》，《暨南校刊》第2期，1929年9月12日，第5页，注明有讲义作为教本]，《中国语文学系指导书（十七年度）》（国立暨南大学中国语文学系编辑部编辑：《国立暨南大学中国语文学系期刊》，创刊号，第284页）录有课程纲要："讲授殷周以来文字之流变，及两汉以来研究文字学者之方法及其中（鹏按：原文如此，'中'字疑当作'得'）失。"1928年秋，徐先生在暨大高中部普通科三年级讲授"文字学纲要"课程[《高级中学部各科准开学程（十七年秋季）》，《暨南周刊》，第3卷第8期，1928年9月1日，第157页]，同时在复旦大学中国文学科讲授"中国文字学"课程（复旦大学编辑出版《复旦大学章程·大学部教员》，第12页）。

② 《洪年图书馆新书目录》（《暨南校刊》，第57期，1930年4月28日，第28页）："徐中舒，《中国文字学》，1册，发行处：上海，暨大。书码：722—393。"

③ 国立暨南大学图书馆编辑出版：《暨南大学图书馆劫余书目》，上册"中文（附日文）之部"，第53页；国立暨南大学图书馆编辑出版：《国立暨南大学图书馆新编书目》，第1卷第2号，第46—48页。

④ 黄振汉《改组后的国立暨南大学》（《暨南周刊》，寒假特刊，1928年1月14日，第13、18页）记徐先生担任学程为"国文""国学概论"两门，又大学部预科所开学程，必修课目有"国文"，选修科目有"国学概论"。

[（唐）白居易]、11.《卖火柴的女儿》（[丹麦]安徒生作，周作人译）、12.《训俭示康》[（宋）司马光]、13.《文艺批评杂语》（疑为周作人《文艺批评杂话》）、14.《奏疼吟》[疑为（唐）韦庄《秦妇吟》]、15.《谢玄肥水破秦之战》[《资治通鉴》，见（清）曾国藩编《经史百家杂钞》]、16.《金石录后序》[（宋）李清照]、17.《班超传》（《后汉书》）、18.《我们建设怎样的国家》（汪精卫）、19.《物色篇》（《文心雕龙》）、20.《原君》[（明）黄宗羲撰《明夷待访录》]、21.《琵琶记·吃糠》[（元）高明]、22.《吟雪》[（明）施绍莘]、23.《非十二子》（《荀子》）、24.《日本的风刺传》（疑为周作人《日本的讽刺诗》）、25.《东山》（《诗经》）、26.《七月》（《诗经》）、27.《招魂》（《楚辞》）、28.《口技》[疑出（清）蒲松龄撰《聊斋志异》①]

以上28篇，加上《国学概论》，共计29篇，原注32篇、185页，②篇目编次稍欠条理，疑有讹误。《国学概论》讲义未见传本，疑佚。

三

1927年6月，暨南学校改组为国立暨南大学，郑洪年（字韶觉，1886—1958）出任校长。通过与郑氏同为国民党元老的易培基（1880—1937）的引介，徐中舒先生与夏丏尊、方光焘、方壮猷、刘

---

① 民国时期国文课本中所选的《口技》有三篇之多，分别录自（清）郑澍若编《虞初续志》、（清）张潮辑《虞初新志》、（清）蒲松龄撰《聊斋志异》[参见傅东华、陈望道编《（初级中学用基本教科书）国文》，第1册，第108—116页]，按徐先生友人王伯祥编《开明国文读本》（第1册，第137页）所选出自《聊斋志异》，疑徐先生选者亦同。

② 《十七年度上学期中文讲义统计表》，国立暨南大学编辑出版《国立暨南大学校务特刊（十六年度）》，第112—113页。

薰宇、章克标等一批立达学园的成员到暨大任教。① 徐先生同时兼课于复旦大学中国文学科。②

徐先生在暨大任教，另外还有清华国学研究院导师梁启超的关系。梁启超与暨大校长郑洪年，都曾从学于康有为，皆系万木草堂弟子。③ 除徐先生之外，约略同时在暨大任教的清华国学研究院毕业生，还有方壮猷、龚业光、程憬、周传儒等人。④ 周传儒的回忆可为证明："梁……介绍我去见暨南大学校长郑洪年，郑是梁在万木草堂时的同学……清华研究院学生受梁照应的还有一些人，如介绍陈憬、徐中舒去教书……"⑤

徐先生在暨大，是校长郑洪年最为倚重的人物之一。1927年6月大学改组成立之际，郑氏草拟改组暨南大学计划书与组织大纲，即由徐先生协助。⑥ 8月份大学历次教务会议，多由徐先生担任会议记

---

① 章克标《暨大教授》（陈福康等编：《章克标文集》，下册，第117页）："……正好暨南大学要在上海复校了，这是主要为华侨学生办的一所国立大学，已经请郑洪年来当校长，易培基此时又是教育部长了，所以可以托匡互生兄介绍，我们朋友中有许多人到暨南大学去教书了，如夏丏尊、方光焘、徐中舒等等。"章克标《开明书店的书和人》（陈福康等编：《章克标文集》，下册，第533页）："……匡互生则是立达的中心人物，因为他同易培基知己交深，易当时任教育部长，我们这些人由他介绍而进暨南任教的。"按1927年9月5日，暨南大学校长郑洪年正式就职，易培基作为国民政府教育行政委员会代表，莅校主持就职典礼（《校长正式就职纪事》，《暨南周刊》，第1辑，1927年10月8日，第5—17页）。又1927年8月立达学会设立董事会时，曾提出易培基、李石曾、郑洪年三人为董事（商金林撰著：《叶圣陶年谱长编》，第1卷，第380页）。

② 复旦大学编辑出版《复旦大学章程·大学部教员》（第12页）记徐先生学历为"清华大学研究院毕业，暨南大学讲师"，通讯处为"真茹暨南大学"，可知其本职在暨大，复旦为兼课。

③ 陈汉才：《康门弟子述略》，第94页。

④ 周传儒：《从上海给研究院同学谢国桢君的一封信》，《清华周刊》，第29卷第2号，1928年2月17日，第160—161页。

⑤ 周传儒：《回忆梁启超先生》，载中国人民政治协商会议广东省委员会文史资料研究委员会编《广东文史资料》，第38辑，第244—245页。1927年1月，梁启超为推荐程憬，专门写信给金陵大学国学系主任陈锺凡（吴新雷等编纂：《清晖山馆友声集》，第114—116页）；又1927年冯国瑞于清华国学研究院毕业时，梁启超曾为他给甘肃省省长薛笃弼写推荐信，大加奖掖（王锷：《冯国瑞与麦积山石窟》，载中国人民政治协商会议天水市委员会文史资料委员会印《天水文史资料》，第6辑，第44页）。

⑥ 《国立暨南大学十六年度下学期第七次纪念周》，《暨南周刊》，第2卷第7期，1928年4月9日，第69页。

录。① 9月21日，暨南大学成立南洋文化教育事业部，与大学部、中学部鼎足而三，为暨大组织构成的三大支柱之一。该部设立委员会总揽部务，下设教育、调查、指导、宣传、编译等五股，徐先生担任该部委员会委员、教育股主任，兼任该部主任秘书，具体主持部务。② 徐先生同时兼任中国文学系讲师，③ 系主任夏丏尊自1927年8月开始，④ 任职一学期后即提出辞呈。⑤ 校长郑洪年颇属意以徐先生为中文系主任，而为徐先生婉谢，遂于1928年1月5日聘陈锺凡担任中国文学系主任兼教授。⑥ 1928年初，周传儒写信给谢国桢，介绍南方的清华国学研究院同学情形时说："……至其现状，徐君中舒最称红阔，以一身兼复旦、立达、暨南诸校功课，并为暨大南洋文化事业部主任。新近郑韶觉屡征同意作暨大文学系主任，固辞不就，可见其声望之隆矣。"⑦

虽然如此，徐先生的内心并不快乐。1928年12月31日，徐先生致书傅斯年说："两年以来，弟在暨南、复旦，为教职事牵缠，不获专力学问，深以为苦。"⑧ 即以主持暨大南洋文化教育事业部而言，徐先生参与起草该部组织条例、宣言、各股办事细则，办理与校长、大学各部、国民政府海外殖民部，及上海与南洋有关系之各团体的联络事宜；大约每个星期组织召开一次部务会议，担任会议主席；编辑印行《南洋研究》月刊与丛书，及地图、国内外通讯、各项调查材

---

① 《大学部教务会议录（八月七日特别教务会议）》《八月十一日大学部教务会议录》《大学部教务会议录（八月十六日）》，并见国立暨南大学编辑出版《国立暨南大学改组特刊》，页码另起，均第1页。

② 参见拙著《暨南大学南洋文化事业部的历史沿革》，《东南亚研究》2007年第6期，第5—12页。

③ 《职教员一览表》，国立暨南大学编辑出版《国立暨南大学改组特刊》，页码另起，第4页。

④ 《民国十七年度大事月表》，国立暨南大学编辑出版《国立暨南大学校务特刊（十六年度）》，第25页。

⑤ 夏弘宁：《夏丏尊传》，第162页。

⑥ 《民国十七年度大事月表》，国立暨南大学编辑出版《国立暨南大学校务特刊（十六年度）》，第33页。

⑦ 周传儒：《从上海给研究院同学谢国桢君的一封信》，《清华周刊》，第29卷第2号，1928年2月17日，第160页。

⑧ 台湾"中央研究院"历史语言研究所藏傅斯年档案，档号：元63—1，转引自徐亮工《从"书"里到"书"外：徐中舒先生的学生与生平（代前言）》，《川大史学·徐中舒卷》，第9页。

料、南洋美术明信片；代表该部出席暨大校务评议会等等，有繁杂的行政事务需要处理，而且须分心从事与自己专业距离甚远的华侨教育研究（如撰写《南洋华侨教育与立案条例》，进行马来亚沙胜越学校调查）；同时还兼任上海华侨教育协会①干事部委员、研究股主任、海内外撰述员等职。②

数十年后，徐先生回忆这段生涯，还有很深的感慨："1927、1928两年，我在上海复旦大学、暨南大学和立达学园任教，功课很忙。这时我的接触面较广，我的读书时间渐少，我有些苦闷。我只想为自己打算找一个作研究工作的地方，希望关起门来，不闻世事来钻牛角尖……"③

堪称双美的是，1927年12月，著名华侨研究学者刘士木（1889—1952），应暨大聘请，入职南洋文化教育事业部，④于1928年2月被聘为文化股主任，同年6月23日被聘为该部部主任。⑤既有得力人才作为后继，徐先生于是辞去南洋文化教育事业部职务，专任暨大中国语文学系⑥讲师、历史社会学系教授，⑦并于1928年秋，兼

---

① 华侨教育协会是1926年2月，由著名华侨研究学者刘士木等在上海发起成立的民间团体，以"协助华侨教育之发展，增进侨民之文化事业"为宗旨。协会分董事、干事两部，各设正、副主席；韩希琦、刘贝锦、陈敬贤（陈嘉庚之弟）为董事部正、副主席，刘士木、黄介民为干事部正、副主席。干事部设总务、经济、文书、庶务、调查、研究、编辑、宣传、介绍、交际等十股，每股设正、副主任各一人，干事员若干人，分理会务（陈国华编著：《先驱者的脚印——海外华人教育三百年1690—1990》，第202—203页）。
② 关于徐先生主持暨大南洋文化教育事业部的情形，详参拙著《开辟东南亚与华侨研究的新纪元——暨南大学南洋文化事业部史稿（1927—1951）》，未刊稿。
③ 徐中舒：《我的思想检查总结》，1952年8月12日手写稿，转引自徐亮工《徐中舒先生学术编年（1898—1950)》，未刊稿。
④ 顾因明《〈南洋华侨史〉序》（李长傅：《南洋华侨史》，"顾序"，第1页）："去年（鹏按：1927年）……到了十一月初，刘先生将应郑韶觉校长之聘，主任暨大南洋文化部……"《事务处总处课日记》（《暨南周刊》，寒假特刊，1928年1月14日，第69页）记1927年12月20日收到刘士木应聘书。
⑤ 《校长布告（第九十一号）》，《暨南周刊》，第3卷第6期，1928年7月2日，第70—71页。
⑥ 1928年春，暨大中国文学系改名中国语文学系［《十六年度教务概况》，国立暨南大学编辑出版《国立暨南大学校务特刊（十六年度）》，第54页］。
⑦ 《历史社会学系同学会》［国立暨南大学编辑出版《暨南年鉴（1929年）·团体》，无页码］记1928年秋暨大历史社会学系师生联欢大会，出席者有系主任黄凌霜，教授程仰之、徐中舒、王家吉等。

任暨南大学高中部教员。①

就在1928年夏,徐先生与傅斯年在上海晤面。傅氏于1927年秋在广州中山大学创立语言历史研究所(1928年10月收归中央研究院,改称历史语言研究所,1929年春所址迁北平),② 邀请徐先生到所工作。徐先生欣然应允,乃于1929年1月辞去暨南、复旦教职,前往北平就史语所之职,从此专事古史与古文字研究,遂成为一代名家。③

---

① 《高级中学部各科准开学程(十七年秋季)》,《暨南周刊》,第3卷第8期,1928年9月1日,第157页。

② 《大学院接收广州中山大学语言历史研究所之经过》,《大学院公报》,第1卷第5期,1928年5月,第59—60页;傅乐成:《傅孟真先生年谱》,《傅斯年全集》(联经版),第7册,第276—284页。

③ 参见徐亮工《从"书"里到"书"外:徐中舒先生的学生与生平(代前言)》,《川大史学·徐中舒卷》,第9—11页。按徐先生辞职以后,暨大仍然保留着他的中国语文学系讲师、历史社会学系教授职位,1929年8月国立暨南大学编辑出版的《暨南年鉴(1929年)·教职员》(无页码)还有徐先生的项目:"徐中舒 国文,《尚书》及文字学史教授。"并见同年11月28日出版的《暨南校刊》第23期(第2页)所载《本校组织与教职员姓名》。徐先生1930年3月29日致陈中凡函中说"……韶觉校长曩日又坚约南旋……"(吴新雷等编纂:《清晖山馆友声集》,第372页),可相为印证。

"古今劝善第一奇书"的产生：
吕咸熙与《洞冥宝记》

20世纪20年代，中国的宗教界出现了一部著名善书《洞冥宝记》。这是云南省洱源县的鸾堂，以扶乩方式写成的鸾书，在海内外宗教界流行至今，印刷发行量极为惊人。① 它借鉴传为汉代人郭宪撰《洞冥记》，通过冥幽世界离奇的神仙故事，借地狱审判与轮回制裁，抨击劫运时期礼崩乐坏的流弊，告诫世人改过从善。②

《洞冥宝记》的出现，在中国鸾书史上具有里程碑式的重要意义。自此之后，游记类鸾书（或称"异界游记""他界游记"）如雨后春笋般产生。③ 由于该书的影响，鸾书的创作形式出现了新的突破，对话式的章回体鸾书逐渐取代了传统鸾书的地位。从宗教文学的角度看，这种鸾书采用流利的语言，并吸取散文与小说的文学技巧，书写天人之间的心录交感，可以进行自由发挥，鸾书的创作领域得以开拓，思想内容得以充实，语言文字由此表现得丰富多彩。④

更为重要的是，《洞冥宝记》中叙述的以关帝为首的神仙谱系，近百年来为海内外华人社会民间宗教普遍继承，影响极大。例如东南亚华人社会中流行的德教，在其经典文书中，《洞冥宝记》即占有一席之尊。德教崇奉的最高神"玄灵高上帝玉皇大天尊"即关帝，所谓"玉皇禅位，关帝于甲子年（1924）元旦继任"之说，源头即在

---

① 《洞冥宝记》于乙丑年（1925）秋于云南洱源刻成，存世版本以同年上海明善书局印本最早，最近一个本子则见于王卡等主编《三洞拾遗》，第7册，题作《洞冥记》。
② 詹石窗：《道教文化十五讲》，第179页。
③ 龚鹏程：《游的精神文化史论》，第169页。
④ 郑志明：《中国善书与宗教》，第425页；郑志明：《中国文学与宗教》，第206页。

《洞冥宝记》。① 这种神仙谱系在现当代台湾民间宗教中亦获得广泛接受，关公被尊为第十八代玉皇大帝。② 以是之故，《洞冥宝记》被称为"古今劝善第一奇书"③。

遗憾的是，关于这部现代中国宗教名著本身的历史，迄今尚未见有学者做过专门的研究，④ 关于此书的作者与成书情形，既有学术文献的叙述颇不明朗。笔者经过多年思考探究，并曾赴云南采访调查，今将研究所得，草成札记一则，自以见闻有限，恳请方家教正。

一

《洞冥宝记》一书，或称《洞冥记》，编辑者署名有"惟一子""洱源惟一子""吕惟一"数种。"惟一子""吕惟一"究竟为何许人？以往学者对此都未能讲清楚。⑤

我们经过许多努力，在1933年洱源县鸾坛扶出的另一部鸾书《蟠桃宴记》中找到了答案。该书明确指出："……这广法真人，就是惟一子吕咸熙……奉命编辑《洞冥宝记》的主人。"⑥ 吕咸熙之子吕幼阶（号应山）撰《先考事略》亦云："先公……著作等身，尤以

---

① 参见冷东《东南亚海外潮人研究》，第369页；张新鹰：《生于中国、长于海外的德教》，载中国宗教学会秘书处编《中国宗教学》，第2辑，第384页；林悟殊：《泰国潮人德教信仰考察》，载洪林等主编《泰国华侨华人研究》，第344页。近年据学者研究，"关帝当玉皇"的说法在清末即已出现［王见川：《同善社早期的特点及在云南的发展（1912—1937）：兼谈其与"鸾坛"、"儒教"的关系》，《民俗曲艺》第172期，2011年6月，第151—152页］，但无可否认的是，此说普遍流行的原因，还是由于《洞冥宝记》一书。

② 参见王见川《台湾"关帝当玉皇"传说的由来》，载高致华编《探寻民间诸神与信仰文化》，第261—279页；郑志明：《台湾全志》卷9《社会志·宗教与社会篇》，第113、116页。

③ 参见赵波等《关公文化大透视》，第135页。

④ 台湾学者李芝莹《从〈洞冥宝记〉看善书的创作意识》（《台中教育大学学报》2009年第1期）一文就善书功能方面进行讨论，未涉及该书本身的历史。

⑤ 柴庆宗撰《惟一子〈洞冥记〉提要》（载秦和鸣主编《民国章回小说大观》，第22页）云："惟一子，吕姓。生平不详。"朱大渭《千古名将独一人——关羽人神辨析》（收入氏著《六朝史论续编》，第131页）亦云《洞冥宝记》《蟠桃宴记》二书作者不详。

⑥ 洱源定一子编辑：《蟠桃宴记》，卷6，第31回，第2页。

《洞冥记》一书，风行海内，脍炙人口。"① 另外，当地学者撰写的文史资料也证实了这一点。赵振銮撰《洱源县凤羽白族清静寺》一文说："吕咸熙……曾将觇堂上圣贤仙佛做的诗文，汇成一册，名《洞冥记》在昆明出版，风行滇西一带，为道教徒所深信。"② 马锦撰文《张结巴》亦云："……吕咸熙……他曾作了一本《洞冥宝记》，在民间流传很广。"③ 据此，《洞冥宝记》的编撰者为吕咸熙，道号惟一子，可以肯定无疑。

吕咸熙生于清同治三年（1864），④ 云南省大理府浪穹县应山铺（今大理州洱源县三营镇永乐村）人，字尧阶，别号紫光（或作子光）。相传吕氏原籍皖北，清嘉庆八年（1803）以黄河水患避地来滇。⑤ 始祖吕潮，一世祖应聘公，至咸熙为十一世。父国亨，母杨氏。⑥ 光绪二十一年乙未科（1895）进士，光绪三十三年（1907）任四川试用道，后随驻藏大臣兼川滇边务大臣赵尔丰筹办西康边务，任边北道职，深受器重。⑦ 宣统三年（1911），赵尔丰署四川总督，保路运动爆发，武昌起义之后，四川宣布独立，赵氏在成都被杀。此后

---

① 吕应山撰：《先考事略》，此文石刻在今洱源县三营镇永乐村，论文附录一录有释文。

② 云南省编辑组：《云南少数民族社会历史调查资料汇编（一）》，第114页。按：文中"觇堂"字误，当作"乩堂"。

③ 马锦：《张结巴》，李佩久等整理，中国人民政治协商会议云南省洱源县委员会文史资料委员会编辑出版《洱源文史资料》，第1辑，第80页。

④ 吕应山撰《先考事略》云"生于西历一八六四年"。又秦国经主编《清代官员履历档案全编》（第7册，第713页）云光绪三十三年（1907），"吕咸熙现年四十三岁"，可为映证。

⑤ 据笔者2008年8月采访记录，吕氏族人撰有对联曰："安徽皖北家声远，闻得云南世泽长。"即纪此事。但吕咸熙生于同治初年，上距嘉庆八年只有60余年，时间不足以衍续十一代世系。疑此或为明嘉靖八年（1529）之误，史载是年黄河决口改道（参见韩昭庆《明清时期黄河水灾对淮北社会的影响探微》，载刘海平编《文明对话：东亚现代化的涵义和全球化中的文化多样性》，第455页；梁祖灵等：《中国土地管理史》，第353页）。

⑥ 此据吕氏后人吕惟善先生家中祖先神龛所写"造周公子孙分支表"，笔者2008年8月采访记录。

⑦ 朱保炯等：《明清进士题名碑录索引》，第2859页；秦国经主编：《清代官员履历档案全编》，第7册，第713页；四川省民族研究所《清末川滇边务档案史料》编辑组：《清末川滇边务档案史料》，第650页。按：贺觉非《西康纪事诗本事注·赵尔丰经边情形及其永世》（第25页）载赵氏《灵石记》文云"因与吕紫光观察咸熙、傅华封太守嵩烋、崔敬甫州牧志远、察粮台刘少卿大令廷灏，日相研究……"，可见赵、吕亲近关系之一斑。

"古今劝善第一奇书"的产生：吕咸熙与《洞冥宝记》

进入民国时代，吕咸熙退出政治生活，回乡里居经营实业，同时从事宗教活动。他曾任迤西矿业公司总经理，民国七年（1918）开始于兰坪县通甸乡开办下甸铅厂。① 晚年被滇西匪首张结巴（彪）裹胁，充当张氏与地方政府疏通的中间人，在云南省政府唐继尧和龙云的政权更迭中，成为政治派系斗争的牺牲品，1929年以"通匪"之名被枪决。②

吕咸熙的存世著作，除了《洞冥宝记》之外，还有《劝善宝箴》四卷、③《训女宝箴》三卷、④《儒门救世金丹》四卷。⑤ 其中《训女宝箴》是民国时期女诫类善书名著，迭经重印，影响也相当大。⑥ 这些著作都是鸾书。《洞冥宝记》书中说：

> ……各省善坛虽多，而尤以滇西为最。故五圣抉择于洱源之东、南两乡，命兴坛李生复诚，豫坛杨生抱一，入冥钞案，续成《八宝金针》中下二卷。又命绍坛之赵生笃诚、杨生定一、守一、段生志一侍乩，降演《劝善宝箴》一卷。再命婉坛张生妙慧，集合各坛诸子，降演《儒门救世金丹》全部。再令各坛乩生协力赞

---

① 李汝春主编：《唐至清代有关维西史料辑录》，第153页；王仁安等：《兰坪冶金厂矿史料》，《怒江文史资料选辑》编委会编辑出版《怒江文史资料选辑》，第20辑，第7页；怒江傈僳族自治州地方志办公室编：《怒江傈僳族自治州志》，下册，第546页。

② 马锦：《张结巴》，中国人民政治协商会议云南省洱源县委员会文史资料委员会编辑出版：《洱源文史资料》，第1辑，第110—112页。吕氏卒年，见赵振銮撰文《洱源县凤羽白族清静寺》（云南省编辑组：《云南少数民族社会历史调查资料汇编（一）》，第114页）。关于清末民初以来吕咸熙的人生经历，吕幼阶撰《先考事略》云："……嗣以被潜还成都。继遭国变，大功未竟，归卧南山。闭户著书，躬耕课子。民初，徐世昌组阁，以公负天下之望，欲以礼为聘，罗而致之不可。洪宪一役，蔡松坡、唐萱赓、李协和三公，卑辞敦促，亦拂袖不顾。常有句云：'此日甘居陶令宅，当年曾谒岳王祠。'其清风亮节，有足多者。民十七，蕉苻遍三迤，父老流离，梓乘涂炭，公痌瘝在抱，倡议安抚，仇家乘隙倾陷，以'莫须有'三字，死公于狱，一郡哀之，享年六十有四寿。"按蔡锷字松坡，唐继尧字萱赓，李烈钧字协和。

③ 《劝善宝箴》有1920年洱源绍善坛刻本，收入王见川等编《明清民间宗教经卷文献续编》，第9册。

④ 《训女宝箴》存世最早的版本是上海人文印书馆1921年印本，近有台湾嘉义市玉珍书局1983年印本，又收入王见川等编《近代中国民间宗教经卷文献》，第3册。

⑤ 《儒门救世金丹》有1922年刻本及上海宏大善书局1930年石印本。

⑥ 参见徐梓《家范志》，第274页。

襄，降演出上皇敕颁之《五圣经诰》一卷。至校正编辑之责，则令吕生惟一统任之。①

据此，可知由吕咸熙编撰而成的鸾书，还有《八宝金针》《五圣经诰》二部，②唯未见公私藏书目录著录，疑已亡佚。

二

从南诏、大理国时期开始，大理就是云南道教活动最兴盛的地区。③至明末清初，在道教组织"洞经会"的基础上，大理地区发展起来一种特别的民间宗教组织"圣谕坛"（有时写作"圣谕堂"）。圣谕坛思想内容兼有儒、释、道三教学说，但仍以道教为主。它谈演道家的大洞经（以《文昌洞经》为主），宣讲皇帝圣谕与民间善书，并举行扶乩活动。进入民国以后，帝制既已取消，圣谕坛宣讲内容亦发生变化，所谓"圣谕"转而指玉皇大帝的"谕旨"④。有学者曾指出，洱源县是大理地区"圣谕坛"的发源地。⑤

关于清代至民国初年洱源圣谕坛的组织情况，史料较为罕见。我们从《洞冥宝记》书中，可以发现一些信息。卷七第二十五回（第6页）说：

> 转眼又望见海中有一座崇山，高插云表，又问真君。真君曰："此蓬莱第一峰也，吕祖师宫殿在焉，尔绍、豫、婉、风、

---

① 洱源惟一子编辑：《洞冥宝记》，卷1，第2回，页码每卷自为起讫，第5页。
② 《蟠桃宴记》卷1第5回（第21页）云"而定一子更于惟一之后，著录《治世金箴》，续成《五圣经诰》"，知《五圣经诰》一书为吕咸熙、杨定一先后续成。
③ 郭武：《道教与云南文化》，第二章；萧霁虹等：《云南道教史》，第二章。
④ 参见剑横《大理民间同善社、圣谕堂和尹教的活动情况》，中国人民政治协商会议云南省大理市委员会文史资料研究委员会编辑出版《大理市文史资料》，第2辑，第119页；李慰苍：《大理的"圣谕坛"》，中国人民政治协商会议云南省大理市委员会文史委员会编辑出版《大理市文史资料》，第3辑，第83—84页。
⑤ 李慰苍：《大理的"圣谕坛"》，中国人民政治协商会议云南省大理市委员会文史委员会编辑出版《大理市文史资料》，第3辑，第83页。

"古今劝善第一奇书"的产生：吕咸熙与《洞冥宝记》

和五坛之总机关亦在焉……"①

本回下文又有"我绍、豫、婉、风、和五坛"（第16页）、同卷第二十六回亦有"敕建绍、豫、婉、风、和五坛会馆"（第32页）云云。卷二第二回提到"兴坛李生复诚"（第5页），卷七第二十五回有"兴坛龙华会"（第2页）。书中又提到"德坛信女"（卷二，第九回，第5页；卷十，第三十六回，第37页；等等），"庆善女坛"（卷八，第二十八回，第1页），"豫、庆善信"（卷八，第二十八回，第18页）。

据此可知20世纪20年代，洱源圣谕坛有绍善坛、豫善坛、婉善坛、风善坛、和善坛、兴善坛、德善坛、庆善坛等组织，以绍、豫、婉、风、和善坛等五坛为主，后二者为女坛。每坛下分一、二、三、四、五、六等坛不等，一坛又称大坛。

在绍善坛扶出的另一部鸾书《劝善宝箴》中，记有清代中后期绍善坛历史的简要情况：

兹洱源城南绍善一坛，有绍述十六字心传之至意，接承五千道德之深思。遭兵燹后，宫殿圮毁，人心陷溺，斯坛不振久矣。迨至光绪戊戌年秋季，斯坛各村弟子，一乃心志，重整斯坛。其中复有孝行可风者一二人，百折不回者二三子，而后生继承者，又属品学详明，躬行实践，斯坛又为之一大振矣。②

所谓兵燹，当指清咸丰六年至同治十一年间（1856—1872）杜文秀回民起义一事。可知绍善坛的复兴在光绪二十四年戊戌（1898）以后，而大振斯坛，"品学详明，躬行实践"的"后生继承者"，应该指的就是吕咸熙一辈人了。

民国初年洱源圣谕坛之主要人物，在《洞冥宝记》书中亦可找

---

① 洱源惟一子编辑：《洞冥宝记》，卷7，第25回，第6页。
② 《先师降劝善宝箴序》，《劝善宝箴》，影印本，王见川等编《明清民间宗教经卷文献续编》，第9册，第189页。

到，为简明起见，兹列表如次（见表一）：

表一　　　　20世纪20年代洱源圣谕坛组织表①

序号	坛名	主要人物	备注
1	绍善坛	吕惟一（咸熙）、赵精一（笃诚）、尹通一、杨定一、杨守一、杨允一、杨厥一（汉忠）、段志一、段参一	
2	豫善坛	杨抱一	
3	婉善坛	张妙慧	
4	凤善坛		
5	和善坛		
6	兴善坛	李复诚	
7	德善坛		女坛
8	庆善坛	吕元吉	女坛

由上表可以看出，绍善坛活动人物最多，影响最大。②《洞冥宝记》一书，乃合绍、豫、婉三坛乩生之力扶出。卷一第三回（第7页）说：

> 圣帝曰："如今下界善坛虽多，灵根不昧，诚信笃实者，仅有滇省洱源东、南两乡，豫、绍、婉三坛诸子，可任此事……当以此书责成绍坛之赵、尹二子，杨、杨四子，段、段二子，而以

---

① 根据《洞冥宝记》编制的这个组织表是不完备的。据《五圣伏魔灵经》（影印1932年洱源县周善坛刊本，收入王见川等编《明清民间宗教经卷文献续编》，第3册，第531—599页）卷首载闻宪章《五圣灵经序文》（甲子年，1924），洱源县玉河村有周善坛。又约略同时洱源县凤羽乡还有溥善坛，笔者于2008年7月在凤羽发现一部《地母鳌鱼真经》抄本，署有"民国丁巳年麦秋凤邑各善信捐赀仝敬刻""板存凤邑溥善坛""后学杨通一谨书"等字样，可为证明。民国丁巳年是1917年。

② 另一个证据是《洞冥宝记》（卷10，第38回，第58页）记杨抱一游冥，于金阙门口，"见大照壁上，高悬天榜三张……中一张，乃绍善坛榜文，约有一百余名，前三十名，俱贴赤金，光辉灿烂。后七十余名，有贴金者，有朱书者，等等不一。再看右一张，乃是洱源各坛总榜，约有三百余名，其贴赤金者，有八十名，字颇光亮，余则朱书墨书，等等不一"。此处所述洱源圣谕坛主要成员名录，各坛总榜三百余名，绍善坛即有一百余名，当为实录。

豫、婉二坛之杨、张二子补助之。不过一年内外，而书成矣。"

此次扶乩活动以绍善坛为主导，故卷八第二十八回（第4页）有"圣帝颁演《洞冥记》于绍坛"之说。绍善大坛集会地点为应山铺关圣宫，地址在今永乐村中心完全小学（前身为灵澜小学，由吕咸熙三子吕幼阶于1937年创办），现今小学附近区域，村民仍称之为"坛上"。小学进门直道，今仍称礼义路，左右各有六棵柏树，相传为吕氏祖先手植。据吕氏族人回忆，小学过厅二楼旧有扇形窗子，上书一"善"字；出过厅东面拱门，为东大殿，殿内隔为三间，中间为关圣阁，为吕氏家族修建。①

吕咸熙道号惟一子，是绍善坛、豫善坛、婉善坛等各善坛的总主坛。② 他与各善坛人士，谊在师友之间。《洞冥宝记》书中，杨定一称"惟一师兄"（卷七，第二十五回，第16页），而圣帝谓杨抱一曰"尔师惟一子"（卷九，第三十一回，第6页），杨抱一称吕咸熙母杨氏为"太师母吕元君"（卷八，第二十九回，第31页），可证。由此可见吕咸熙在洱源圣谕坛组织内的中心地位。

三

作为一部长篇冥界游记，《洞冥宝记》的创作，是一个旷日持久的艰苦工程。据书中所记，从庚申年冬月十六日（1920年12月25日）开始，至辛酉年三月十五日（1921年4月22日），游冥扶乩活动前后持续了四个月之久。③ 每回游冥演述，均于晚间举行。一般戌时（19至21时）开始，亦有在亥时（21至23时）者；大多在次晨黎明结束，偶有夜半结束者。坛中设有冥床、沙案：冥床为游冥乩生

---

① 此据笔者2008年8月采访记录。旧时灵澜小学门称礼门，进门直道称义路（参见鲁王弼《永乐小学的由来》，中国人民政治协商会议云南省洱源县委员会编辑出版《洱源文史资料》，第4辑，第78—79页）。
② 洱源定一子编辑：《蟠桃宴记》，卷6，第31回，第2页。
③ 《洞冥宝记》末尾第三八回，为三年之后，于癸亥年十二月初一（1924年1月6日）演述，游冥生为杨抱一。

之寝具，用于迎候神仙降临；沙案则为扶乩之灵物。游冥乩生皆为绍、豫、婉三坛诸子。我们据《洞冥宝记》书中所记，列表如下（见表二）：

表二　　　　　　　《洞冥宝记》游冥乩生表

坛名	乩生	演述章回	总计
绍善坛	赵精一	二三、三三	2回
	尹通一	二〇	1回
	杨定一	五、六、七、八、九、一〇、一四、一五、一六、二四、二五、二六、三五、三七	14回
	杨守一	一一、三二	2回
	杨允一	一九	1回
	杨厥一	一二	1回
	段志一	一七、一八、三〇	3回
	段参一	一三	1回
豫善坛	杨抱一	二二、二八、二九、三一、三四	5回
婉善坛	张妙慧	二一、二七、三五、三六	4回

每回演述，吕咸熙"日侍冥床，得句传达"①，负责报字，是神仙训语的中间传递者；同时由抱一子（杨越珊）侍乩，② 担任"纪录仙官"，负责誊录。③ 在漫长的游冥扶乩活动期间，吕咸熙与游冥乩生的交流沟通（关于游历的场所、意图、经历、见闻等内容方面的设计），想必是一个关键的环节。古语有云"言之无文，行而不远"，此书的后期创作，包括章回演义体裁、诗词曲赋等形式方面的润色，

---

① 《复圣颜帝序》，洱源惟一子编辑：《洞冥宝记》，书首，第7页。
② 杨越珊，号椒山，应山铺邻村神灵旁（今三营镇乐善村）人，道号抱一子，与吕咸熙并称"东乡二子"。据吕氏族人回忆，传说吕咸熙性格犟执，而才能不及杨氏，于是民间有"长角水牛吕紫光，任随越珊牵四方"之俗语。按杨春宇《洱源善书与近代鸾坛救劫运动的人类学研究》（《人类学研究》，第4卷，第180页）说：杨抱一，名荫培，字越山，生年不详，1947年去世，据说享年84岁。
③ 关于大理巍山县圣谕坛扶乩时的人员安排，薛琳《巍山地区佛教历史调查》（《大理方志通讯》1987年第1期，第104页）一文有简明扼要的叙述，可以参证。

或许尤其重要。吕咸熙于1925年所作《跋》中说："……惟一校正编辑……爰就其文，更讹正谬，不惮烦琐，重录一过，纸穷笔秃，经年而书始成。"无论从哪个方面来说，似乎都可以认为吕氏是《洞冥宝记》一书的创作者。无怪乎吕氏的工作，为道友所普遍承认。还在《洞冥宝记》演述过程中，就有"……编辑此书，惟一子深任其难，昕夕从事，心血费尽"，"……惟一子编辑善书，继晷焚膏，勤劳卓著"之称赞，且多次假仙佛旨意，赐予明珠、蟠桃、眼镜、宝珠、金丹、玉印、雪藕、玄霜、灵丹、仙衣、宝带、小帽、皂靴、宝剑等宝物，"以酬其校书之苦"①。无怪乎在吕氏去世之后扶出的另一部鸾书《蟠桃宴记》中，道友们还不忘表彰他的功劳，称他是箕水星君下凡，②"《洞冥》写尽心头血"③，并以"天皇"之名，封他作"代天开化广法真人"，为"新证金阙右相的统化帝君"④呢！

四

《洞冥宝记》创作的成功，简单地说，在于两个方面：一是文学形式上，充分运用韵文（诗词曲）与散文（包括小说）的多重功能，使得鸾书的创作空间大为开拓。二是思想内容上，兼有宗教、哲学、历史、地理知识等丰富内涵。而这与吕咸熙本人的学问修养大有关系。在吕氏故家发现的一个藏书目录，为我们提供了丰富的信息。

据笔者采访，现今在洱源县三营镇永乐村，还保存着吕咸熙本人修建的一栋老屋。这是一座二层楼房，土木结构，房子非常陈旧，已不住人。二楼神龛有吕氏祖先世系图，亦因年久而残阙。墙壁上仍有百年前新屋落成，友朋庆贺赠送的许多副对联，上款写"紫光贤友""紫光研兄"等。楼上堆积着农家生活使用的许多什物。其中一只作书箱用的大皮箱，箱盖内侧保存着一张书目，内容是：

---

① 洱源惟一子编辑：《洞冥宝记》，卷6，第24回，第50页；卷7，第26回，第22页；卷9，第31回，第20页；卷10，第34回，第12—13页；第37回，第40页。
② 洱源定一子编辑：《蟠桃宴记》，卷2，第11回，第45—46、48页。
③ 洱源定一子编辑：《蟠桃宴记》，卷6，第32回，第8页。
④ 洱源定一子编辑：《蟠桃宴记》，卷6，第31回，第2页。

《通鉴纪事本末》十二套，共七十二本。
　　《十三经注疏》壹百廿本。
　　《性命圭旨》壹套计四本。
　　《唐诗合解》壹套计六本。
　　《海国图志》十六本。
　　《苏文奇赏》贰套共计拾本。
　　《坐花志果》四本。

　　全部图书共计232册。这些都不是明清以来藏书家自矜的孤本秘笈。简而言之，《十三经注疏》是儒家经典大全；《性命圭旨》是明代出现的一部重要的道教内丹修炼著作；《坐花志果》作者为清人汪道鼎，是咸丰、同治年间流行的善书；《通鉴纪事本末》以事为纲，便于阅读，是从前人常用的中国通史（先秦至五代）读物；魏源的《海国图志》，则是近代中国人认识世界各国历史地理的知识来源；《唐诗合解》为清代雍正年间王尧衢编注，是明清以来诸多唐诗选本中流布较广的一部；《苏文奇赏》是明代崇祯年间陈仁锡编注的苏轼文选。

　　书目上并有"元""三之七?"等字样，或许这里记载的只是吕氏藏书中的一小部分。然而已经可以为我们认识吕咸熙其人，提供较多的背景知识，成为解读《洞冥宝记》一书的重要线索。根据我们的推测，这七种图书应该是吕咸熙的常用书，从中可以看出吕氏兼摄儒、道的意向，诗文方面的爱好，历史地理知识的来源，以及编撰善书的命意所在。其中《通鉴纪事本末》有十二部，自然不是一人使用，当为某一群体使用，想来应该与吕氏的宗教事业有关。[①] 由于篇幅所限，这里不能详细展开讨论，关于书目所载图书与吕咸熙宗教活动的对应关系，有待学者进一步深入研究。

[①] 在古今中外鸾堂的宗教实践中，乩生的培养是一个共同的关键问题。从表二可以看出，在《洞冥宝记》演述过程中，游冥乩生以吕咸熙所在的绍善坛为主，人物最为兴盛，应该与吕咸熙的着意培养大有关系。《通鉴纪事本末》十二部或许即用为乩生中国历史知识的教科书。

五

以吕咸熙为代表的洱源圣谕坛，在云南各地产生了较大的影响。云南剑川县乔后井（今属洱源县）浡善坛于1916年刊刻的善书《同善录》，① 卷首即有吕咸熙所作序。这里还可以1933年，顺宁县圣谕坛诸子不辞辛劳，② 千里迢迢远赴洱源拜师习乩的故事，作为一个典型的例证。

据顺宁地方志书记载，顺宁圣谕坛始于清光绪二十九年（1903），③ 先有江外夹江一带，由毕清风组织降乩，成立有若干圣谕坛。同时，顺宁马街董乩生设立的报恩圣谕坛，亦有影响。至1917—1918年间，漭水明华村徐树邦、徐士俊等人，到马街报恩坛向董乩生习乩，之后成立从善第一坛，组织圣谕会，宣讲善书。此后，《洞冥宝记》等善书由洱源传到顺宁，圣谕坛影响不断扩大。1926年，马街人李步云（字癯仙，1869—1939）到洱源习乩，其间写信回乡，提议选人前往学习。于是，漭水江楼的高炳仁、达丙九甲的林萃浦等人，先后到洱源县应山铺，同李步云一起向乩师杨越删（道号抱一子）学习。回顺宁后组织"从善圣谕坛会"，高炳仁成为坛首，在顺宁、云县等地组织坛会，门人有杨正发等三人，杨氏在右甸、保山两地降乩。经过近20年的发展，顺宁圣谕坛已遍布保山、昌宁、顺宁、云县等地。坛会有组织28个，入会人数约8000余人，其中在昌宁县共设有12个从善坛，会员约380人。④

顺宁与洱源两地圣谕坛的亲密关系，在1933—1934年间两处联手完成的鸾书《蟠桃宴记》中，得到充分的体现。

关于《蟠桃宴记》一书的来龙去脉，洱源定一子、顺宁全一子的跋语有较为清楚的说明。全一子跋云：

---

① 此书曾为甘肃兰州书友郭亚东先生收藏。
② 顺宁县即今临沧市凤庆县，部分县境于1933年析置昌宁县，属保山市。
③ 李维智：《会道门传入凤庆县及其覆灭简介》，中国人民政治协商会议凤庆县委员会编辑出版《凤庆文史资料》，第5辑，第42页。
④ 参见昌宁县志编纂委员会编纂《昌宁县志》，第667页。

记之颁示顺宁有日矣，初指示于八景山，继提议于松鹤山，终实行于有珠山。谕谓：是记非上等乩士不能颁演，而上等乩士，非向洱源延聘不可。乃奉吕帝圣命，谬承各坛首领公推，命全一一行。时癸酉春二月初三，文帝圣诞，经众议决。全一遂束装首途，经十日，抵洱源，访士于东乡石屏庵。适逢会期，爰整冠登坛参圣，拜谒会友。问候之时，杨子抱一，杨子定一，张子妙一，杨子特一，俱在会中，喜出望外，乃敬致聘请颁演之忱，叨蒙赞许，众口一词。……自乩沙而游冥，而笔录，而编辑，而批评，已阅周年。又誊真、校雠、正误，复经数月，全记始成。敬呈上圣鉴定赐叙，付印流传。①

定一子跋云：

《蟠桃宴记》一书……书名初颁示于顺宁江外。李子全一，奉命至洱。适逢豫善坛办会，大士临坛，谕饬抱一、妙一，负游演之责，定一兼负编辑校正之任，三阅月而全书演出。……定一奉命……乃于五月敬焚香案……焚膏继晷，昕夕从事，编辑校阅，纸穷笔秃，阅半年而脱稿。又复奉请济颠禅师批评，复经月余而竣事。定一因是到顺宁两江，与善坛诸君子商议流通办法。李君全一，又再为校雠誊真，细心推勘，久而不倦。而陈元一、李昌一、鲁主一、林荫一、赵励善，所有善坛善社诸君……踊跃输捐，维持印刷，以广流通。②

二篇跋语作于甲戌年（1934）七月。据此，可知《蟠桃宴记》一书，最先创意由顺宁鸾坛提出，因胜任乩生之缺乏，故至洱源延聘乩师；游演活动于1933年（癸酉）春在洱源鸾坛举行，游冥乩生为洱源杨抱一、杨定一、张妙一诸子，杨定一并担任编辑校阅工作；书

---

① 《蟠桃宴记跋二》，洱源定一子编辑《蟠桃宴记》，卷末，第2—3页。按杨春宇《洱源善书与近代鸾坛救劫运动的人类学研究》（《人类学研究》，第4卷，第181页）说：杨特一，名殿魁，洱源城北沙坝（今后墩村）人，于1950年去世，享年60岁。
② 《蟠桃宴记跋一》，洱源定一子编辑《蟠桃宴记》，卷末，第1页。

稿复校与刊印流通，则于1934年（甲戌）由顺宁鸾坛承担。全一子是李步云的道号，他到洱源拜访的时间在1933年，顺宁地方志书记为1926年，是错误的。《蟠桃宴记》书中叙述李氏远赴洱源之情景云："李子闻之，欣然愿往，遂与各善士负笈担箧，自骑款段，直向洱源取道前进。时值仲春天气，柳媚花明，一路登山涉水，行经十余日，始达洱源。"① 当为实录。

顺宁善坛前往洱源习乩诸子，在《蟠桃宴记》书中提到的，有"李、高、徐各子""林、鲁、马三人"②。据书首《顺宁善坛善社首事出力出财各代表善友相》与卷末定一子跋，李当指李全一（步云），高指高凝一，徐指徐融一（或为徐执一），林指林荫一，鲁指鲁主一（或为鲁准一），马不详（不知是否为毛协一之讹）。其中高凝一、林荫一，应该就是顺宁地方志书所记高炳仁、林萃浦的道号。《蟠桃宴记》一书之游冥演述，于癸酉年二月二十一日（1933年3月16日）开始，至闰五月六日（6月28日）完成，可知顺宁诸子在洱源的停留时间，计有三月之久。

《蟠桃宴记》书中明言全一子前往洱源的目的，在于"寻求游演《洞冥记》之抱、定、妙诸子"③。前引全一子跋文中，"而上等乩士，非向洱源延聘不可"一语，揭示了洱源圣谕坛在云南民间宗教中具有举足轻重地位的事实，这是《洞冥宝记》一书影响扩大化的明证。学者已经注意到，洱源圣谕坛与民国年间著名教门同善社有密切的关系。④ 在《洞冥宝记》的传播过程中，同善社所属上海明善书局等出版机构起了巨大的作用。⑤ 民国时期《洞冥宝记》的常见版本，有陈荣昌题签

---

① 洱源定一子编辑：《蟠桃宴记》，卷1，第4回，第16页。
② 洱源定一子编辑：《蟠桃宴记》，卷5，第28回，第23页；第30回，第36页。
③ 洱源定一子编辑：《蟠桃宴记》，卷1，第4回，第16页。
④ 参见王见川《台湾"关帝当玉皇"传说的由来》，载高致华编《探寻民间诸神与信仰文化》，第264页；王见川：《同善社早期的特点及在云南的发展（1912—1937）：兼谈其与"鸾坛"、"儒教"的关系》，《民俗曲艺》，第172期，第144—145页。民国时期云南圣谕坛与同善社的密切关系，应该是一个普遍的现象。除了洱源，如顺宁、龙陵等地皆是如此（参见李维智《会道门传入凤庆县及其覆灭简介》，中国人民政治协商会议凤庆县委员会编辑出版《凤庆文史资料》，第5辑，第42页；龙陵县志编纂委员会：《龙陵县志》，第727页）。
⑤ 同善社创办的出版机构，专印善书的有北京天华印书馆及上海明善书局（参见游子安《善与人同：明清以来的慈善与教化》，第82—83页）。

者，有述古老人题签者，后者尤为流行，并沿用至今。陈荣昌（1860—1935）是清末民初云南著名学者，有"一代文宗"之称，[①]为同善社云南分社的核心成员；[②] 述古老人则是同善社首领彭泰荣（1868—1950）的别号。[③] 这个现象深可注意，它是《洞冥宝记》一书地域性影响逐渐扩大，从云南辐射到全国的标志，问流溯源，凡此皆与吕咸熙本人有莫大的关系。

（笔者2008年8月于云南洱源采访调查过程中，获得吕实才先生、吕惟善先生等吕氏族人的热忱帮助，谨此致以衷心的感谢！）

补　记

笔者于2013年8月，在云南洱源再次进行考察，承姻伯赵金雄先生指示和帮助，所获见闻，有补正前文缺失者二项，兹简要记述如次：

第一，洱源鸾坛绍善大坛的集会地点，在县城附近赵家营、芷洲村（今属茈碧湖镇文强村）之间的文澜阁，[④] 而不是我们原先认为的吕咸熙故里应山铺关圣宫（今三营镇永乐村中心完全小学）。文澜阁位于赵家营南，芷洲村北，因此赵家营村民又称之为南寺，芷洲村民称作北寺。此处今为赵家营、芷洲村莲池会活动场所，内有"绍善大坛功德碑"石刻二方，为赵、芷二村莲池会于1997年建立。

[①] 陈荣昌，字筱圃，号虚斋，云南昆明人，光绪九年（1883）进士，官至山东提学使，著有《虚斋文集》等（《新纂云南通志》，卷202，《陈荣昌传》，点校本，第8册，第357—358页；张一鸣：《一代文宗陈荣昌》，《云南日报》2005年4月28日）。

[②] 陈荣昌道号三然子，著有《洗心室思道记》，与同善社云南分社首领杨觐东著《性道略说》合刊为《心法刍言》一书［参见李世瑜《现代华北秘密宗教》，第113页；王见川：《同善社早期的特点及在云南的发展（1912—1937）：兼谈其与"鸾坛"、"儒教"的关系》，《民俗曲艺》，第172期，第141页］。

[③] 彭泰荣，字汝尊，号述古老人、回龙老人，四川永川县人，于民国初年创立同善社，为统道师尊，20世纪二三十年代有信徒数百万众（参见永川县志编修委员会编纂《永川县志·人物·彭汝尊传》，第898—900页；赵嘉珠主编《中国会道门史料集成：近百年来会道门的组织与分布》，下册，第939页；秦宝琦：《中国地下社会》，第3卷，第380—385页）。

[④] 杨春宇《洱源善书与近代鸾坛救劫运动的人类学研究》（《人类学研究》，第4卷，第177、179页）作宁南府，此或为别称，宁南应该是宁湖（茈碧湖）之南的意思。按马锦巴《张结巴》（中国人民政治协商会议云南省洱源县委员会文史资料委员会编辑出版：《洱源文史资料》，第1辑，第80页）亦作文澜阁。

文澜阁主要建筑有二，前（东）为文澜阁，后（西）为绍善坛。

文澜阁坐东朝西，建于20世纪20年代，为附近赵家营、芷洲村、杨家营、尹家营（今茈碧湖镇文强村）、炼城、上中村、下中村（今属茈碧湖镇中炼村）等村民集资修建。旧为四层高楼，登楼可极目远眺，洱源坝子风景尽收眼底，为县境内一处名胜。三楼原有十八罗汉铜像，树立，十八尊像皆为黄铜所制，每尊高一公尺左右。分置于东、南、北面，每面六尊。铜像于1958年大炼钢铁时毁坏。至1974年，赵家营生产队进行基建，将文澜阁三、四楼拆除。此阁今仅存一楼、二楼，无复旧时的规模盛况，今二楼屋柱顶端，尚可见到被拦腰截断的锯痕。

绍善坛坐西朝东，为一座大殿，建筑年代不详。殿门两旁有木刻对联，文曰："绍述心传十六字，善参道德五千言。"这副藏头联嵌入"绍善"二字，提示绍善坛得名之由来，撰者杨维新，芷洲村人。原刻毁于20世纪60年代"文化大革命""破四旧"之中。今者为1975年重立，段子略书，芷洲村人，落款云"八十有七"。殿内旧有三圣塑像，关帝居中，玄帝在南，文昌在北。原像毁于60年代"文化大革命""破四旧"之中。今殿内新修关帝塑像在北，未居中位，并有佛道塑像数尊。

文澜阁是《洞冥宝记》的创生之地。1920年12月—1921年4月，吕咸熙与绍善、豫善、婉善三坛诸子，持续四个月之久的游冥扶乩活动，就在此处举行。文澜阁原存有《洞冥宝记》全套木刻雕版，为榆木材质，存放于北边厢房二楼，于1951年、1952年间散失。又芷洲村魁星阁曾存有《洞冥宝记》初刻十余部，为马家营马氏家族（马标、马子华父子）藏书，[1] 新中国成立初期集中存放于芷洲村魁星阁，藏书总数有一万余册，于1968年、1969年"文化大革命"期间焚毁。

---

[1] 马标（1881—1958），洱源马家营（今属茈碧湖镇文强村）人，清庠生，同盟会员，曾任云南讲武堂教官，路南、彝良等县县长，滇西公路兵工修路处总工程师，是云南最早的铁路公路高级技术人员，著有《一透斋诗文稿》等（参见大理州地方志编纂委员会编纂《大理白族自治州志》，卷9，第274—275页）。马子华（1912—1996），现当代作家，20世纪40年代曾任云南省主席龙云、卢汉秘书，后为云南大学教授，著有《滇南散记》等（参见洱源县民族宗教事务局编《洱源县民族宗教志》，第351页）。

马锦《张结巴》一文记述道:"这时,宁东应山铺村里,有一个清末遗老,叫吕咸熙,字紫光,进士出身,人们管他叫吕进士,曾在京都当过兵部侍郎的官(鹏按:此处不确,当为兵部车驾司主事),早年前闲居在家。他笃信佛教,好善,在地方上很有威望……在洞经会中称为魁首。他领导的洞经会,兼设圣谕堂。还有老妈妈的什么'慈善会'、'莲池会'等与他都很密切。他曾作了一本《洞冥宝记》,在民间流传很广……恰在这个时候,芷洲村有些赶马到乔后井驮运食盐的人,因在罗坪山常被张结巴土匪抢劫,遂倡议做三天三夜的斋事,请吕进士来主坛。吕咸熙带来了洞经会弟子,莲池会老奶,在文澜阁上设坛弹演洞经音乐,讲《大洞经》,讲圣谕。这天,斋堂上一片灯烛辉煌,香烟飘缈,正当他正坐坛台,频频诵讲,坛下听众毕恭毕敬,彬彬有礼,洗耳聆听之际。突然枪声四起……(中略,言匪首张结巴率众而来,胁迫吕咸熙上山议事等)……这时,吕进士早已吓得魂不附体,躲在一旁窥视,听了这些话后,旋即又正襟危坐,闭目养神,口中念念有词地咏诵着那沙盘里刚降下的……乩语:'临坛不见恶妖魔,伏地群生念弥陀。匪患终消乙巳日,樵农山野乐呵呵。'"① 此文所记,亦可在相当程度上证明文澜阁——绍善大坛,正是吕咸熙等人创作《洞冥宝记》的宗教活动场所。

第二,绍善大坛扶出的另一部鸾书《劝善宝箴》,记有清代中后期该坛历史的简要情况:

兹洱源城南绍善一坛,有绍述十六字心传之至意,接承五千道德之深思。遭兵燹后,宫殿圮毁,人心陷溺,斯坛不振久矣。迨至光绪戊戌年秋季,斯坛各村弟子,一乃心志,重整斯坛。其中复有孝行可风者一二人,百折不回者二三子,而后生继承者,又属品学详明,躬行实践,斯坛又为之一大振矣。②

---

① 马锦:《张结巴》,中国人民政治协商会议云南省洱源县委员会文史资料委员会编辑出版《洱源文史资料》,第1辑,第80—81页。
② 《先师降劝善宝箴序》,《劝善宝箴》,载王见川等编《明清民间宗教经卷文献续编》,第9册,第189页。

一坛又称大坛，绍善一坛即绍善大坛。所谓兵燹，当指清咸丰六年至同治十一年间（1856—1872）杜文秀回民起义一事。是知绍善大坛历史悠久，因咸同年间兵燹受到破坏，光绪二十四年戊戌（1898）以后得以复兴。《洞冥宝记》书中云"绍坛之赵生笃诚，杨生定一、守一，段生志一侍乩，降演《劝善宝箴》一卷"①，又云"绍坛之赵、尹二子，杨、杨四子，段、段二子"②，书中可考见其名号，即赵精一（笃诚）、尹通一、杨定一、杨守一、杨允一、杨厥一、段志一、段参一诸子，为绍善大坛的主要人物，这应该就是《劝善宝箴》书中所谓大振斯坛，"品学详明，躬行实践"的"后生继承者"了。

通过采访，获知诸子生平如次：

赵精一（笃诚），名敦仁，道号精一子，赵家营人，1942年因病去世。

尹通一，名德一，道号通一子，尹家营人，20世纪60年代去世。③

杨定一，名九畴，道号定一子，芷洲村人，1949年后土改中去世。④

杨守一，道号守一子，疑即绍善坛木刻对联撰者杨维新，芷洲村人。

杨允一，道号允一子，三营菜园村（今属三营镇永胜村）人。

杨厥一，名汉忠，道号厥一子，江干村（今属茈碧湖镇）人。

段志一，名月秋，道号志一子，芷洲村人，20世纪60年代去世。

段参一，道号参一子，疑即绍善坛重立木刻对联书者段子略，芷洲村人。

以上诸子之中，杨定一主持编撰《治世金箴》《五圣经诰》《蟠桃宴记》等鸾书，在吕咸熙去世之后，为洱源鸾坛宗教活动的核心人物。

---

① 洱源惟一子编辑：《洞冥宝记》，卷1，第2回，第5页。
② 洱源惟一子编辑：《洞冥宝记》，卷1，第3回，第7页。
③ 杨春宇《洱源善书与近代鸾坛救劫运动的人类学研究》（《人类学研究》，第4卷，第182页）说：尹德一，字吉哉，生于清光绪十八年（1892），1970年去世，是芷洲村人。
④ 杨春宇《洱源善书与近代鸾坛救劫运动的人类学研究》（《人类学研究》，第4卷，第179页）说：杨定一，字范卿，生于1890年，卒于1951年。

附录一　吕幼阶（号应山）撰《先考事略》

清赐进士出身钦加二品赏戴花翎诰授中宪大夫兵部主政蜀省观察奏调办理川滇边务事吕紫光先生故里

先考事略

三男吕应山撰文　　后学赵汉伟书丹　　后学王廷佐镌石

先公氏吕，讳咸熙，字尧阶，紫光其别号也。生于公历一八六四年，家贫幼孤，孝友笃学。清光绪乙未成进士，康南海、清道人其同年友也。当历职郎署时，常以京师去家万里，未奉板舆为憾，遂以蜀省观察自请左迁，为迎养计耳。无何，丁继祖妣忧，厥图弗果，归营丧葬，克尽哀礼。服未阕，边帅赵尔丰知其能，奏调办理川滇边务事。公迫于廷议，墨经持节，慨然以张骞、班定远自期许，嗣以被潜还成都。继遭国变，大功未竟，归卧南山，闭户著书，躬畊课子。民初，徐世昌组阁，以公负天下之望，欲以礼为聘，罗而致之不可。洪宪一役，蔡松坡、唐萱赓、李协和三公，卑辞敦促，亦拂袖不顾。常有句云："此日甘居陶令宅，当年曾谒岳王祠。"其清风亮节，有足多者。民十七，萑苻遍三迤，父老流离，梓桑涂炭。公痌瘝在抱，倡议安抚，仇家乘隙倾陷，以"莫须有"三字，死公于狱，一郡哀之，享年六十有四寿。卒后著作等身，尤以《洞冥记》一书，风行海内，脍炙人口。其为文多以讽世嫉俗之辞，託诸鬼神怪诞不经之说，奇异跌荡如《庄子》，幽怨愤懑如《离骚》，何莫非公一生颠沛穷愁，有以使之然耶。呜乎！亦可悲矣。

（石刻在今云南省洱源县三营镇永乐村）

附录二　吕咸熙著述辑目

一　著作（六部）

1. 《劝善宝箴》四卷　吕咸熙编辑

1）民国九年（1920）洱源绍善坛刻本。

2）影印本，收入王见川等编《明清民间宗教经卷文献续编》，第 9 册，台湾新文丰出版公司 2006 年版。

2. 《八宝金针》 吕咸熙编辑 按：未见传本，疑佚。

3. 《五圣经诰》 吕咸熙、杨定一编辑 按：未见传本，疑佚。

4. 《训女宝箴》三卷附录一卷 吕咸熙编撰

1）杨锺钰增辑，上海人文印书馆铅印本，1921 年，202 页。

2）杨锺钰增辑，上海人文印书馆铅印本，1929 年，202 页。

3）上海明善书局印本，1930 年，182 页。 按：书后附有"训女宝箴游冥钞案附本阴卷全册"。

4）上海宏大善书局石印本，1930 年。

5）台湾嘉义市玉珍书局印本，1983 年。

5. 《儒门救世金丹》四卷 惟一子辑

1）民国十一年（1922）刻本。 按：藏上海图书馆。

2）上海宏大善书局石印本，1930 年，四册。

6. 《洞冥宝记》（题名或作《洞冥记》）十卷三十八回

1）《洞冥宝记》，惟一子编，上海明善书局，1924 年，482 页。

2）《洞冥记》，吕惟一辑，又署洱源惟一子辑，铅印本，1924 年。 按：藏上海图书馆。

3）《洞冥宝记节钞》，十卷，慧诚子重辑，上海明善书局，1925 年，408 页。

4）《洞冥记》，吕惟一辑，又署洱源惟一子辑，合川悔惺斋刻本，1927 年，十册。 按：藏上海图书馆。

5）《洞冥记》，洱源惟一子撰，哈哈道人铅印本，1927 年。

6）《洞冥宝记》，惟一子编，上海明善书局，1929 年，460 页。

7）《洞冥记》，吕惟一辑，上海宏大善书局石印本，1929 年，六册。 按：藏上海图书馆。

8）《洞冥宝记》，福州李元恩刻字铺，1929 年。

9）《洞冥宝记》，洱源惟一子编辑，上海新民公司石印本，

1931年。

10)《洞冥记》，上海经书流通处，1931年，六册。

11)《洞冥记》，上海经书流通处，1933年，六册。

12)《天地玄机洞冥宝记》，《生报》（上海）连载，1939年12月1日至31日。①

13)《洞冥宝记》，乐善社刊印，收入《珍本善书 因果类》，上海大众书局，1940年代。

14)《洞冥宝记》，民国间上海人文印书馆印本。

15)《洞冥宝训》，饶弼臣编，民国间重庆中西铅印局印本。

16)《洞冥宝记》，香港，1958年。

17)《洞冥宝记》，香港天元堂，1971年。

18)《洞冥宝记》，台湾，1975年，出版项不详，二册，精装。按：甲寅年重印本，藏台湾南华大学图书馆。

19)《洞冥宝记》，台北清正堂，1980年。

20)《洞冥宝记》，台北市无极瑶池慈銮宫，1980年。按：与《蟠桃宴记》合记，藏台湾政治大学图书馆。

21)《洞冥宝记全书》，林立仁整编，台北县正一善书出版社1993年版。

22)《洞冥记》（冥地卷），仙谷子译著，中州古籍出版社1994年版。

23)《洞冥记》，十卷，收入《关帝文献汇编》，第十册，国际文化出版公司1995年版。

24)《洞冥宝记》，香港金兰观，2000年。

25)《洞冥宝记》，香港圆玄学院，2001年。

26)《洞冥宝记》，北京八大处寺庙募印，2002年。

27)《洞冥记》，惟一子编辑，收入王卡、汪桂平主编，中国宗教历史文献集成编纂委员会编纂《三洞拾遗》，第7册，黄山书社2005年版。

---

① 孟兆臣：《中国近代小报史》，第452页。

二　公牍（六件）

1. 试用道吕咸熙为报赴更庆钦差行辕任职日期致赵尔巽电　清宣统元年（1909）十月十七日。　按：藏北京中国第一历史档案馆，馆藏号：543—361—14。[①]

2. 吕咸熙办理甘孜及俄洛百姓投诚案文件（共五件）　清宣统二年（1910）五月十一至二十一日。　按：藏四川省档案馆，馆藏号：7—289。[②]　检吴丰培编《赵尔丰川边奏牍》（四川民族出版社1984年版，第245、246、390页），录有"道员吕咸熙报孔撒女土司携印出走派员留印放行并甘孜头人前来投诚禀""吕咸熙甘孜喇嘛前来投诚并愿招致俄洛女酋投诚禀""道员吕咸熙桑披率众受抚禀"等公牍三件，时间在清宣统二年（1910）五月，疑为四川省档案馆藏件之属。

[备考]赵尔丰为进驻察木多文牍繁赜令饬前来行辕相同经理致吕咸熙札　清宣统元年（1909）十二月初八日，藏四川省档案馆，馆藏号：7—43。[③]

[备考]德格属格则阿学坝头人桑迫为色许及昌洒贡马两处逃匿百姓悔过回乡游牧纳税请发赦罪准收文凭致吕咸熙禀（原件藏文，共2件）　清宣统二年（1910）五月，藏四川省甘孜州档案馆，馆藏号：1—5—123。[④]

三　诗文（四篇）

1. 《游宁湖赋并序》　载清周沆纂辑《浪穹县志略》卷一一，清光绪二十九年（1903）刻本。《浪穹县志略》又有杨圭臬校点，洱源县政协文史资料委员会、洱源县地方志编纂委员会印本，1989年。

2. 《重修浪穹县志序》　载清周沆纂辑《浪穹县志略》卷首，版本同上。

[①] 中国第一历史档案馆、中国藏学研究中心合编：《中国第一历史档案馆所存西藏和藏事档案目录（汉文部分）》，第1014页。
[②] 四川省档案馆、中国藏学研究中心合编：《四川省所存西藏和藏事档案史料目录（1388—1949）》，第44页。
[③] 同上书，第36页。
[④] 同上书，第46页。

3. 《同善录序》 载民国五年（1916）云南剑川县乔后井（今属洱源县）浡善坛刊刻善书《同善录》卷首 按：此书曾为甘肃兰州书友郭亚东先生收藏。

  同善录序
  岁丙辰秋，有剑阳善士董生灿熙，新刊善书一卷，求序于余。余闻其书为《同善录》，所集训歌格言铭戒，宗旨甚正，不涉诡异隐僻，可以风世励俗，余甚嘉之。吁！时至今日，善岂易言哉。自近代崇尚欧学，言平权，言平等，言自由，吾华之讲文明者，辄奉为圭臬，至旧学家所言纲常伦纪之理，善恶劝惩之道，非指为腐败，即斥为顽固。噫！风会所趋，人心遽（下阙）

4. 杨金鹤墓志铭 杨金鹤即洱源鸾坛重要人物杨定一之父。[①]

[①] 参见杨春宇《洱源善书与近代鸾坛救劫运动的人类学研究》，《人类学研究》，第4卷，第179页。

听松风楼读书笔记(十四则)

题 记

《梁书》卷五一《处士·陶弘景传》说:"永元初,更筑三层楼,弘景处其上,弟子居其中,宾客至其下,与物遂绝,唯一家僮得侍其旁。特爱松风,每闻其响,欣然为乐。"我很喜欢这段话的意境。

在我的云南老家,后园有一座小楼。园中有许多果树,溪水日夜喧流。看得见月上东山,关了灯坐在窗前,微风徐来,树影婆娑,月光落在房间地上,四下里只是清静。这种情境很美。我在楼上读书写字,慢慢地度过了少年时代。许多年过去,到我再回家的时候,小楼的土木建筑变成了钢筋水泥,我有些惆怅。

长大以后,老家也是不常回去的。那里西山多松,山野间行步坐卧,风过处飒飒作响,回旋往复,绵延不绝,静听之下意味深长,使人心胸舒畅。我在广州,故乡的松风常常在我心中荡漾。

我把现在读书的地方,称作听松风楼,既表示对先贤风致的景仰,兼有怀念故里旧日时光的意思。

这些读书笔记,是我平时学习思考的一些零散记录,篇幅长短不拘,也是严整学术论文之外的一种写作方式。

(一) 孔子的鞋

大凡有些历史常识的人都知道,孔子生前的运程并不是很好。他三岁的时候失去了父亲（《孔子家语》卷九《本姓解》），自己也承认"吾少也贱"（《论语·子罕》），不用说是很经过些苦日子的；成年后做官，有过适意的时候，比如说作大司寇（相当于现在的公安部长兼司法部长）那阵子，有四年之久；为了"得君行道"，一生中多次周游列国，希望有诸侯能任用他一展身手，但漂泊几十年，都不是很顺利，还被刻薄地称作"丧家之狗"（《史记》卷四七《孔子世家》），只好回鲁国老家教书写作，寄怀抱于千载，辞世之际，想必是非常寂寞的。

但是孔子身后的荣光与声名，只能用"超级"二字来形容，全部中国史中无人能比。"天不生仲尼，万古长如夜"（语见《朱子语类》卷九三），北宋时民间流传的这句话，很可以代表过去读书人的普遍观念。闲来说说孔子遗物流传的故事，就可以看出这一点。

汉代三四百年间，孔子穿过的衣服，戴过的帽子，弹过的琴，坐过的车，佩带的剑，看过的书，穿过的衣服、帽子、鞋子，还有桌子、席子等，一直保存在他曲阜的故居。西汉武帝时，司马迁为撰写《史记》而游历天下，就曾亲眼见过。

西汉武帝时，司马迁曾在孔子故宅，观览所藏的"衣冠琴车书"（《史记》卷四七《孔子世家》）。东汉时曲阜的孔氏家族，还保存着孔子的"车舆冠履"（《东观汉记》卷七《东平宪王苍传》，《后汉书》卷四二《光武十王·东平宪王苍传》）；鲁相钟离意，曾自己出钱修复孔子坐的车，还亲自到孔庙擦拭几席剑履等遗物（《后汉书》卷四一《钟离意传》李贤注引《意别传》）。

西晋时京城洛阳的武库（皇家兵器库），收藏有孔子的鞋（不知道是一只，还是一双？），是一件镇库之宝，可惜毁于惠帝元康五年（295）的一场大火（《宋书》卷三二《五行志》三；《异苑》卷二）。唐代刘禹锡曾言"尼父之生，土无一里。梦奠之后，履存千祀"（《刘禹锡集》卷四《佛衣铭》），说的应该就是这件物事。当然，孔子卒于鲁哀公十六年（前479），到西晋时不过七百多年（参见陶敏等《刘禹锡全集编年校注》卷一五），"千祀"只是个虚数吧。

在晋代以后，孔子的鞋还有流传。孔子庙里，大概都会有这么一件古物展示。南朝陈后主至德三年（585），在京城建康（今南京）

改建孔子庙，诏书中说：梁末丧乱以来，孔庙衰败荒芜，"断琴故履，零落不追"（《陈书》卷六《后主纪》）。如果琴履不只是文学修辞的意象，那么这句话可以作证据。

《阙里志》载："孔子履毁于晋武库火，仅存图。赞曰：君子所履，小人所视。"①照这么说，西晋时孔子的鞋虽然被烧毁了，但是有图样传下来。清人徐宗干《斯未信斋全集·斯未信斋诗录》卷二《阙里集·夫子履》诗注："旧藏于晋武库，今亦止有遗图。"可为旁证。

唐宣宗曾经按照那个式样，仿制成一种"鲁风鞵"（鞵、鞋，音义皆同。其实现在山东的制鞋品牌很可以用这个作为商标，英文翻译就该叫 Shandong Style）。这种鞋竟然成为一种儒雅时尚，被公相王侯竞相仿效，不过改了个名字，称作"遵王履"（宋陶穀《清异录》卷下），意思是：穿和您一样的鞋，遵循着您的脚步往前走。

北宋徽宗政和二年（1112，辽天庆二年），辽国曾经声称得到孔子的鞋（宋朱彧《萍洲可谈》卷二）。在此之后不久，金人灭宋，所掳去的古物中，也有孔子的鞋（明沈德符《万历野获编》卷二七"衣钵"）。

到了蒙元中统三年（1262，相当于南宋的景定三年），著名文学家王恽在燕京一位赵姓前辈的学舍，看到了孔子的鞋。这是夏季五月的一天，一同瞻拜的还有徐世隆、刘郁、张著等多位名流，王恽精神振奋地写了一篇《孔履记》（《秋涧先生大全集》卷三六），好比用文字画了一幅"素描"：

> 履之制极古，长尺有二寸，其圈以丝。藉则以枲为之，纹作古方花，角结骈罗，纰络如画，不可端倪。厥首几几，似圆而方，状若物勾，势欲上达。循口有衣如罾，可相掩覆。傍缀绳绚，长约数寸，殆用拘缚，以敛口哆。环唇之周，中贯繶紃。叠踵之后，辫结方舒。犊鼻穿彻，色苍艾无光。枲之纤垽者逮弊，

---

① 按（明）陈镐等撰《阙里志》卷一一《林庙志》未见此文，转引自（清）张玉书等编《佩文韵府》卷三四之二。

丝之坚凝者不变也。

进入元代，好多士人都看到过孔子的鞋。诗人傅若金，也写过一篇《孔子履赞》（《傅若金集·傅与砺文集》卷八）。杨瑀明确记载道，孔子的鞋收藏在大都钟楼街的富家（《山居新语》卷一）。从辽朝到金元时期，特别是在燕京流传的，不知是不是同一个物事呢？

下至清末民初的时候，山东曲阜孔庙的圣迹殿也有孔子的鞋。《东方杂志》第七年第四期（1910年）、《孔教会杂志》第一卷第一期（1913年）、《新体国语四书简易解》（上海广益书局1920年版）等书刊载有图片，《东方杂志》图有说明文字：

> 按此履现藏曲阜圣庙，亦名唐风鞮。制以淡红缎，绿线双梁，白布底。长约八寸，梁高约三寸，深约四寸。

民国初年教育学者周公才瞻拜孔庙，记述有现场的感觉：

> 圣迹殿内有孔子履，珍藏匣中，惟不轻以示人。外涂漆重重，较原形大有四之一。（《周公才旅行笔记·曲阜》，第69页）

同时，曲阜衍圣公府也藏有一双孔子的鞋（图见王炳福等《老明信片中的山、水、圣人》，但看不出来单双）。据孔氏后人记述，可能是明代的复制品，文曰：

> 同时保存下来还有明代的靴子三双……其中一双靴子历代相传名为"夫子履"，传说为孔子当年穿过。从手工制作和布料等来鉴定，应为明代复制。它是否以孔子当年穿过的靴子为蓝本，不能断定。此履为长圆形，白布底用麻线纳制，粉红亦近于雪青色丝绸鞋面，前有四条双鼻口，已破损张开露出几层布面。（《孔府内宅生活》第四章之二）

据载，孔林也有一双孔子的鞋（图见《内务公报》1914年第10

期《孔林所藏古代衣履摄影》及《江苏教育行政月报》1914年第12期），样子好像与孔庙、孔府的都不太一样。这么说，曲阜"三孔"都有。现代语文学者黎锦熙说："曲阜县有所谓'孔子履'者，硕大破烂，无人能穿；我曾见之，有其照片。"［《读经问题"老话"（二）》，载《文化与教育》1935年第52期］不知他所指的是孔庙、孔府、孔林中的哪一双。

另外，山东汶上县也藏有一只孔子的鞋。清同治、光绪年间，王嘉桢作过详细的记录：

> 癸酉（鹏按：当指同治十二年，1873）小春，余至山东，道出汶上县。时表兄郑田孙（名溥，字田孙）方宰是邑，留署七日。库中旧藏夫子履一只，长尺余，广不过三寸。底薄而小，如包布而坚实者，首尾相称。首双梁，尾单梁。中似黄缎，或是深红退色，边镶色稍淡，有黑点直文，如织带纹者。微破，帮后略有汗迹，底有黄泥焉。（《在野迩言》卷一《汶上古迹》）①

到民国年间，这只鞋收藏在汶上县民众教育馆文物陈列室［见《申报》1934年11月26日第三版《韩复榘到汶上》；《微山湖区史缀》（二）《民国通纪》；《汶上县志》文化编第七章第七节］，并在1922年7月由山东省教育厅主办的山东历史博物展览会上获得乙等奖（《山东历史博物展览会报告书》二编第三章《古物门审评报告》，第171、188页）。汶上县即春秋时鲁国的中都邑，是孔子作过长官（中都宰），政治生涯开始上升的地方。根据教育学者廖泰初在20世纪30年代的调查，当地流传着孔子的鞋怎样遗落一只在汶上的故事（《动变中的中国农村教育：山东省汶上县教育研究》，第12、30页；

---

① 汶上县旧时另一件古物，为五代后梁大将王彦章用过的铁鞭，王嘉桢观瞻之后也有记述。其文不易寻，一并录于此。《在野迩言》卷一《汶上古迹》："又有王招讨铁鞭，重百余觔，高与肩齐。铁质而圆，末梢锐，手执处以黄铜包之。其上四角而顶平，每面各有金字一，曰'赤心报国'。予亦能只手举之。忠武如招讨，其功烈诚有不可磨灭者，五代时一人而已。观其物，想见其为人。"又《申报》1934年11月26日第三版《韩复榘到汶上》云："（汶上）县为古中都，多孔子遗迹。……民教馆存孔子履，并王彦章铁鞭，重十八斤。"

《民国时期社会调查丛编》本，第43、46、59页），具体情节今人写有小说故事出版（董均伦等《孔子世家：九十九个半故事》第二十八《孔子脱靴》，其中也说到清朝时候，汶上县衙门有个玻璃盒子，放着一只一尺多长的"夫子履"），可以参看。汶上这只孔子的鞋，直到1937年抗日战争爆发之前还有保存，在日伪时期遗失（马兴才《汶上孔庙及孔子宰中都建置遗址》，载《汶上文史资料》第4辑）。算算时间，距离孔子去世已有两千四百年。

如今山东省博物馆还有孔子的鞋展出，来源就是原先孔府的旧藏。曲阜孔庙以及汶上县中都博物馆也有展出，但都说是仿制品。

这里说说孔子的鞋的尺寸。孔子原本身材高大，有"长人"之称（《史记·孔子世家》）。宋代以前的古书中就有记载，孔子的鞋长有一尺四寸，与平常人不同（《太平御览》卷六九八引《论语隐义注》，参见袁珂《中国神话传说》周秦篇上第六章）。元代王恽说是一尺二寸，晚清时孔庙的是八寸，汶上县的是一尺多。历代度量衡递有变革，不容易细考。王国维《古史新证·中国历代之尺度》说尺度之制，唐代以后变化甚微，宋代以后尤少变化。粗略计算一下，孔子鞋的大小，可能在26厘米（42码）至42厘米（74码）之间，总归很大。

说起来，如果连脚上穿的鞋子，都在世间保存了上千年，这个人精神的不朽，自然是不用说的了！但奇怪的是，古往今来，南方北方，竟然有那么多孔子的鞋流传！孔子穿过的鞋固然不止一双，但也不会每双每只都有人收藏，谁能预测到它们注定会流芳千古呢？

1935年6月，章太炎在《大公报》上发表了一篇文章，题目是《论经史实录不应无故怀疑》（收入章太炎《国学概论》附录二，又见徐一士《一士类稿·太炎弟子论述师说》），其中有几句话说得很有意思。但原文有点啰唆，我略引其文，顺便把文言文翻译了一下：

> 中国有很多东西，上面并没有文字，自古相传都说是某人之物。比如晋代武库所藏孔子的鞋，鞋上面并没有"孔子"两个字。确切地说，鞋子，本来无从知道究竟是谁的。为什么呢？因为鞋子本身是不会说话的。

在此之后，吕思勉则以史家的博识与严谨，就两晋南北朝时期所谓古物提出了疑问：西晋武库中的孔子履，从哪里得来呢？即使是皇家的掌故，实际上也同道听途说的齐东野语差不多，不足为凭（吕思勉《两晋南北朝史》第二十三章第八节）。周一良说孔子履、高祖剑"当系假托之物，未必可信"（周一良《魏晋南北朝史札记·〈陈书〉札记·敌人首级之保存》），更是干脆。

东西的真假是一回事，之所以认为它是真的——就此展开讨论，就算是物质文化史的研究范畴了。历史文献中说到孔子的鞋，常称作"孔子履"。在汉语中，履字本来就有将一种思想价值观念付诸实践的意思，所以"孔子履"不仅是鞋子而已，更是一个重要的儒家文化象征。明代以来的人，有时把它和禅宗初祖达摩的衣钵（《万历野获编》卷二七"衣钵"），或者佛骨舍利相提并论（见章士钊《柳文指要》卷二五《送僧浩初序》之三）。这是很耐人寻味的一个文化史现象。

再由佛骨舍利、达摩衣钵和孔子的鞋比观，引起我的一点感想。佛教把最高价值置于彼岸世界，因此与现世的社会生活保持了距离，高僧大德可以抛却世俗事务的束缚困扰，较易体现崇高的社会形象；而儒学要在当下的人生中实现价值，不可避免地与世俗社会纠缠不清，儒家的高尚追求每每被淹没在凡庸万象之中，极难凸显。所以高僧易觏，儒家大师难寻，与此应有很大关系。在这个意义的层面上，就成为圣贤的艰辛程度来说，我以为儒家的造境更高。

（二）沈曾植《月爱老人客话》

黄进兴《优入圣域：权力、信仰与正当性》中《"朱陆异同"》一文，论及儒家心之概念，引沈曾植言为证："沈曾植（1851—1922）读《月爱老人客话》时曾说：'佛家析心为六、七、八三识，道家析心为精、气、神，儒家止以一心写括之。'"（第380页，注①；修订版，第291页，注④）此处语意未明，究竟《月爱老人客话》为沈氏原作，或是此处转引他人著作？如为后者，那么《月爱老人客话》的作者是谁？

按黄氏引文出沈氏《海日楼札丛》卷四"心"条，"精、气、神"下夺"三宝"两字,"儒家止以一心写括之"之"写"字,为"字"字之讹。(《优入圣域》一书,手民误植之处甚多,不必为作者之误,兹其例也)末有"《月爱老人客话》"六字注明出处,黄氏所谓"沈曾植读《月爱老人客话》"语出此,而实未明其义。

《札丛》书后有钱仲联跋,言沈氏遗著有家藏未刊学术札记二十余种,由钱氏董理编定,总颜曰《海日楼札丛》,以"诸卷为量不一,且颇零乱无序,于是略仿《困学纪闻》《日知录》《十驾斋养新录》之例,合并比次之,仍录原书名于各条之下"。未刊学术札记其中一种,"曰《月爱老人客话》者一卷,己未春所记宋、明理学暨杂家言也",则《客话》一书为沈氏自著,非他人所作明矣。黄氏似未读钱跋,不明本条末署"《月爱老人客话》"六字之义,故于文中用一"读"字模糊其辞,恐读者难得其正解。

(三) 王葆心之死

1927年6月,王国维在北京投昆明湖自杀,门人徐中舒撰《王静安先生传》,说"先是长沙叶德辉,武昌王葆心,均以宿学为暴徒枪杀于湘鄂","先生……深鉴于叶、王等之被执受辱",是为其"愤而自沈"之直接起因。

叶德辉、王葆心都是当时全国知名的学者。叶氏在长沙,于1927年4月11日被杀(其子叶尚农致日本学者松崎鹤雄信函,以及周作人《叶德辉案》、刘薰宇《叶德辉的临终》等文,记有叶氏受审被刑的细节,可以参看),但是同时在武汉,被誉为"一代儒宗之殿"(梁鼎芬语)的王葆心,却并未有被杀之事。

王葆心(1869—1944)是中国近代最著名的学者之一,字季芗,号晦堂,晚号青坨山人,湖北罗田县人。早年肄业于两湖书院,清光绪二十九年(1903)举人,历任学部主事,北京图书馆、湖北通志馆总纂,湖北国学馆馆长,武昌高等师范、武汉大学教授等职,著述宏富,以经、史、文学驰名海内。

据王葆心之侄王延杰记述,王氏在辛亥革命后,一度闲居京、沪,相与交往的学界名流如王国维、陈衍、林纾、高步瀛等,对王氏备极推崇。1923年，王氏南归返鄂，担任湖北国学馆馆长等职。抗战爆发后，武汉沦陷，王氏避居罗田故里，1944年4月13日病逝，享年77岁。（有关王氏生平，其门人徐复观、谈瀛撰《王季芗先生事略》，王延杰《王葆心先生家传》《我的叔父王葆心》，以及同乡后辈张亚幕《回忆王葆心先生晚年二三事》等文所记，最可征信。）

徐中舒作王国维传中，所谓王葆心"被执受辱""为暴徒枪杀于湘鄂"之说，应该是当时普遍的讹传。徐氏于"文化大革命"中写的一篇交代材料"解放前写的两篇反动文章"中，自承关于王国维自杀的原因，"还是得之于自北平南下的人士的传说……仓卒执笔，就无暇一一为之核实"（见徐亮工《徐中舒先生生平编年》，按徐先生当时在上海各大学任教）。王葆心并未死于当时，然而王国维遗书中说"五十之年，只欠一死。经此世变，义无再辱"，"再辱"二字，不能说与王葆心之死的讹传无关。当时世局的动荡混乱，由此一误会可以印证。

与叶德辉的"落后"不同的是，王氏属于思想"进步"的学者，晚清时他曾与同盟会会员周泽春等人交往，撰有《吾国政治改革动机论》一书，歌颂孙中山领导的革命运动。1911年武昌起义后，他和杨祖谦等人在天津成立"天民社"，筹办《天民报》，宣传革命共和。1912年被聘为湖北革命实录馆总纂，修撰《湖北革命实录》（可参看甘骏《王葆心在辛亥革命中》一文）。

王葆心于1923年起担任湖北国学馆馆长，据当时从学的徐复观记述，"一九二六年，北伐军抵武汉，国学馆亦因之废弃；自是先生往来乡邑省垣间，读书著书，未尝一日或间"，由国学馆以时变停办的事实，可以推知王氏亦受到革命风潮的冲击，只是具体情形不详。谈瀛《事略》说"国学馆既停办，先生始得专心致志以综治方志"，似乎王氏受冲击的程度并不太剧烈。王氏生前写有日记，数十年中未有间断，可惜身后因为故居湫隘阴湿，加以鼠咬虫伤，今已全部损失，否则我们对当时的情形，就能得到一个更加真切的了解。

顺带一提的是，王葆心毕生精一治学，成就综贯四部，就现代学科分类而言，广涉文、史、哲各科，门人谈瀛《事略》称赞他"直有一夫登高、挺胸张肺，呼吸三千年学术精华之气魄"，可谓褒崇之至。王氏著书170多种（或说118种、180种），著述极为丰富，已刊者仅有《古文辞通义》《续汉口丛谈》《方志学发微》《虞初支志》等10余种，未刊稿藏湖北省博物馆，湖北省政协曾决议整理出版，而至今未见印行，据闻已多散失。除方志学一项之外，王氏其他方面的成绩，尚未受到学界足够的注意。一代大儒名声式微，这不能不说是一个极大的遗憾。

（四）孙中山名言"文明之苦痛"出处

《读书》2011年第2期载瞿骏先生《文明的痛苦与幸福——对辛亥革命的一个解读》一文，提到电影《十月围城》里，中山先生说："欲求文明之幸福，不得不经文明之痛苦，这痛苦就叫做革命。"瞿先生说未知此语的确切出处。按这句名言出自宫崎滔天著《三十三年落花梦》一书。宫崎滔天（1871—1922）原名寅藏，是中山先生革命生涯中重要的日本友人。其中《兴中会主领孙逸仙》一节，记宫崎初次见中山先生，听彼畅谈政治理念，原文是：

> 且吾主张共和政治，而必以革命为先导者，非以同胞之头颅、血肉为儿戏，盖欲求文明之幸福，不得不经文明之苦痛。（三版，第64页）

《三十三年落花梦》最早的版本，是清光绪二十九年（1903）上海国学社出版的译本，译者署名金一，现上海图书馆有藏。郝盛潮主编《孙中山集外集补编》，据之录有《与宫崎寅藏平山周的谈话（1897年8月）》一篇。金一是金天翮（1873—1947）的笔名，金氏又名天羽，字松岑，苏州吴江人，现代著名学者。

比金天翮译本稍早，有宫崎著作的另一译本，为黄中黄译录的《大革命家孙逸仙》。黄中黄是章士钊（1881—1973）的化名。章氏译本的文字不同：

> 且夫共和政治，不仅为政体之极则，而适合于支那国民之故，而又有革命上之便利者也。（第4页）

宫崎原书名《三十三年の梦》，近有林启彦改译注释本，书名直译作《三十三年之梦》，林氏译本作：

> 而且共和政治不仅因为它是政治的根本原则，适合于中国国民的需要，并且在进行革命上也是有利的。（第123页）

按宫崎的原文为：

> 且夫共和の政たるや、唯政治の極則たると、支那國民に適合する爲めの故に必要なるのみならず、また革命を行ふ上に便益あり、（第133页）

可以看出，章、林二氏的译文是较为忠实于宫崎原作的，金氏译本则差别较大。其中原因，是金天翮本人并不精通日语（参看其门人范烟桥著《茶烟歇·三十三年落花梦》）。与林纾的翻译小说相似，在外语方面的欠缺，反而为这些聪明的译者提供了自由发挥的空间。

无可否认，宫崎笔下晦涩的文字，经金天翮诡博恢奇的文采点化，变得通俗易懂，又且焕然飞扬，故能家喻户晓，有口皆碑。人称"松岑鼓吹革命之文甚多，尤以此书之效为最"[①]，信然。金氏译本特有韵致的"落花"二字，也是宫崎原著书名所没有的，后人因此评论"苏人素善点缀风景，如此可见一班"[②]。顺便说明，江介散人是清末民初革命家田桐（1879—1930，湖北蕲春人）晚年自署，《革命闲话》已收入近年编辑出版的《田桐集》。

回到本题上来，"欲求文明之幸福，不得不经文明之苦痛"一句，既非宫崎笔下所书，恐怕也不是中山先生原话，真可以说是金天翮的神来之笔。这一思想的原创，究竟是否能归入中山先生名下，恐怕还

[①] 江介散人：《革命闲话·孙逸仙落花梦》，《太平杂志》，第1卷第3号，1929年12月15日，第3页。

[②] 同上。

是一个问题。

（五）黄侃年谱缺失的一页

1927年6月，暨南学校在上海扩充为完全大学，校长郑洪年富有魄力，延揽了一大批负有时望的学人来校授业，国学大师黄侃就是其中的一位。《黄侃日记》本年颇有阙佚，仅存11月、12月，未记此事；司马朝军等著《黄侃年谱》亦失载。

1927年底暨南大学编印的《国立暨南大学改组特刊》，1928年1月出版的《暨南周刊》寒假特刊载黄振汉《改组后的国立暨南大学》文，都可见到黄侃的姓名、履历以及讲授课程。当时的暨大教员曹聚仁及马来亚侨生温梓川，都有真切的回忆文字，记述黄侃在暨南的事迹，当非杜撰（见曹聚仁《我与我的世界·暨南中页》，温梓川《文人的另一面·名师风采》）。章太炎1927年11月2日与吴承仕书说："季刚……欲来上海，就暨南学校教员。适诸校党争激烈，有暗杀校长教员者。友人或告以畏途，遂止不来。"此说不确。

据《国立暨南大学改组特刊·中国文学系课程表》，黄侃开设的课程有诗选、词选、曲选、文字学、经学通论、史学研究、诸子研究、校雠学、考古学、中国文学史、西洋文学史等11种，为全校之冠，囊括经史子集四部，范围涉及古今中外，真是大师气象！

或许是暨大华侨学生多，国学根底有限，这样一位"不修边幅、生性狂放的目无余子的了不得的学者"，在同学心目中"其实也没有什么"，"一点影响也不曾留下来，同学也不知道他是怎么一个人"。在暨南师生的记忆中，只留下不少"第一等怪人"上演的"怪事"，与黄侃在其他学校的传闻若出一辙。如不肯佩戴校徽，三"不"主义（生病、天气不好、不高兴，则不来上课），质问自己的弟子、哲学教授黄建中"我问你，你自己懂不懂？不要胡吹乱说"，等等，真有些"凡有井水饮处，即能歌柳词"的意味。

曹聚仁说黄侃在暨南大学教了半年，但是据金毓黻《静晤室日记》，1927年11月初，黄侃已在沈阳东北大学任教，暨大开学在9月5日，可知黄侃的暨南教授生涯不足三月，他计划讲授的11门课程应该没有全部开出。

(六) 陈寅恪佚诗一首

偶阅《民苏报》（北京）1916年10月17日，第七版"文苑"栏目，有陈寅恪《寄王郎》诗一首，曰：

> 泪尽鲡鱼苦不辞，王郎天壤竟成痴。
> 只今蓬埭无孤托，坐恼桃花感旧姿。
> 轻重鸿毛日一死，兴亡蚁穴此何时。
> 苍茫我亦迷归路，西海听潮改鬓丝。

据卞僧慧纂《陈寅恪先生年谱长编》（下文称"卞谱"），陈先生时年二十七岁，是年7月应湖南省长兼督军谭延闿之聘至湘，任职湖南交涉使署。此诗不见于《陈寅恪集·诗集》。同年11月10日出版的《东方杂志》第13卷第11号"文苑"栏目，刊有陈寅恪《锁梦寒（咏帘）》《破阵子》《浣溪纱（早春作）》词三首，同一栏目并有陈三立、俞明震诗各二首，前者为陈先生之父，后者为陈先生母舅，卞谱谓陈词"实属误署"，不知何据。《民苏报》刊陈先生佚诗，不知是否亦为"误署"，谨此就教于大方之家。

(七)《陈寅恪集》疏误拾遗

陈寅恪先生是现代中国最有影响的历史学家之一，他博大精深的学术著作，自由独立的学术精神，成为中华民族永恒的精神财富。陈先生中年有失明之苦，晚岁又遭逢乱世，一生心血未经手订成集，生前曾言"盖棺有期，出版无日"，不幸成为谶语。陈先生去世十余年之后，著作才经门人蒋天枢教授整理，20世纪80年代由上海古籍出版社出版《陈寅恪文集》七种。21世纪初，陈先生的著作由其女公子陈美延重新编辑，生活·读书·新知三联书店于2001年推出《陈寅恪集》十三种十四册，收入现在所能找到的陈先生全部著述，堪称目今最为权威的版本。

然而，陈先生的著述，以其论证文字之繁复，征引载籍之宏富，近世学术史中罕见其匹，整理难度极大。笔者研读《陈寅恪集》过程中，曾将其征引典籍逐一检核，疏误之处时有所见，其中多数当为手民误植（民国年间初刊本即已如此），少数为陈先生之偶误。限于篇幅，这里仅以陈先生两篇史学名文为例。是知陈先生之著述尚有待学者精细校订，希望将来能有一部更加完美的《陈寅恪集》出现。

● 《〈三国志〉曹冲、华佗传与佛教故事》（见《陈寅恪集》之《寒柳堂集》）

1. 第一七六页，第一〇行，引叶适《习学记言》卷二七"并舟称象，为世开智物理，盖天禀也"句。按：《习学记言》原文"并"作"痕"，"也"作"耶"。

2. 第一七七页，第三至五行，引北魏吉迦夜共昙曜译《杂宝藏经》卷一弃老国缘云："天神又问，此大白象有几斤？而群臣共议……即以此智以答天神。"按：经文作"天神又复问言：'此大白象，有几斤两？'群臣共议……即以此智以答。天神又复问言：……"《陈集》首句与原文不符，次句"两"字讹作"而"，并误从下读，末句衍"天神"二字。

3. 第一七七页，第七行，言《杂宝藏经》卷八"难陀王与那伽斯那共论缘与《那先比丘问经》之关系"云云。按：经名作《那先比丘经》（巴利文本则称《弥兰陀问经》），此"问"字疑衍。

4. 第一七九页，第六行，引杭世骏《三国志补注》卷四引叶梦得《玉涧杂书》，"王者亦无所复施矣"句。按：清乾隆刻本《三国志补注》同，《四库全书》本《三国志补注》及涵芬楼本《说郛》卷八引《玉涧杂书》皆作"王者之刑亦无所复施矣"，据上下文，"王者"下补"之刑"二字，语意方足。

5. 第一七九页，第九行，引瑞典高本汉《字典》注"华"字古音为rʷa。按："r"误，高本汉《汉文典》注作ɣwa，ɣ为舌根浊音。

6. 第一七九页，第一三行，引后汉安世高译《㮈女耆域因缘经》载神医耆域奇术，"取利刀破肠，披肠结处"句。按：经文首句作

"取利刀破腹"，《陈集》"腹"作"肠"，涉下而误。

7. 第一八〇页，第五行，引敦煌本勾道兴《搜神记》载华佗事，"汉末开肠"句。 按：《敦煌变文集》卷八作"汉末开肠胰"，《陈集》脱"胰"字，此字项楚《敦煌文学丛考》谓当作"胅"。

● 《禅宗六祖传法偈之分析》（见《陈寅恪集》之《金明馆丛稿二编》）

1. 第一八八页，第九行，引鸠摩罗什译《摩诃般若波罗蜜经》卷二四《善达品》第七九："行如芭蕉叶，除却不得坚实。" 按：经文作"行如芭蕉，叶叶除却，不得坚实。"《陈集》脱一"叶"字。下文第一一行引玄奘译《大般若波罗蜜多经》卷四七二"如实知行，如芭蕉树，叶叶析除"云云，可证。

2. 第一八九页，第六行，引佛陀耶舍共佛念译《长阿含经》卷一。 按：译者署名作竺佛念，《陈集》脱一"竺"字。

3. 第一九〇页，第九、一〇行，引《楞伽师资记》中宋朝三藏求那跋陀之安心法云："亦如磨镜，镜面上尘落尽，心自明净。"按："求那跋陀"当作"求那跋陀罗"，《陈集》脱一"罗"字；首句原文作"亦如磨铜镜"，《陈集》脱一"铜"字；末句原文作"镜自明净"，《陈集》"镜"作"心"，与原文不符。

4. 第一九〇页，第一二、一三行，引宗密《禅源诸诠集都序》卷上之二叙禅宗之息妄修心宗，所谓"故须依师言教，背境观心，息灭妄念，念尽即觉悟，无所不知。 如镜昏尘，须勤勤拂拭，尘尽明现，即无所不照。" 按：《陈集》"如镜昏尘"以下另起，分作二节，实则原皆为连续之文字。

（八）缪天绶何许人也？

清代学者黄宗羲、全祖望编撰的《宋元学案》《明儒学案》，是研治宋明儒学的基本典籍。二者卷帙浩繁，总计162卷，340万字，即使专业研究者，能通读终篇的似乎并不多，特别是对于初入门的学子来说，读起来恐怕是有些畏难情绪的。黄宗羲考论学术源流，固然有

"如大禹导山导水,脉络分明"(清人汤斌语)的见识,读者一下子却难得其端绪。于宋明儒学下过苦功的蒙文通,就说黄、全二学案"不宜初学",宜读选本如周汝登《圣学宗传》或孙奇逢《理学宗传》。另一位蜀学天才学者刘咸炘,则教弟子先读缪天绶编《宋元学案》节本。

以我个人的粗浅体会,觉得缪本简明扼要,对于初学者是一个很不错的指南书,可以较快地掌握宋明儒学的基本情况。[①] 缪书编于20世纪20年代,在内地已经绝版多年,不是很容易找到。在此之前,梁启超有一种《节本明儒学案》(1905年初版),但仍嫌过于繁重,不便初学。

缪天绶是浙江黄岩人,除两种《学案》之外,还选编过《诗经》《孟子》和《新撰国文教科书》,都是上海商务印书馆出版。多年来我四处查考,始终找不到有关缪氏生平学术的介绍文字,他在我心目中成了一位神秘人物。翻阅《黄岩县志》(三联书店上海分店1992年版),也没有告诉我更多的信息。

我一度怀疑缪天绶并非真名。1927年的《东方杂志》(第24卷第8号)有缪氏一篇论文《宋学重要的问题及其线索》,而刘咸炘的著述目录中,也有《宋学重要问题及其线索》一卷(见《推十全书总目》),这很让我纳闷,莫非缪天绶就是刘咸炘的化名?2004年我曾去成都四川省图书馆查阅刘氏未刊遗稿,可惜因为书库搬迁,没有见到。

我最近下狠心又查考了一番,终于知道世间确有缪天绶其人。1920年4月28日出版的《政府公报》第1510号,刊有一份《北京大学各科毕业学生分数表》,里面有缪氏的记录:缪天绶,浙江黄岩人,1919年毕业于北京大学文科哲学门,时年26岁(因此他可能出生在1893年),毕业成绩80.3分,排名第五;与国文学门的知名人物傅斯年、杨振声、俞平伯、许德珩、罗常培等人同级。

缪氏字巨卿,1913年以第一名毕业于黄岩清献中学校。就读北大期间,校长蔡元培曾亲自写信给浙江省教育厅厅长陈布雷,介绍他

[①] 胡秋原著《宋元学案》提要一书(1944年),书后附录缪天绶《宋元学案解题及其读法》《所谓宋学》《宋元诸儒的派别》三篇文字,即出自缪氏所作《宋元学案》选注本叙言,可知过去缪本的流行。

申报省款留学名额。毕业后任商务印书馆编辑，王云五主编的《丛书集成》，断句的核对工作，很多就是由他来担任的（见《商务印书馆九十年》载唐锦泉《回忆王云五在商务的二十五年》一文）。1925年他曾与叶圣陶、王伯祥、周予同等商务同事，向复旦大学新闻学教授谢六逸学习日语（见《叶圣陶年谱长编》第1卷）。

黄岩县博物馆藏有地方元老朱劼成的日记残稿一册，其中记载1944年抗战期间，缪氏在黄岩故里居住，参加编修县志（志稿未刊，现藏黄岩县档案馆，其中有缪氏编《黄岩县物价指数表》等）；后来成为著名哲学史家的邱汉生，当时任黄岩中学教务主任，与缪氏是知交（见《黄岩文史资料》第11期载伯翔选注《朱劼成先生日记选》）。

刘咸炘著述《推十书》增补全本，由四川师范大学巴蜀文化研究中心整理完毕，于2009年出版，全书凡800余万字，计增补刘氏未刊手稿300余万字。全书出版前，我曾想其中或许有《宋学重要问题及其线索》一种，心中暗喜，以为这下子可以解开我心中的疑团。现在看来是我错了。

（九）钱穆早年的几篇佚文

钱穆《师友杂忆》记早年在无锡后宅初级小学任教时，向上海《时事新报》副刊《学灯》投稿。第一篇题名《爱与欲》，第二篇"题已忘，忆是论希腊某哲人与中国道家思想之异同"，得主编李石岑激赏，皆以大一号字刊于《学灯》头版；接着《学灯》刊出启事"钱穆先生请示通讯地址"，钱即复函，写后宅镇第一小学地址；结果是所投第三、四篇稿件，即"改小一号字体，刊入青年论坛中"，"自是遂绝不再投寄"。

这是一个著名的故事，后来有关钱氏生平的几乎所有传记资料，都据此照书，实则颇多误记。钱氏《师友杂忆》写于20世纪70年代末，作者自承"忧患迭经，体况日衰，记忆锐退"，一位八十多岁长者的回忆，不尽合乎事实，原可以想见。

检《学灯》1921年至1923年间目录，钱氏共发表有文章20篇，署名皆为"钱穆"（除有一篇作"穆"）。其中最早发表的一篇，题目是《意志自由与责任》，时间在1921年1月16日。同月20日刊有《因果》一文；钱氏提到的《爱与欲》一篇，题目作《爱欲》，刊出则在21日。钱氏所说第二篇"论希腊某哲人与中国道家思想之异同"，篇名作《伊壁鸠鲁与庄子》，刊出时间已是两年之后，在1923年3月4日、5日。

钱氏的这些文章，有七篇刊于"评坛""论坛"栏目，接着有四篇《爱与工作》《皈依》《理性》《表现与志向》，载"青年俱乐部"栏目（即钱氏所说的"青年论坛"），时间在1921年3、4月间。

钱说"自是遂绝不再投寄"，实则"青年俱乐部"栏目刊载四篇文章之后，1921年11月《学灯》的"杂载"栏目，有《改革中国图书分类刍议》一篇；次年10月"哲学"栏目有《读罗素哲学问题论逻辑》一篇，1923年还有《屈原考证》等七篇，分载"文艺"、"哲学"栏目。其中最后发表的一篇是《旁观者言》，署名为"穆"（此文于1987年经钱氏确认为旧作，参见方克立等主编《现代新儒学研究论集（二）》载罗义俊《钱穆对新文化运动的省察疏要》一文），时间在1923年7月9日。

《学灯》1921年2、3、12月的"通讯"栏目，分别刊有主编李石岑致钱氏的通信一则，其中一则应该写了"钱穆先生请示通讯地址"云云。我想知道这20篇文章中，哪几篇是用了大号字刊在头版，但是近年影印的民国报刊中没有《时事新报》，原本只在国家图书馆等几个大馆才有，我所在的暨南大学图书馆也没有购买缩微胶卷，所以一时不能弄清楚，这是一件遗憾的事。

（十）《刘咸炘学术论集》书后

> 明月之珠，终不久沈于大泽。

梁漱溟在20世纪30年代曾经说，他如果去成都，"唯欲至诸葛武侯祠堂，及鉴泉先生读书处"［见唐君毅《中国哲学原论（原教篇）》附录《孟子大义重刊记》］。可为印证的是，杨家骆于1975年11月回忆道："早岁骆屡访桂林梁漱溟先生于北平崇外缨子胡同及邹平山东乡村建设研究院，梁先生为言双流刘鉴泉先生学有通识，介骆与之通音问……"（见杨家骆《〈四史知意并附编六种〉识语》）老一辈的学者，多知道在民国时期的四川成都，有一位了不起的学者刘咸炘（字鉴泉，1896—1932）。

刘咸炘享年仅37岁，而学问博大精深，著书达231种，内容精英纷呈，见识非凡，令人叹为观止。除了传统的经、史、子、集四部之外，他对于西方学术，亦有较多的了解。就现代学术分类而言，在文学、史学、哲学、宗教、艺术等方面，都有很高的造诣，可以说是百科全书式的人物，堪称中国现代学术史上的天才。

刘咸炘平生足迹未出四川，声名传播不广，学生中少有后来在国内外大学任教，传布其学问的学界名流。所以他的名字，除了老一辈学者称道之外，被埋没已久，很长时期内并未为多数中外学者知晓。

他的家族——双流刘氏，自祖父刘沅（字止唐，1768—1855）创立槐轩教门以来，是清末直至民国年间川西一大家族（参看马西沙等著《中国民间宗教史》第二十三章《刘门教与济幽救阳》）。

刘咸炘自幼聪慧过人，天分极高，又兼勤奋读书写作，故学术有大成就。关于他的聪明颖悟，这里试举一例。东晋时常璩撰《华阳国志》十二卷，末卷"撰曰"凡二十八句，每句四字，共一百一十二字，古今无人能解，而此千古之谜竟为先生破解（见《史学述林》卷五《华阳国志论》）。[①]

1932年8月上旬，刘咸炘冒着酷暑游历川北，因行程紧迫，过于劳累，[②] 返家之后即染疾不起，9月9日（旧历八月九日）去世。当时四川文坛领袖林思进，写有《哭刘二十四鉴泉同年咸炘》一诗，以贾谊、颜回譬之：

[①] 参见杨代欣《〈华阳国志〉的离合诗》，《文史杂志》1995年第3期，第21页；刘复生师：《〈华阳国志〉末卷"离合诗"的释读》，《四川师范学院学报》2001年第2期，第1—2页。

[②] 《系年续录》引其《北游日记》说，旧历七月十五（8月16日）中元节前要赶回家中准备祭祀活动，故而旅行时间极为匆迫。中元节祭祀祖先的习俗，为成都人特别看重。四川作家李劼人在小说《大波》（第一部，第344页）中曾经写道："中元祀祖，在当时的四川习俗中，是一件家庭大事。它的意义好像比清明、冬至的扫墓、送寒衣还重要。"

> 论长吾几倍，谁知转哭君。
> 贾忧寿不永，颜短命何云。
> 闭户精思竭，承家学绪分。
> 蜀才日衰少，真欲丧斯文。
> 休夏传清兴，探奇作远游。
> 遥吟豆团雨，高挹剑门秋。
> 归话情犹壮，闻哀泣不收。
> 人生淹速度，到此信难求。

并致挽联云：

> 著书传等身，朝把笔，暮成编，耗尽精思，毕命空留丛稿在；
> 看山矜健跖，人担篗，君即桥，怆然陨涕，新旧裁语窦圊游。①

林思进晚年为刘咸荥（刘咸炘从兄）作传，仍然对刘咸炘的早逝伤感不已，称之为"国华之况瘁"②。

牟宗三在《中国哲学的特质》第十讲"复性的工夫"中说：人的气质的表现，或清或浊，清可表现为清贵、清明（聪明）好的一面，而特显清明者每每寿短，颜渊、王弼、僧肇即其显者。这种说法耐人寻味，似乎有神秘的色彩，刘咸炘的情形不知应如何解释。不论如何，他的早逝留予后人以无穷的悲痛与惋惜！

刘咸炘的著作集为《推十书》。《中国丛书综录》所收《推十书》，子目仅有12种。1996年成都古籍书店影印出版《推十书》，子目计65种。《中国丛书广录》收录《推十书》刊本子目计217种，又附刊3种；并有按语，说《推十书》子目共235种，四川省图书馆

---

① 转引自黄友铎《著述等身的藏书家——刘咸炘》，《四川图书馆学报》1999年第6期，第77页。
② 林思进《清寂堂集·清寂堂文录》载《双流刘君豫波家传》说："独惜君从弟鉴泉，年甫四十，所著书近百卷，其于近代校雠考订之学精核微至者，殆可不朽。虽用心促其年哉，实国华之况瘁，非特家宝而已。故今拟次君事，而于吾郡故家乔木之尽，顾无慨然也。"

藏有抄本，合已刊、未刊稿计288册。

《推十书》有台湾三人行出版社1974年印本，收有《史学述林》《子疏》《左书》《右书》四种。刘咸炘著作的台湾印本，又有《四史知意并附编六种》，收入杨家骆主编《中国学术类编》，由台北鼎文书局于1976年出版。（所谓六种，即前四史知意及《治史绪论》，附近人孙德谦《太史公书义法》一种。书首杨家骆识语谓孙书卷帙太少不能单印，爰附于先生书中。）

新中国成立以后，刘咸炘的著作在中国大陆，直到1991年才有杨代欣评注《弄翰余沈》一种出版。1996年，在刘氏诞辰一百周年之际，成都古籍书店影印出版《推十书》三册，收入其主要著作65种，约占全部著作数目的四分之一，为学界提供了一个方便易得的版本。唯印刷质量不够理想（如重新排版的《道教征略》，手民误植过多，几乎难以卒读），且为16开精装，装帧过于重大，不便阅读。

近年黄曙辉先生编校《刘咸炘学术论集》，分哲学、子学、史学、校雠学、文学讲义五编，收书20余种，刘氏学术精华在焉。这部书由黄先生精心编辑校点，为读者提供了一个精美的善本，真是一件功德无量的事情。封面由饶宗颐先生题签，亦有深意存焉。饶先生学术堂庑之广博，如《饶宗颐二十世纪学术文集》类目所标，广泛及于甲骨、简帛、经术、礼乐、宗教、史学、敦煌学、潮学、目录学、文学、艺术等诸多门类，似亦与刘咸炘仿佛。

虽然如此，苛刻地说，这部书在编辑方面还是有一些不尽如人意的地方。首先是类目的编排。此五编的分类体制，新旧错呈，子学、校雠学是传统学术类目，文学、史学、哲学为现代学术分类，其实子学（内容有关老、庄等诸子著作）亦何尝不可入哲学编？哲学编所收《左书》，中有《老子二钞》一篇，与子学编中的《诵老私记》，属于一类。又《中书》《左书》多为学理阐发，固可入哲学编，但是《右书》中《游侠述》《北宋政变考》《南北朝四述》等，主要为论古代史事之作，如何能够入于"哲学"门类之中？按刘咸炘自己的说法，书分左、右二编，正是秉承中国传统所谓"左史纪言、右史纪事"的说法而立，故《左书》多阐释思想言说，《右书》多知人论世之作。

或许黄先生在编校过程中，也曾经为这些事颇费踌躇。刘咸炘于传统目录学有深入的研究，他曾经提出：传统四部分类稍作变通，可概括古今全部图书。但他同时又对西方新学持相当的开放态度，他的一个富于启发性的意见是：中国思想的阐释尤须假借西方学术，原因在于前者的名言（概念）不足使用。沿着这个思路来谈，如今编纂《刘咸炘学术论集》，不妨将子学编纳入哲学编中，然后把《中书》《两纪》等阐发理论见解的著作归为一编，再分成哲学编一、哲学编二，如此则秩序条理略有进者。

编书很难，真要分门别类，势须拆散重编，一时思虑不周，往往造成遗憾。今人编校古籍，颇有一种做法是不依底本，打散重编，前人有"明人刻书而书亡"之说（语见叶德辉《书林清话》卷七《明毛晋汲古阁刻书之一》），似亦为此种做法而言，无论编校者如何自圆其说，终难辞"灭绝古书"之讥。另有一种为学者称道的做法，是篇卷主体依据择定的底本，增补部分作为续编、补编附后，这样刊刻的新版本，同时也保存了旧本原貌，对于读者来说，得一书而有二书之用。

回过来说刘咸炘著作选编，或者不如用最简单的做法，即依《推十书》原来的编次，分甲、乙、丙、丁、戊、己、庚、辛、壬编，原来的类目"纲旨""知言""论世""校雠""文学"等，可以标明，不标亦可（刘咸炘有自定《推十书类录》）。

《刘咸炘学术论集》的编选问题，其次在于收书方面。其中有不必收之书，此不多说。也有当收而未收之书，粗略言之，有这样几种：1.《文史通义识语》，可补入史学编。章氏之学对于刘咸炘的影响极为重要，此书原收入《推十书》甲编"纲旨"之中，其意义可想而知。2.《道教征略》，可补入史学编。刘氏出身道教世家，熟悉道教史事与文献，此书是现代学术意义上的道教史研究的开创之作，[①]

[①] 任继愈、钟肇鹏等编纂《道藏提要》，称尽量利用前人研究成果，中国学者如刘师培、陈垣、陈寅恪、汤用彤、陈国符、王明、陈撄宁、翁独健等，日本学者吉冈义丰、大渊忍尔、福永光司等（任继愈：《〈道藏提要〉序》，载任继愈主编《道藏提要》，第9—10页）。这些都是近世重要的道教学者，其中翁独健为元史名家，不以治道教史为业，但曾编纂《道藏子目引得》。《道藏提要》未提及刘咸炘、蒙文通等蜀中道教学者，似不应该。蒙先生《古学甄微·道教史琐谈》云："蜀究道家言者，余唯刘鉴泉先生……刘著《道教征略》，精深博大。"钟氏为四川成都人，当时似于乡邦文献了解不足，近年撰写《双江刘氏学术述赞》（《中华文化论坛》2003年第4期），认识已有新的进境。

理应收入。3.《孟子章类》，可补入哲学编。4.《论学韵语》。刘咸炘在此书印本封面题诗道："贸易六年零，今来业暂停。一篇清算账，也有几成赢。人迷我亦烦，简诀省多言。此后如相问，拈来读几番。"诗前有"宝存"二字，足见对此书的重视。此种篇幅极短，只有7页，不妨收入讲义编中。

又近年《推十书》增补全本，已由四川师范大学巴蜀文化研究中心整理，于2009年出版，全书凡800余万字，计增补刘氏未刊手稿300余万字，为当代学界一大盛事。遗憾的是这套书采用简体字，版面字体设计欠佳，且书价奇贵（全书篇幅8000余页，价格近8000元，约计每页1元，可谓匪夷所思，这是很不应该的），远远超出普通读者的购买能力，大概只能由图书馆购置束之高阁，至为可惜。

又刘咸炘所藏中外书籍二万三千余册，先生故世之后，后人曾稍事整理，于20世纪50年代捐献国家，现藏于四川省图书馆。其书眉副页，多有批注（参见杨代欣《〈弄翰余沈——书学纵横谈〉前言》）。检李灵年、杨忠主编《清人别集总目》（第2910—2911页），可得刘咸炘批注清人诗文集47种，细目如下：

  王先谦《虚受堂文集》，王闿运《湘绮楼全集》《湘绮楼诗抄》，王懋竑《白田草堂存稿》，方苞《望溪先生文集》，方棻如《集虚斋学古文》，方浚颐《二知轩文存》，刘大櫆《海峰先生别集》，刘师培《左庵杂着》《左庵集》，孙衣言《逊学斋文抄》，严可均《铁桥漫稿》，李元度《天岳山房文抄》，吴汝纶《吴挚甫文集》，何辉宁《甑峰先生遗稿》，张隽《西庐文集》，张澍《养素堂文集》，张之洞《广雅堂诗集》，张惠言《茗柯文初编》，张裕钊《张廉卿先生文集》，邵懿辰《半岩庐遗集》，杭世骏《道古堂全集》，罗有高《尊闻居士集》，罗振玉《西城精舍杂文》，金天羽《天放楼文言》，周寿昌《思益堂集》，郑珍《巢经巢遗文》，郑燮《板桥集》，宗稷辰《躬耻斋诗文抄》，侯方域《壮悔堂文集》，恽敬《大云山房文稿》，洪亮吉《洪北江文集》，钱谦益《钱牧斋全集》，翁方纲《复初斋文集》，黄宗羲《南雷余集》，萧穆《敬孚类稿》，章炳麟《太炎文录初编》，彭绍升

《一行居集》、《二林居集》，董士锡《齐物论斋文集》，焦循《雕菰集》（二十四卷），储方庆《储遁庵文集》，鲁一同《通甫类稿》，黎庶昌《拙尊园丛稿》，潘谘《林阜闲集》，戴震《戴东原集》，戴名世《潜虚先生文集》。

（延伸阅读——《刘咸炘学术论集》，黄曙辉编校，广西师范大学出版社 2007 年版。）

（十一）缪钺文字学佚著

缪钺先生是现代学者中，少见的兼有文心与史才的一位。宋代诗词和魏晋南北朝史，是他最令人瞩目的两个研究领域。然而缪先生的学问不限于此，他曾与钱穆先生讨论战国秦汉新儒家，与徐中舒先生论巴蜀古史，为缪文远先生《战国策新校注》作序，从中都可以看见他对先秦学问用功之深。现在《缪钺全集》八卷，已于 2004 年由河北教育出版社出版，其学术门庭之宽广，有心的读者展卷可以领会。

几年前，缪先生文孙、川大历史系缪元朗师编辑《缪钺全集》时，笔者在上海图书馆发现缪先生一部佚著《文字学概略》。该书题名"缪钺述"，后有"未定稿"三字。卷端有"朴学斋藏书"和"合众图书馆藏书"图章，朴学斋主人是现代著名学者胡朴安（1878—1947），知原为胡氏旧物。1939 年，胡朴安将藏书全部捐献给上海合众图书馆，1956 年该馆并入上海图书馆，乃转归后者收藏。胡氏 1923 年撰《朴学斋所藏小学书目》（上海图书馆藏稿本）中，未见收录缪先生《文字学概略》，可以判断胡氏获藏此书在 1923—1939 年之间。书中未署著作年月，缪元朗师推测是缪先生于河北保定任教中学时的讲义（缪先生于 1924—1936 年间任保定私立培德中学、志存中学、省立保定中学国文教师，曾讲授文字学课程）。

全书不分卷，共四十四页。前有"导言"，继分"字形""字音""字义"三篇，综论中国文字、音韵、训诂的本原与变迁。书中有墨笔校改数处，如一页上第十行"亦"字，二页上第六行"错"字，有墨笔描补；六页下第八行"隸"改为"軆"字，八页上第一行"五"字改为"互"字，等等。缪先生工书，墨宝传世颇多，其作字捺笔喜作重顿斜出，书中校笔风格相近，疑为缪先生手校之本，弥足珍贵。

缪先生自述及传记中，向未提及他有文字学方面的著述，这部佚著的出现，可谓意外之惊喜。该书为油印本，估计印数不多，流传不广，八十年后历劫犹存，尚完好无阙，堪称斯文至幸。当时曾复制一部寄蜀中，后缪元朗师请文字学专家鉴定，以为系讲义性质，不足入于著述之林，故未收入缪先生全集。笔者于文字学并无专攻，而喜爱是书文字之精练雅致，要言不烦，故颇惜其不得流布，以见缪先生早年学行之一斑，今书其始末如斯，聊作学林一段掌故。

（十二）劳思光与武侠小说

劳思光先生是当代中国成就卓越的一位哲学家，在国际学界有普遍的影响。劳著《新编中国哲学史》是海外学子必读的经典，甚至有"圣经"之称。该书十年前由广西师范大学出版社引进内地，不数年间即已售罄，生活·读书·新知三联书店2015年又推出新版，所受读者欢迎可想而知。

劳先生于2012年10月21日在台北去世。同年12月16日香港中文大学举行追思会，会上先生女公子延韵女士说道："……父亲爱说武侠故事……父亲六〇年代曾在报章撰写武侠小说《沉剑飞龙记》，但反应不是太好。"此言一出，当必语惊四座，大师之广博，至于此乎！

《沉剑飞龙记》署名张梦还著，是香港武侠小说史上的一部里程碑式作品，当年与金庸《射雕英雄传》同时在报刊连载，称为"龙雕大战"，打擂结果以《射雕》略胜一筹。张梦还本名张扩强（1929—2008），又名孟桓，原籍云南大理，生于四川隆昌县安富镇（今属重庆市荣昌县，参见湖南省档案馆校编《黄埔军校同学录》），著有《青灵八女侠》等十余部武侠小说。凡此皆为武侠迷所熟知，现在《沉剑飞龙记》变成劳先生的作品，是从何说起呢？

然劳先生与武侠小说的关系，又非泛泛。赵滋蕃著《文学原理》（第609页）叙述香港武侠小说史，说："……梁羽生、金庸，大量创作武侠作品。而张梦还等踵步跟进，一时蔚为风气……与此针锋相对者，只庄世焘、劳思光等创办的《武侠周刊》，寻根问底，对梁羽生、还珠楼主等的创作，多所论列。《武侠周刊》因经费不继停刊。但风气已开……"

张梦还《沉剑飞龙记》国内有大众文艺出版社1993年版（大众文艺2003年版改名《碧云恩仇记》；太白文艺出版社1994年版署名作卧龙生著，内容亦有删改，殊为不妥），书前有于式先生1958年4月序，说："张梦还先生的《沉剑飞龙记》，曾在《武侠小说周报》连载过数万言；后来《周报》停刊，各地读者莫不深表惋惜……"前引赵滋蕃说庄世焘、劳思光等创办《武侠周刊》，应该是《武侠小说周报》；延韵女士说父亲六〇年代撰写《沉剑飞龙记》，时间也有错误。于序最后说："……《沉剑飞龙记》是能兼取各派之长的武侠小说；在某一个意义上，它最接近'武侠文学'的标准。至于这本书的具体的优长精彩之处，则读者自己读它的时候自会发现的，当不用在序文中多说了。"在我猜测，这些话很像劳先生写文章的语言习惯。20世纪50年代劳先生撰文多用笔名，如荼言、俞复初等，不知于式是否亦在此列。

究竟一代哲人，与这部武侠名作的关系如何？这个谜团还要研究武侠小说的专家来说分晓。

（十三）杜正胜

杜正胜，现为台湾长荣大学讲座教授，曾任台湾"教育部"部长、台湾故宫博物院院长、台湾"中研院"历史语言研究所所长，著名史家，有《周代城邦》《编户齐民》《古代国家与社会》等著作，近年提倡"新史学"，为台湾史学界之中坚人物。

近读周凤五先生与屈翼鹏（万里）先生书（1978年5月19日），可据以知杜氏个人性格之一斑：

顷杜正胜兄来，称史语所贾士蘅小姐辞职，悬缺待补。杜君在东吴大学历史系任六门课之多，负担太重，有此机会，颇思入所学习研究。经与高晓梅先生洽谈，晓梅先生似有延揽之意。唯贾小姐缺属第三组，杜君所学则偏重第一组。晓梅先生以为，如能由第一组提出求才，该缺拨交第一组，则事谐矣。……查杜君为人，勤于治学，勇于任事，英、日文俱有根底，洵文史学界不可多得之人才。其短处则自信太过，好立异，好标新。虽然，孔文举尝慨乎言之："今之少年，喜谤前辈。"盖此风自古已然，亦不必深责于杜君也。生所疑虑者，杜君与许倬云先生治学路向接近，其旧学又深受徐复观先生影响，二者或不免与史语所创办时所揭示之宗旨有扞格之处耳。……（《屈万里书信集·纪念文集》，第179页）

高晓梅即高去寻，为台湾考古学大家，杜氏于高氏执弟子礼甚恭，曾发表一长文，盛称高氏考古学成就。由周凤五先生此书，可知杜氏入职史语所之经过。杜氏不数年即主持史语所，并由此事业发达，追源溯始，殆与周先生的推荐大有关系。周评杜氏"勤于治学，勇于任事"，此八字可解其治学与社会工作皆能有大成绩的根由，彼既为"文史学界不可多得之人才"，其成就殆非无因。时屈翼鹏先生为史语所所长（屈氏于1973年元月继任史语所第四任所长，至1978年7月辞职，参见《屈万里书信集·纪念文集》，载丁邦新《屈翼鹏先生与历史语言研究所》一文），又曾为台湾大学中文系教授，周、屈二先生师弟之谊，即由此关系而生。

书中言杜之短处，"自信太过，好立异，好标新"，亦诚为的见，可知杜主持史语所后，力主"新史学"之缘故。又言杜之治学路向与许倬云接近，其旧学深受徐复观影响，此二者或可为后人研究杜氏学术，提供指示的线索。书中言"二者或不免与史语所创办时所揭示之宗旨有扞格之处"，殆为透辟之见，实际上杜氏后来在史语所的学术政策，已与傅斯年的学问宗旨大相径庭了。

周凤五先生生于1947年2月2日，2015年11月19日辞世，四川犍为人，是业师谢维扬先生好友，为人慷慨意气，工书。谢师言周先生某年至北京琉璃厂，于书画店试纸，笔走龙蛇，观者皆惊；又言先生某年月日酒后，与在京之学者友人话旧，抱头大哭，痛斥敌人之残忍……是真性情中人。拜读先生与屈翼鹏先生书，辞旨畅达，尔雅斯文，非常人可及。

（十四）儒学"游魂"与文化危言

据说 2005 年叫作"国学年"。从上到下，政界流行引经据典、"子曰诗云"，学界创办经学杂志，呼吁重振儒家经学；《儒藏》工程上马，全球华人祭孔；最为正统的中国人民大学成立国学院，北大哲学系则面向社会开办"乾元国学教室""中国国学俱乐部"的商业培训机构。"国学热"成为该年度最打眼的关键词之一。

"国学热"并非最近一朝一夕的事情。2004 年就被称作"文化保守主义年"，有 72 位社会名流联署《甲申文化宣言》，呼吁"捍卫文化传统"，"少儿读经班"、私塾和书院在地方的出现，成为当年的标志性事件。事实上，"国学热"的先导可以前推二十年。20 世纪 80 年代的"文化热"，90 年代"思想家淡出，学问家凸显"（李泽厚语），与当下的情形有一脉相承的内在线索（例如"文化热"中出炉的《河殇》，本意是作为批判传统文化的急先锋，不过当时的功能转瞬即逝，它后来的作用反而是引发了对文化传统的普遍关注，结果实在出人意料）。与其把现在的"国学热"视为"新潮"，毋宁看作一种持续升温的状况。

国学的热度提示我们，在中国人的日常生活世界中，文化传统的地位确实有所提升，然而这并不意味着中国文化的危机，可以在短期内轻而易举地消解。作为中国文化主流的儒学，自近代以来所处的困境，可以说是中国文化危机的一个具体例证。

值得指出的是，2004 年以来图书界出现的一股"余英时热"，恰与"国学热"形成意味深长的回应。《余英时文集》《余英时作品系列》《余英时英文论著汉译集》三部大书，在京、沪等地三家著名出版社同时推出。现在读书界的焦点，集中在余氏的新著《朱熹与历史世界》。相对而言，我更重视《现代危机与思想人物》和《现代儒学的回顾与展望》两本论文集，尤其是其中《中国现代的文化危机与民族认同》《现代儒学的困境》二篇，虽然是旧文重刊（前者是1999年台北出版《历史人物与文化危机》一书的自序，文作于1995年；后者作于1988年，曾收入《现代儒学论》一书），但是对当下文化传统与儒学复兴的话题似乎有及时的针砭作用。

中国文化的危机可以追溯到19世纪中叶，150年后的今天，尚未到乐观地下一个"走出危机"的断语的时候。经济活动、交通与传媒的扩张，使得世界迅速地变成一个"地球村"，西方自20世纪下半期以来出现的文化危机，也如影随形地在中国进口，与本土原有的危机合流，凡"后现代""后殖民""后结构""东方主义""话语权力""文化霸权"等论说成为时尚，就是文化危机深化的一个证明。

随着多元化而来的相对主义，以及出现集体认同的新寻求，世界范围内民族文化的复苏、向西方文化独霸的意识挑战，成为后冷战时代一个极其重要的文化现象。"原教旨主义"（fundamentalism）的产生，便是由多元化倾向引申而来。按余英时的观察，所谓"原教旨主义"并不限于宗教，是当今世界普遍的一种思想动态。早在十年之前，他曾借用中国旧有的"返本"一词，将"原教旨主义"改译为"返本论"，认为"返本论"的提法，更适用于中国儒、道各家的思想复兴运动。

十年过去，现在的时势有所进展（比如恐怖主义的升级），中国的思想复兴运动方兴未艾，似无"原教旨主义"的积弊。两相对照，不能不惊叹"返本论"一词发明者遣词的恰到好处。

从历史来看，儒学遭遇困境并不是从现代开始。根据余氏的看法，在先秦、魏晋、晚明，已先后发生过三次反对儒学的运动，但都未突破中国文化传统的大格局，现代儒学的困境则远非以往的情况可比。近代以来西方的强势冲击，使得中国社会发生一个长期而全面的解体过程（晚清时李鸿章称之为"三千年未有之大变局"），这个过程至今未止，维持两千年以上的儒家秩序解体，儒学面临的困境也是空前的。

儒学作为一套全面安排人间秩序的思想体系，只有通过日常生活中的制度化，才能获得依托，得以实现。这种制度化的落实包括政治、社会诸多方面，如家族、婚姻、乡里、学校各种制度到风俗习惯。近代以来从政治制度开始，一切社会制度全面动摇直至崩溃，致使儒学在现实社会中失去立足点,儒学与现实社会间的联系断绝。总而言之,落实在社会人生中的儒学已经死亡。余氏有一个"不太恭维但毫无恶意的比喻",儒学于死亡之后成为一个"游魂"!"儒学已死",如果说有"借尸还魂"的话,那么何处寻找这个依托的身体,儒学将以何种方式获得它的新生命?

在传统时代,儒学无所不在,从地方的书院、私塾、明伦堂,到朝廷上帝王的经筵讲座,到处可以是儒家"讲学"之地。但今天的儒学讨论已没有生活经验的内在根据,儒学似只能在大学哲学系(或相关系所)存身,以及一些依附于大学制度的零星的儒学社群。是否可以说儒学的前途即寄托在大学讲堂和少数学人的讲论之中?这样的儒学的最高成就是什么?是否为通过西方的思辨方式,最后取得与西方的哲学界、宗教界平等对话的资格?

海外中国哲学界的耆宿劳思光先生,指出中国哲学不同于西方"认知性的哲学"(cognitive philosophy),而是一个面向人生的"引导性的哲学"(orientative philosophy)。那种认为中国哲学的前景,是发展一套崭新面貌而有说服力的道德推理,以与西方精密严格的道德哲学抗衡,是一种"此路不通"的方向(语见吴有能《百家出入心无碍:劳思光教授》。劳氏批评的,实际上是目前中国哲学者普遍的努力方向,怀揣着这种未曾明言的心愿,或在潜意识中成为目标的,大有人在)。劳氏的看法,对于儒学在当代的处境,从另一个角度提出了尖锐的问题。

中国内地的情形更为复杂。1949年新中国成立以后,民间社会发生翻天覆地的变化,以儒家为典型的文化传统的基本价值,在制度层面失去存在的依据,沦于若存若亡的境地。旧的价值系统既然失效,新的尚未出现。正因为有文化真空的状态,以及"精神和思想的空白",故而出现"捡到篮里都是菜",乱抓一切触手可及的东西,举凡《周易》、特异功能、气功、儒家、道家,以及西方流行的"新奇可喜之论",甚至神秘主义、旁门左道等一切荒谬的东西来填补空白,都是很自然的事。这是文化危机的最近缘由,也是"国学热"兴起的一个重要因子。

如今海外新儒家已经传到第四、第五代,中国本土的新儒家自20

世纪80年代以来，也有风起云涌之势（假如被歪曲与利用的厄运重演，对儒学是否会成为"死亡之吻"？这里删去了一些题外话）。其中的一位代表人物是学者蒋庆，他于1989年发表长文《中国大陆复兴儒学的现实意义及其面临的问题》，被称为中国大陆的"新儒家宣言"。著书立说之外，近年他更从大学提前退休，远赴贵州龙场（这是明代大儒王阳明当年彻悟的地方），自费创办阳明精舍讲学，似乎不无接续儒家衣钵之意。

与海外新儒家着重"内圣心性之学"不同的是，蒋庆在《政治儒学》一书中，提出开辟政治儒学的新路向，回归儒家本源，建立中国式的社会政治制度，以解决儒学在制度层面的建构问题。2005年底他又有《关于重建中国儒教的构想》的名文，传布甚广，提出重建儒教的"两条路线"："儒教宪政"、恢复科举与经学。蒋构想的细目，诸如组织"中国儒教协会"，建立儒教大学、出版社、传媒，开征"儒教遗产使用税"等，令人联想到民国初年，康有为欲仿效基督教而建立孔教会的先例，然而康的失败可为前车之鉴。

关于现代新儒家的代表人物唐君毅，有批评指他缺乏批判与反省精神，传统在他那里都有正面、合理的意义，遂流于在中国传统里"找安慰"，这个批评似也同样适用于蒋庆的政治儒学。除了基本思路方面的问题（完全封闭在自己文化系统之中），关于儒学的历史他也多有"妄下雌黄"的兴到之语。

不知蒋本人是否意识到，他的政治儒学是对于余英时"儒学游魂"之说的正面回应。令人遗憾的是，严格说来，这种回应只能反映出当代知识分子寻求文化认同的一种"原始冲动"，借用海外学者林毓生批评当代新儒学的一句话，这也是"中国现代思想危机的一个面向"。

［延伸阅读——余英时：《现代危机与思想人物》，《现代儒学的回顾与展望》（余英时作品系列），生活·读书·新知三联书店2005年版。］

论文原刊目录

1. 《汉代经学师法与家法问题探微》，《暨南史学》，第9辑，广西师范大学出版社2014年版。

2. 《杨慈湖与南宋后期的儒学格局》，《湖南大学学报》2009年第4期。

3. 《"心之精神是谓圣"：杨慈湖心学宗旨疏解》，《孔子研究》2013年第2期。

4. 《论宋儒杨慈湖与道家思想之关系》，《暨南学报》2014年第6期。

5. 《宋儒杨慈湖著述考录》，《书目季刊》（台北），第39卷第4期，2006年3月16日。

6. 《宋儒杨慈湖诗文佚著辑考》，载暨南大学古籍研究所等主编《陈乐素先生诞生一百十周年纪念文集》，齐鲁书社2014年版。

7. 《论清代四川的学风》，载刘正刚主编《历史文献与传统文化》，第18辑，齐鲁书社2014年版。

8. 《梁启超〈中国近三百年学术史〉成书问题辨析》，《社会科学研究》2015年第4期。

9. 《蒙文通先生〈书目答问补正〉案语拾遗》，载四川大学历史文化学院编《蒙文通先生诞辰110周年纪念文集》，线装书局2005年版。

10. 《蒙文通先生佚文〈西洋近世史〉序书后》，《四川大学学报》2008年第1期。

11. 《徐中舒与暨南大学——由其佚著〈尚书讲义〉的新发现说起》，《暨南学报》2013年第10期。

12.《"古今劝善第一奇书"的产生：吕咸熙与〈洞冥宝记〉》，载刘正刚主编《历史文献与传统文化》，第 17 辑，暨南大学出版社 2012 年版。

13.《吕咸熙与〈洞冥宝记〉补记》，载刘正刚主编《历史文献与传统文化》，第 18 辑，齐鲁书社 2014 年版。

14. 松风楼读书笔记

（1）《黄侃年谱缺失的一页》，《读书》2008 年第 6 期。

（2）《陈寅恪佚诗一首》，《读书》2011 年第 2 期。

（3）《钱穆早年的几篇佚文》，《读书》2010 年第 3 期。

（4）"Jiang Qin：*Political Confucianism*"（书评：蒋庆《政治儒学》），*Dao：A Journal of Comparative Philosophy*，Vol. 3，No. 1，Winter 2003.

（5）《儒学"游魂"与文化危言》，《名牌》2006 年第 3 期，署名射洪。

引 用 书 目

中 文

A

安徽省图书馆编：《安徽文献书目》，安徽人民出版社1961年版。

B

周天游辑注：《八家后汉书辑注》，上海古籍出版社1986年版。
（清）丁仁撰：《八千卷楼书目》，《续修四库全书》影印民国十二年（1923）铅印本。
（清）陆增祥撰：《八琼室金石补正》，文物出版社1985年影印本。
（清）陈立撰，吴则虞点校：《白虎通疏证》，中华书局1994年版。
（明）高儒撰：《百川书志》，《明代书目题跋丛刊》本。
吴有能：《百家出入心无碍：劳思光教授》，台湾文史哲出版社1999年版。
闵尔昌纂录：《碑传集补》，燕京大学国学研究所1932年版。
耿申等编：《北京近代教育记事》，北京教育出版社1991年版。
（宋）陈淳撰：《北溪大全集》，《文渊阁四库全书》本。
（宋）陈著撰：《本堂集》，《文渊阁四库全书》本。

C

傅增湘：《藏园群书题记》，上海古籍出版社1989年版。
范烟桥：《茶烟歇》，上海中孚书局1934年版。

昌宁县志编纂委员会编纂：《昌宁县志》，德宏民族出版社1990年版。

于德润：《长生久视：中华传统内丹学的现代转化》，光明日报出版社2010年版。

康有为著，楼宇烈整理：《长兴学记　桂学答问　万木草堂口说》，中华书局1988年版。

（清）刘声木撰，刘笃龄点校：《苌楚斋随笔》，中华书局1998年版。

（明）晁瑮撰：《晁氏宝文堂书目》，《明代书目题跋丛刊》本。

（唐）姚思廉撰：《陈书》，中华书局1972年版。

陈寅恪：《陈寅恪集》，生活·读书·新知三联书店2009年二版。

卞僧慧纂：《陈寅恪先生年谱长编》，中华书局2010年版。

刘乃和：《陈垣年谱》，北京师范大学出版社2002年版。

［美］福山：《诚信：社会德性与繁荣的创造》，李宛蓉译，台湾立绪文化事业公司1998年版。

中央文史研究馆编：《崇文集：中央文史研究馆馆员文选》，中华书局1999年版。

徐中舒著，徐亮工编：《川大史学·徐中舒卷》，四川大学出版社2006年版。

（清）徐乾学撰：《传是楼书目》，《续修四库全书》影印清道光八年（1828）刘氏味经书屋钞本。

（清）张问陶撰：《船山诗草》，中华书局1986年版。

（宋）俞文豹撰，张宗祥校订：《吹剑录全编》，古典文学出版社1958年版。

（宋）俞文豹撰：《吹剑录外集》，《文渊阁四库全书》本。

周何编著：《春秋谷梁传著述考》，台湾"国立编译馆"2003年版。

（清）俞樾撰，张道贵等标点：《春在堂随笔》，江苏人民出版社1984年版。

（宋）杨简撰：《慈湖春秋传》，清郑氏注韩居钞本（藏重庆图书馆）。

（宋）杨简撰：《慈湖诗传》，《四明丛书》本。

（清）冯可镛、叶意深撰：《慈湖先生年谱》，《四明丛书》本。

（清）冯可镛辑：《慈湖先生世系》，《四明丛书》本。

（宋）杨简撰：《慈湖先生遗书》，《四明丛书》本。

（宋）杨简撰：《慈湖先生遗书》，影印明嘉靖刊本，山东友谊出版社1991年版。

（宋）杨简撰，（明）杨世思辑：《慈湖先生遗书抄》，《宋集珍本丛刊》影印明万历刻本。

（宋）杨简撰：《慈湖先生遗书续集》，《四明丛书》本。

张寿镛：《慈湖著述考》，《四明丛书》本。

（清）冯可镛等纂修：光绪《慈溪县志》，《中国地方志集成·浙江府县志辑》影印清光绪二十五年（1899）刻本。

（明）姚宗文纂修：天启《慈溪县志》，《中国方志丛书》影印明天启四年（1624）刊本，台湾成文出版社1983年版。

慈溪市地方志编纂委员会办公室编：《〈慈溪县志〉编修实录》，浙江人民出版社1992年版。

慈溪市地方志编纂委员会编：《慈溪市图志》，西安地图出版社1993年版。

北京图书馆出版社古籍影印室编：《丛书人物传记资料类编·学林卷》，北京图书馆出版社2006年版。

傅伟勋：《从西方哲学到禅佛教》，生活·读书·新知三联书店1989年版。

（清）崔述撰：《崔东壁遗书》，上海古籍出版社1983年版。

（明）崔铣撰：《崔氏洹词》，《四库全书存目丛书》影印明嘉靖三十三年（1554）周镐等池州刻本。

D

李劼人：《大波》，人民文学出版社2012年版。

黄中黄译录：《大革命家孙逸仙》，上海，出版机构不详，1903年版。

李承贵、李旭：《大家精要：杨简》，云南教育出版社2011年版。

大理州地方志编纂委员会编纂：《大理白族自治州志》，云南人民出版社2000年版。

《大理市文史资料》，中国人民政治协商会议云南省大理市委员会文史资料研究委员会编辑出版，第二辑，1988年；第三辑，1990年。

（明）李贤等撰：《大明一统志》，影印明天顺五年（1461）司礼监刻本，三秦出版社1990年版。

罗永忠：《戴表元研究》，南京师范大学硕士学位论文，2004年。

（清）李调元撰，湛之校点：《淡墨录》，辽宁教育出版社2001年版。

（明）祁承爜撰：《澹生堂藏书目》，《明代书目题跋丛刊》本。

《道藏》，文物出版社、上海书店、天津古籍出版社1988年影印本。

高雅峰等整理编校：《道藏男女性命双修秘功》，辽宁古籍出版社1994年版。

任继愈主编：《道藏提要》，中国社会科学出版社1991年版。

詹石窗：《道教文化十五讲》，北京大学出版社2003年版。

陈耀庭编：《道教仪礼》，香港道教学院2000年版。

郭武：《道教与云南文化》，云南大学出版社2000年版。

蒙文通：《道书辑校十种》（《蒙文通文集》第六卷），巴蜀书社2001年版。

（清）杨重雅纂：同治《德兴县志》，清同治十一年（1872）刊本。

（东汉）刘珍等撰，吴树平校注：《东观汉记校注》，中华书局2008年版。

冷东：《东南亚海外潮人研究》，中国华侨出版社1999年版。

（明）夏尚朴撰：《东岩集》，《文渊阁四库全书》本。

（明）周汝登撰：《东越证学录》，台湾文海出版社1970年版。

廖泰初：《动变中的中国农村教育：山东省汶上县教育研究》，出版机构不详，1936年版；又收入李文海主编：《民国时期社会调查丛编·二编·文教事业卷》，福建教育出版社2014年版。

洱源惟一子编辑：《洞冥宝记》，香港天德圣教有名堂1986年版。

何炳棣著：《读史阅世六十年》，广西师范大学出版社2005年版。

（宋）赵希弁撰：《读书附志》，《四部丛刊三编》景印宋淳祐袁州刊本。

（清）钱曾撰：《读书敏求记》，《丛书集成初编》本。

（宋）俞琰撰：《读易举要》，《文渊阁四库全书》本。

潘雨廷：《读易提要》，上海古籍出版社2003年版。

周黎庵编：《蠹鱼篇》，古今出版社1943年版。

E

罗志田主编：《20世纪的中国：学术与社会·史学卷》，山东人民出版社2001年版。

《洱源文史资料》，中国人民政治协商会议云南省洱源县委员会文史资料委员会编辑出版，第一辑，1988年；第四辑，1996年。

洱源县民族宗教事务局编：《洱源县民族宗教志》，云南民族出版社2006年版。

F

柴萼：《梵天庐丛录》，中华书局1936年石印本。

（清）方苞撰，刘季高校点：《方苞集》，上海古籍出版社1993年版。

（宋）祝穆撰，施和金点校：《方舆胜览》，中华书局2003年版。

蔡仲德：《冯友兰先生年谱初编》，河南人民出版社1994年版。

《凤庆文史资料》，第五辑，中国人民政治协商会议凤庆县委员会编辑出版，1995年。

尤小平：《福建藏书楼》，海峡文艺出版社2008年版。

李秉乾编：《福建文献书目》，增订本，出版机构不详，2003年版。

复旦大学编辑出版：《复旦大学章程》，1929年。

（元）傅若金撰，史杰鹏等校点：《傅若金集》，吉林文史出版社2010年版。

傅斯年著，欧阳哲生编：《傅斯年全集》，湖南教育出版社2003年版。

傅斯年：《傅斯年全集》，台湾联经出版公司1980年版。

G

（清）许容等纂修：《甘肃通志》，《文渊阁四库全书》本。

（清）王梓材、冯云濠辑：《稿本宋元学案补遗》，北京图书馆出版社2002年影印本。

蒋庆：《公羊学引论》，辽宁教育出版社1995年版。

（宋）楼钥撰：《攻媿集》，《四部丛刊初编》景印武英殿聚珍本。

（明）周弘祖撰：《古今书刻》，《明代书目题跋丛刊》本。

王国维：《古史新证——王国维最后的讲义》，清华大学出版社1994年版。

（清）阮元辑：《诂经精舍文集》，清嘉庆六年（1801）扬州阮氏琅嬛仙馆刻本。

国一姝：《〈古文四声韵〉异体字处理讹误的考析》，北京语言文化大学硕士学位论文，2002年。

李学勤：《古文献丛论》，上海远东出版社1996年版。

唐兰：《古文字学导论》，齐鲁书社1981年版。

蒙文通：《古学甄微》（《蒙文通文集》第一卷），巴蜀书社1987年版。

顾颉刚：《顾颉刚集》，中国社会科学出版社2001年版。

顾潮编著：《顾颉刚年谱》，中国社会科学出版社1993年版。

顾颉刚著：《顾颉刚全集》，中华书局2010年版。

赵波等：《关公文化大透视》，中国社会科学出版社2001年版。

王国维：《观堂集林》，中华书局1959年影印本。

李昭醇主编：《广东省立中山图书馆同人文选》，北京图书馆出版社2002年版。

《广东文史资料》，第三十八辑，中国人民政治协商会议广东省委员会文史资料研究委员会编，广东人民出版社1983年版。

广西统计局编：《广西省述作目录》，据1934年编印本影印本，杭州古籍书店1987年版。

（宋）张端义撰：《贵耳集》，中华书局1958年版。

郭沂：《郭店竹简与先秦学术思想》，上海教育出版社2001年版。

（清）孙桐生选辑：《国朝全蜀诗钞》，巴蜀书社1985年版。

（清）李元度撰，易孟醇点校：《国朝先正事略》，岳麓书社1991年版。

《国粹学报》（影印分类汇编本），广陵书社2006年版。

许啸天编：《国故学讨论集》，群学社1927年版。

《国立北京大学文学院课程一览（民国二十一年至二十二年度）》，国立北京大学文学院编辑出版，1933年。

《国立北京大学文学院课程一览（民国二十二年至二十三年度）》，国立北京大学文学院编辑出版，1934年。

《国立北京大学文学院课程一览（民国二十三年至二十四年度）》，国立北京大学文学院编辑出版，1935年。

《国立北京大学文学院课程一览（民国二十四年至二十五年度）》，国立北京大学文学院编辑出版，1936年。

《国立北京大学学生一览（民国二十四年度）》，国立北京大学注册组1935年版。

《国立暨南大学改组特刊》，国立暨南大学编辑出版，1927年。

《国立暨南大学图书馆新编书目》，第一卷第二号，国立暨南大学图书馆编辑出版，1939年。

《国立暨南大学校务特刊（十六年度）》，国立暨南大学编辑出版，1928年。

国立暨南大学中国语文学系编辑部编辑：《国立暨南大学中国语文学系期刊》，创刊号，国立暨南大学出版课1928年版。

《国立京师大学校师范部毕业同学录》，国立京师大学校师范部1927年版。

《国立中山大学现状（二十三年）》，国立中山大学编辑出版，1934年。

（明）焦竑撰：《国史经籍志》，《明代书目题跋丛刊》本。

傅东华、陈望道编：《（初级中学用基本教科书）国文》，商务印书馆1931年版。

章太炎口述，曹聚仁笔录：《国学概论》，香港南天书业公司1971年版。

南京国学图书馆编：《国学图书馆年刊》，台湾成文出版社1985年版影印本。

H

沈曾植著，钱仲联辑：《海日楼札丛》，上海古籍出版社2009年版。

陈光唐：《邯郸历史人物传续集》，中国文联出版社2000年版。

（清）王先慎撰：《韩非子集解》，《诸子集成》本。

（汉）班固撰：《汉书》，中华书局1962年版。

王先谦撰：《汉书补注》，影印清光绪二十六年（1900）虚受堂刊本，中华书局1983年版。

赵超：《汉魏南北朝墓志汇编》，天津古籍出版社1992年版。

（清）江藩撰，徐洪兴编校：《汉学师承记（外二种）》，香港三联书店1998年版。

（清）江藩撰，漆永祥笺释：《汉学师承记笺释》，上海古籍出版社2006年版。

傅璇琮等编：《翰学三书》，辽宁教育出版社2003年版。

（宋）罗大经撰，王瑞来点校：《鹤林玉露》，中华书局1983年版。

（宋）魏了翁撰：《鹤山先生大全文集》，《四部丛刊初编》景印宋刊本。

《弘治六年进士登科录》，明弘治刻本。

（南朝宋）范晔撰：《后汉书》，中华书局1965年版。

湖北省地方志编纂委员会编：《湖北省志人物志稿》，光明日报出版社1989年版。

（清）周学濬等纂：同治《湖州府志》，清同治十三年（1874）刊本。

司马朝军等著：《黄侃年谱》，湖北人民出版社2005年版。

《黄岩文史资料》，第十一期，中国人民政治协商会议浙江省黄岩县委员会文史资料征集研究委员会编印，1989年。

黄岩县志办公室编，严振非总纂：《黄岩县志》，生活·读书·新知三联书店上海分店1992年版。

（宋）黄震撰，张伟等主编：《黄震全集》，浙江大学出版社2013年版。

（宋）朱熹撰：《晦庵先生朱文公文集续集别集》，《四部丛刊初编》影印明嘉靖本。

J

（汉）史游撰，（唐）颜师古注：《急就篇》，《四部丛刊续编》影印明钞本。

（清）季振宜撰：《季沧苇藏书目》，《续修四库全书》影印清嘉庆十年（1805）黄氏士礼居刻本。

（明）季本撰：《季彭山先生文集》，《北京图书馆古籍珍本丛刊》影印清初抄本。

《暨南大学图书馆劫余书目》，国立暨南大学图书馆编辑出版，1938年。

《暨南年鉴（1929年）》，国立暨南大学编辑出版，1929年。

徐梓：《家范志》，上海人民出版社1998年版。

《（明版）嘉兴大藏经》，台湾新文丰出版公司1987年影印本。

［日］大庭脩：《江户时代中国典籍流播日本之研究》，戚印平等译，杭州大学出版社1998年版。

湖北省江陵县县志编纂委员会编纂：《江陵县志》，湖北人民出版社1990年版。

（清）赵宏恩等监修：《江南通志》，《文渊阁四库全书》本。

（明）林庭㭿、周广等修：嘉靖《江西通志》，明嘉靖刻本。

（清）钱谦益撰：《绛云楼书目》，台湾广文书局1969年版。

（清）章学诚撰，王重民通解：《校雠通义通解》，上海古籍出版社1987年版。

范希曾补正：《校订书目答问补正》，台湾艺文印书馆1957年版。

（宋）袁燮撰：《絜斋集》，清同治十一年（1872）四明袁氏进修堂刊本。

（宋）袁燮撰：《絜斋集》，《丛书集成初编》本。

（清）全祖望撰：《鲒埼亭集外编》，《续修四库全书》影印清嘉庆十六年（1811）刻本。

容庚编著：《金文编》，中华书局1985年版。

（清）张邦伸撰：《锦里新编》，巴蜀书社1984年版。

苏精：《近代藏书三十家》，传记文学杂志社1983年版。

王见川等编：《近代中国民间宗教经卷文献》，台湾新文丰出版公司2015年版。

（明）未署撰人：《近古堂书目》，《明代书目题跋丛刊》本。

钱穆：《经学大要》，台湾素书楼文教基金会2000年版。

（清）皮锡瑞撰：《经学历史》，中华书局1959年版。

［日］本田成之：《经学史论》，江侠庵译，商务印书馆1935年版。

林庆彰主编：《经学研究论丛》，第二辑，台湾圣环图书公司1994年版。

许道勋、徐洪兴：《经学志》（《中华文化通志·学术典》6-051），上海人民出版社1998年版。

（清）朱彝尊撰：《经义考》，《四部备要》本。

（明）高宇泰撰：《敬止录》，《北京图书馆古籍珍本丛刊》影印清烟屿楼抄本，书目文献出版社1988年版。

（元）戴良撰：《九灵山房集》，《四部丛刊初编》影印明正统间戴统刊本。

（后晋）刘昫等撰：《旧唐书》，中华书局1975年版。

（宋）晁公武撰，孙猛校证：《郡斋读书志校证》，上海古籍出版社1990年版。

K

王伯祥编：《开明国文读本》，开明书店1932年版。

陈汉才：《康门弟子述略》，广东高等教育出版社1991年版。

傅亚庶校释：《孔丛子校释》，中华书局2011年版。

孔繁银等：《孔府内宅生活》，齐鲁书社2002年版。

（清）孙星衍等辑，郭沂校补：《孔子集语校补》，齐鲁书社1998年版。

（清）陈士珂辑：《孔子家语疏证》，上海书店1987年影印本。

董均伦等：《孔子世家：九十九个半故事》，作家出版社1992年版。

钱穆：《孔子传》，生活·读书·新知三联书店2002年版。

（宋）王应麟撰：《困学纪闻》，《四部丛刊三编》景印元刊本。

（宋）王应麟撰，栾保群等校点：《困学纪闻》，上海古籍出版社2015年版。

（明）罗钦顺撰，阎韬点校：《困知记》，中华书局1990年版。

L

王炳福等编著：《老明信片中的山、水、圣人》，山东友谊出版社

2014年版。

朱谦之：《老子校释》，中华书局1984年版。

（清）宋良翰修，杨光祚等纂：康熙《乐平县志》，清康熙二十年（1681）刻本。

（清）汪元祥等纂：同治《乐平县志》，清同治九年（1870）刻本。

（宋）卫湜撰：《礼记集说》，《文渊阁四库全书》本。

四川省民俗学会等编：《李调元研究》，巴蜀书社2007年版。

李宗吾、张默生：《李宗吾传》，团结出版社2004年版。

（明）杨士奇等编纂：《历代名臣奏议》，据明永乐内府刊本影印本，上海古籍出版社1989年版。

（明）杨士奇等编纂：《历代名臣奏议》，影印明永乐十四年（1416）内府刊本，台湾学生书局1985年版。

吴希贤辑汇：《历代珍稀版本经眼图录》，中国书店2003年版。

中国地理学会历史地理专业委员会《历史地理》编辑委员会编：《历史地理》，上海人民出版社，第11辑，1993年版；第27辑，2013年版。

（宋）洪适撰：《隶释 隶续》，中华书局1985年影印本。

廉江市地方志编纂委员会编：《廉江县志》，广东人民出版社1995年版。

梁启超著，朱维铮校注：《梁启超论清学史二种》，复旦大学出版社1985年版。

丁文江等编：《梁启超年谱长编》，上海人民出版社1983年版。

梁启超：《梁启超全集》，北京出版社1999年版。

郭长久主编：《梁启超与饮冰室》，天津古籍出版社2002年版。

李国俊编：《梁启超著述系年》，复旦大学出版社1986年版。

吴其昌：《梁启超传》，百花文艺出版社2004年版。

中国文化书院学术委员会编：《梁漱溟全集》，山东人民出版社1993年版。

钱穆：《两汉经学今古文平议》（《钱宾四先生全集》之八），台湾联经出版公司1994年版。

（清）唐晏撰，吴东民点校：《两汉三国学案》，中华书局1986年版。

（宋）陈思辑，（元）陈世隆补：《两宋名贤小集》，《四库全书珍本六集》本。

刘子健：《两宋史研究汇编》，台湾联经出版公司1987年版。

（明）徐象梅撰：《两浙名贤录》，浙江古籍出版社2012年影印本。

宋慈抱著，项士元审订：《两浙著述考》，浙江人民出版社1985年版。

廖幼平编：《廖季平年谱》，巴蜀书社1985年版。

（宋）林景熙撰，陈增杰校注：《林景熙集校注》，浙江古籍出版社1995年版。

刘师培著，邬国义等编校：《刘师培史学论著选集》，上海古籍出版社2006年版。

黄曙辉编校：《刘咸炘学术论集》，广西师范大学出版社2007年版。

（唐）刘禹锡撰，《刘禹锡集》整理组点校：《刘禹锡集》，中华书局1990年版。

（唐）刘禹锡撰，陶敏等校注：《刘禹锡全集编年校注》，岳麓书社2003年版。

章士钊：《柳文指要》，中华书局1971年版。

柳诒徵：《柳诒徵劬堂题跋》，台湾华正书局1996年版。

柳诒徵：《柳诒徵说文化》，上海古籍出版社1999年版。

朱大渭：《六朝史论续编》，学苑出版社2007年版。

龙陵县志编纂委员会编：《龙陵县志》，中华书局2000年版。

（明）王畿撰：《龙溪王先生全集》，《四库全书存目丛书》影印明万历十五年（1587）萧良榦刻本。

（宋）陆九渊撰，钟哲点校：《陆九渊集》，中华书局1980年版。

徐梵澄：《陆王学述》，上海远东出版社1994年版。

（清）李绂撰：《陆子学谱》，《续修四库全书》影印清雍正十年（1732）无怒轩刻本。

（明）叶盛撰：《菉竹堂书目》，《明代书目题跋丛刊》本。

吕思勉：《论学集林》，上海教育出版社1987年版。

（明）罗汝芳撰，方祖猷等编校整理：《罗汝芳集》，凤凰出版社2007年版。

李庆龙：《罗汝芳思想研究》，台湾大学历史学研究所博士学位论文，1998年。

张伯元：《律注文献丛考》，社会科学文献出版社2009年版。

M

（明）赵琦美撰：《脉望馆书目》，《明代书目题跋丛刊》本。

（宋）刘宰撰：《漫塘集》，《文渊阁四库全书》本。

（清）胡承珙撰，郭全芝校点：《毛诗后笺》，黄山书社1999年版。

四川大学历史文化学院编：《蒙文通先生诞辰110周年纪念文集》，线装书局2005年版。

蒙默编：《蒙文通学记》，生活·读书·新知三联书店1993年版。

（宋）袁甫撰：《蒙斋集》，《丛书集成初编》本。

（明）钱溥撰：《秘阁书目》，《明代书目题跋丛刊》本。

崔映棠等纂：民国《绵阳县志》，民国二十一年（1932）刻本。

北京图书馆编：《民国时期总书目（1911—1949） 历史·传记·考古·地理》，北京图书馆出版社1994年版。

北京图书馆编：《民国时期总书目（1911—1949） 社会科学（总类部分）》，书目文献出版社1995年版。

北京图书馆编：《民国时期总书目（1911—1949） 哲学·心理学》，书目文献出版社1991年版。

秦和鸣主编：《民国章回小说大观》，中国文联出版公司1997年版。

陈文新等主撰：《明代科举与文学编年》，武汉大学出版社2009年版。

冯惠民等选编：《明代书目题跋丛刊》，书目文献出版社1994年版。

朱保炯等编：《明清进士题名碑录索引》，上海古籍出版社1980年版。

王见川等编：《明清民间宗教经卷文献续编》，台湾新文丰出版公司2006年版。

邓长风：《明清戏曲家考略》，上海古籍出版社1994年版。

（明）黄宗羲撰，沈芝盈点校：《明儒学案》，2版修订本，中华书局2008年版。

（清）张廷玉等撰：《明史》，中华书局1974年版。

胡存琮等纂修：民国《名山县新志》，《中国地方志集成·四川府县志辑》影印民国十九年刻本。

N

（明）黄宗羲撰：《南雷文定》，台湾商务印书馆1970年版。

（南朝梁）萧子显撰：《南齐书》，中华书局1972年版。

（宋）佚名撰，张富祥点校：《南宋馆阁续录》，中华书局1998年版。

何俊：《南宋儒学的建构》，上海人民出版社2004年版。

李长傅：《南洋华侨史》，国立暨南大学南洋文化事业部1929年版。

（明）孙能传等撰：《内阁藏书目录》，《明代书目题跋丛刊》本。

（清）钱大昕撰，方诗铭等校点：《廿二史考异》，上海古籍出版社2004年版。

（明）张时彻等纂修：嘉靖《宁波府志》，明嘉靖三十九年（1560）刻本。

（清）曹秉仁纂：雍正《宁波府志》，清雍正十一年（1733）修乾隆六年（1741）补刊本。

宁波市地方志编纂委员会编：《宁波市志》，中华书局1995年版。

杨代欣评注：《弄翰余沈——书学纵横谈》，巴蜀书社1991年版。

怒江傈僳族自治州地方志办公室编：《怒江傈僳族自治州志》，民族出版社2005年版。

《怒江文史资料选辑》，第二十辑，《怒江文史资料选辑》编委会编辑出版，1992年。

O

何鲁之：《欧洲近古史》，商务印书馆1934年版。

P

洱源定一子编辑：《蟠桃宴记》，出版机构不详，1934年版。

（清）张玉书等编：《佩文韵府》，影印《万有文库》本，上海古籍书店1983年版。

（清）彭端淑撰，李朝正等注：《彭端淑诗文注》，巴蜀书社1995年版。

皮名振：《皮鹿门年谱》，商务印书馆1939年版。

（宋）朱彧撰，李伟国点校：《萍洲可谈》，中华书局2007年版。

Q

（清）蒋湘南撰，李叔毅等点校：《七经楼文钞》，中州古籍出版社1991年版。

陈勇：《钱穆传》，人民出版社2001年版。

（宋）张津等撰：《乾道四明图经》，《宋元方志丛刊》影印清咸丰四年（1854）《宋元四明六志》本。

（清）朱彝尊撰：《潜采堂宋元人集目录》，《丛书集成续编》影印《郋园先生全书》本，台湾新文丰出版公司1989年版。

（汉）王符撰，（清）汪继培笺，彭铎校正：《潜夫论笺校正》，中华书局1985年版。

钱文选纂修：《（安徽广德）钱氏家乘》，民国十三年（1924）铅印本。

李绍明编著：《羌族历史问题》，阿坝州地方志编纂委员会等编印，1998年。

四库全书研究所整理：《钦定四库全书总目》，整理本，中华书局1997年版。

《清代碑传全集》，上海古籍出版社1987年影印本。

陈其泰：《清代公羊学》，东方出版社1997年版。

陈其泰：《清代公羊学》，增订本，上海人民出版社2011年版。

秦国经主编：《清代官员履历档案全编》，华东师范大学出版社1997年版。

蔡冠洛：《清代七百名人传》，中国书店1984年影印本。

江庆柏编著：《清代人物生卒年表》，人民文学出版社2005年版。

王晓波主编：《清代蜀人著述总目》，四川大学出版社2009年版。

谢海林：《清代宋诗选本研究》，上海古籍出版社2011年版。

萧一山：《清代通史》，中华书局1986年影印本。

台湾中山大学清代学术研究中心编：《清代学术论丛》，第三辑，文津出版社2002年版。

萧一山编：《清代学者著述表》，国立编译馆、商务印书馆1943年版。

清华大学校史研究室编：《清华大学九十年》，清华大学出版社2001年版。

孙敦恒：《清华国学研究院史话》，清华大学出版社2002年版。

清华大学历史系等编：《清华历史讲堂续编》，生活·读书·新知三联书店2008年版。

吴新雷等编纂：《清晖山馆友声集》，江苏古籍出版社2000年版。

林思进著，刘君惠等编：《清寂堂集》，巴蜀书社1989年版。

四川省民族研究所《清末川滇边务档案史料》编辑组编：《清末川滇边务档案史料》，中华书局1989年版。

李灵年、杨忠主编：《清人别集总目》，安徽教育出版社2000年版。

赵尔巽等撰：《清史稿》，中华书局1977年版。

王绍曾主编：《清史稿艺文志拾遗》，中华书局2000年版。

黄文相：《清王西庄先生鸣盛年谱》，台湾商务印书馆1986年版。

（宋）杜范撰：《清献集》，《文渊阁四库全书》本。

（宋）陶穀撰：《清异录》，朱易安等主编：《全宋笔记》第一编之二，大象出版社2003年版。

《庆祝杨向奎先生教研六十年论文集》编委会编：《庆祝杨向奎先生教研六十年论文集》，河北教育出版社1998年版。

《邛崃文史资料》，第2辑，邛崃县政协文史资料研究委员会编辑出版，1988年。

（元）王恽撰：《秋涧先生大全集》，《四部丛刊初编》景印明弘治翻元本。

（宋）方岳撰：《秋崖集》，《文渊阁四库全书》本。

山东省图书馆等编：《屈万里书信集·纪念文集》，齐鲁书社2002年版。

柳曾符等编：《劬堂学记》，上海书店出版社2002年版。

北京大学古文献研究所编：《全宋诗》，北京大学出版社1991—1998年版。

曾枣庄、刘琳主编：《全宋文》，上海辞书出版社、安徽教育出版社2006年版。

李修生主编：《全元文》，江苏古籍出版社1998年版。

（清）全祖望撰，朱铸禹汇校集注：《全祖望集汇校集注》，上海古籍出版社2000年版。

（明）陈镐等撰：《阙里志》，《儒藏》影印明刻清修补本，四川大学出版社2005年版。

R

庄孔韶主编：《人类学研究》，第4卷，浙江大学出版社2014年版。

李庆：《日本汉学史》，上海外语教育出版社2004年版。

杨祖汉：《儒家的心学传统》，文津出版社1992年版。

李绍强主编：《儒家学派研究》，中华书局2003年版。

刘大钧编：《儒学释蕴》，上海古籍出版社2007年版。

舒大刚主编：《儒藏论坛》，第二辑，四川大学出版社2007年版。

S

王卡等主编：《三洞拾遗》，黄山书社2005年版。

（晋）陈寿撰：《三国志》，中华书局1959年版。

［日］宫崎滔天：《三十三年落花梦》，金一译，上海出版合作社1926年三版。

［日］宫崎滔天著，林启彦改译注释：《三十三年之梦》，花城出版社、三联书店香港分店1981年版。

《山东历史博物展览会报告书》，山东历史博物展览会编辑出版，1923年。

（元）杨瑀撰，李梦生校点：《山居新语》，上海古籍出版社2012

年版。

（清）罗石麟等纂修：《山西通志》，《文渊阁四库全书》本。

（清）丁丙撰：《善本书室藏书志》，中华书局1990年版。

游子安：《善与人同：明清以来的慈善与教化》，中华书局2005年版。

蔡元培等：《商务印书馆九十年》，商务印书馆1987年版。

王鹤鸣等主编：《上海图书馆馆藏家谱提要》，上海古籍出版社2000年版。

杨筠如著，黄怀信标校：《尚书覈诂》，陕西人民出版社2005年版。

刘起釪：《尚书源流及传本考》，辽宁大学出版社1997年版。

（清）平恕等纂修：《（乾隆）绍兴府志》，清乾隆五十七年（1792）刊本。

（宋）王应麟撰：《深宁先生文钞摭余编》，《四明丛书》本。

钱穆：《师友杂忆》，生活·读书·新知三联书店1998年版。

周何编著：《诗经著述考》，台湾"国立编译馆"2004年版。

（清）王鸣盛撰：《十七史商榷》，中华书局1985年版。

（清）阮元校刻：《十三经注疏》，中华书局1980年影印本。

（清）张照、梁诗正等撰：《石渠宝笈》，《文渊阁四库全书》本。

（宋）杨简撰：《石鱼偶记》，《四明丛书》本。

（汉）司马迁撰：《史记》，中华书局1959年版；修订本，中华书局2013年版。

黄宽重：《史事、文献与人物》，台湾东大图书公司2003年版。

柴德赓：《史学丛考》，中华书局1982年版。

（明）陈第撰：《世善堂藏书目录》，《明代书目题跋丛刊》本。

叶德辉著，李庆西标校：《书林清话》，复旦大学出版社2008年版。

陶湘编，窦水勇校点：《书目丛刊》，辽宁教育出版社2000年版。

范希曾编，瞿凤起校点：《书目答问补正》，上海古籍出版社1983年版。

范希曾编：《书目答问补正》，中华书局1963年影印本。

（清）张之洞著，陈居渊编，朱维铮校：《书目答问二种》，生活·读书·新知三联书店1998年版。

沈津：《书韵悠悠一脉香：沈津书目文献论集》，广西师范大学出版社2006年版。

（宋）舒璘撰：《舒文靖公类稿》，《四明丛书》本。

（宋）舒璘撰：《舒文靖集》，《四库全书珍本三集》本。

西华大学等主办：《蜀学》，巴蜀书社，第二辑，2007年版；第四辑，2009年版。

（清）钱曾撰：《述古堂藏书目》，台湾广文书局1969年版。

（北魏）郦道元注，杨守敬、熊会贞疏，段熙仲等点校：《水经注疏》，江苏古籍出版社1989年版。

（元）陶宗仪等编：《说郛三种》，上海古籍出版社1988年版。

（清）段玉裁撰：《说文解字注》，上海古籍出版社1981年影印本。

（清）徐宗干撰：《斯未信斋全集》，台湾龙文出版社2012年版。

（宋）叶绍翁撰，沈锡麟等点校：《四朝闻见录》，中华书局1989年版。

隗瀛涛主编：《四川近代史稿》，四川人民出版社1990年版。

高文等编：《四川历代碑刻》，四川大学出版社1990年版。

李世平：《四川人口史》，四川大学出版社1987年版。

（清）张之洞撰：《四川省城尊经书院记》，《丛书集成续编》影印《慎始基斋丛书》本。

四川省档案馆、中国藏学研究中心合编：《四川省所存西藏和藏事档案史料目录（1388—1949）》，中国藏学出版社2000年版。

胡昭曦：《四川书院史》，巴蜀书社2000年版。

中国人民政治协商会议四川省委员会文史资料研究委员会编：《四川文史资料选辑》，第三十五辑，四川人民出版社1985年版。

吴慰祖校订：《四库采进书目》，商务印书馆1960年版。

胡玉缙撰，王欣夫辑：《四库全书总目提要补正》，上海书店出版社1998年版。

余嘉锡：《四库提要辨证》，中华书局1980年版。

张舜徽：《四库提要叙讲疏》，云南人民出版社2005年版。

（宋）王应麟撰：《四明文献集》，《宋集珍本丛刊》影印清初钞本。

（宋）胡榘修，（宋）罗濬等纂：宝庆《四明志》，《宋元方志丛刊》

影印清咸丰四年（1854）《宋元四明六志》本。

（元）马泽修，（元）袁桷纂：延祐《四明志》，《宋元方志丛刊》影印清咸丰四年（1854）《宋元四明六志》本。

刘咸炘：《四史知意并附编六种》，杨家骆主编：《中国学术类编》，台湾鼎文书局1976年版。

吴洪泽编：《宋编宋人年谱选刊》，巴蜀书社1995年校点本。 按：与《宋人年谱集目》合刊。

四川大学古籍所编：《宋集珍本丛刊》，线装书局2004年版。

胡昭曦等：《宋理宗 宋度宗》，吉林文史出版社1996年版。

祝尚书：《宋人别集叙录》，中华书局1999年版。

祝尚书：《宋人总集叙录》，中华书局2004年版。

（清）厉鹗撰：《宋诗纪事》，上海古籍出版社1983年版。

钱锺书补订：《宋诗纪事补订（手稿影印本）》，生活·读书·新知三联书店2005年版。

钱锺书：《宋诗纪事补正》，辽宁人民出版社、辽海出版社2003年版。

（元）脱脱等撰：《宋史》，中华书局1977年版。

陈乐素：《宋史艺文志考证》，广东人民出版社2002年版。

（南朝梁）沈约撰：《宋书》，中华书局1974年版。

中华书局编辑部编：《宋元方志丛刊》，中华书局1990年影印本。

（明）黄宗羲、（清）全祖望等撰，陈金生等点校：《宋元学案》，中华书局1986年版。

胡秋原提要：《宋元学案》，中周出版社1944年版。

（唐）魏徵等撰：《隋书》，中华书局1973年版。

（宋）陈元靓编：《岁时广记》，《丛书集成初编》本。

郝盛潮主编：《孙中山集外集补编》，上海人民出版社1994年版。

T

郑志明：《台湾全志》卷9《社会志·宗教与社会篇》，"国史馆"台湾文献馆2006年版。

王明编：《太平经合校》，中华书局1960年版。

（宋）李昉等撰：《太平御览》，《四部丛刊三编》影印宋刊本。

洪林等主编：《泰国华侨华人研究》，香港社会科学出版社2006年版。

高致华编：《探寻民间诸神与信仰文化》，黄山书社2006年版。

汤用彤：《汤用彤全集》，河北人民出版社2000年版。

（唐）李林甫等撰，陈仲夫点校：《唐六典》，中华书局1992年版。

孙琴安：《唐诗选本六百种提要》，陕西人民出版社1987年版。

李汝春主编：《唐至清代有关维西史料辑录》，维西傈僳族自治县志编委会办公室编辑出版，1992年。

（清）彭元瑞等撰：《天禄琳琅书目后编》，中华书局1995年版。

《天水文史资料》，第六辑，中国人民政治协商会议天水市委员会文史资料委员会编印，1992年。

田桐著，王杰等主编：《田桐集》，华中师范大学出版社2011年版。

（清）严可均撰：《铁桥漫稿》，台湾世界书局1964年版。

（清）瞿镛撰：《铁琴铜剑楼藏书目录》，中华书局1990年版。

（宋）郑樵撰，王树民点校：《通志二十略》，中华书局1995年版。

魏际昌：《桐城古文学派小史》，河北教育出版社1988年版。

（清）胡必选原本，（清）王凝命增修：康熙《桐城县志》，清康熙二十三年（1684）增刻本。

（清）金鼎寿纂：道光《桐城续修县志》，清道光七年（1827）修，十四年（1834）刻本。

（元）方回撰：《桐江续集》，《文渊阁四库全书》本。

（清）李调元撰：《童山诗集》，《丛书集成初编》本。

刘咸炘：《推十书》，台湾三人行出版社1974年版。

刘咸炘：《推十书》，成都古籍书店1996年影印本。

刘咸炘：《推十书》，增补全本，上海科学技术文献出版社2009年版。

W

王汎森：《晚明清初思想十论》，复旦大学出版社2001年版。

徐道彬：《皖派学术与传承》，黄山书社2012年版。

蒋元卿：《皖人书录》，黄山书社 1989 年版。

（明）朱睦㮮撰：《万卷堂书目》，《明代书目题跋丛刊》本。

（明）沈德符撰：《万历野获编》，中华书局 1959 年版。

冯文瑞纂：《万泉县志》，《中国方志丛书》影印民国六年（1917）石印本，台湾成文出版社 1976 年版。

傅淑华：《王船山〈老子衍〉之研究》，台湾中央大学中国文学研究所硕士学位论文，2001 年。

王国维：《王国维遗书》，上海古籍书店 1983 年版。

（明）王畿撰，吴震编校整理：《王畿集》，凤凰出版社 2007 年版。

（明）王守仁撰，吴光等编校：《王阳明全集》，上海古籍出版社 1992 年版。

李近仁：《微山湖区史缀》，出版机构不详，1998 年版。

周一良：《魏晋南北朝史札记》，中华书局 1985 年版。

吴兴勇等编著：《魏姓史话》，江西人民出版社 2004 年版。

《温江县文史资料选辑》，第 1 辑，温江县政协文史资料研究委员会编辑出版，1987 年。

（明）王瓒等纂：弘治《温州府志》，明弘治十六年（1503）刻本。

刘海平编：《文明对话：东亚现代化的涵义和全球化中的文化多样性》，上海外语教育出版社 2006 年版。

温梓川：《文人的另一面》，广西师范大学出版社 2004 年版。

（宋）马端临撰：《文献通考》，中华书局 1986 年影印本。

（宋）马端临撰，上海师范大学古籍研究所等点校：《文献通考》，中华书局 2011 年版。

赵滋蕃：《文学原理》，台湾东大图书公司 1988 年版。

（明）杨士奇撰：《文渊阁书目》，《明代书目题跋丛刊》本。

汶上县政协文史资料委员会编：《汶上文史资料》，第四辑，山东省出版总社济宁分社 1990 年版。

山东省汶上县志编纂委员会编：《汶上县志》，中州古籍出版社 1996 年版。

曹聚仁：《我与我的世界》，人民文学出版社 1983 年版。

赵清等编：《吴虞集》，四川人民出版社 1985 年版。

（宋）杨简撰：《五诰解》，《墨海金壶》本。

中共中央马克思恩格斯列宁斯大林著作编译局研究室编：《五四时期期刊介绍》，生活·读书·新知三联书店 1959 年版。

（宋）张伯端撰，王沐浅解：《悟真篇浅解》，中华书局 1990 年版。

X

蒋梦麟：《西潮与新潮》，人民出版社 2012 年版。

贺觉非：《西康纪事诗本事注》，西藏人民出版社 1988 年版。

张希鲁：《西楼文选》，云南美术出版社 2006 年版。

（宋）真德秀撰：《西山读书记》，《文渊阁四库全书》本。

（宋）真德秀撰：《西山先生真文忠公文集》，《四部丛刊初编》景印明正德刊本。

张仲琳：《西洋近世史》，京城印书局 1932 年版。

（清）尹元炜辑，陈耀华主编：《溪上遗闻集录》，西泠印社出版社 2005 年版。

夏弘宁：《夏丏尊传》，中国青年出版社 2002 年版。

陈国华编著：《先驱者的脚印——海外华人教育三百年 1690—1990》，美国 Royal Kingway Inc. 1992 年版。

（宋）杨简撰：《先圣大训》，《四明丛书》本。

（宋）潜说友撰：《咸淳临安志》，《宋元方志丛刊》影印清道光十年（1830）钱塘汪氏振绮堂刊本。

刘琳等编著：《现存宋人著述总录》，巴蜀书社 1995 年版。

李世瑜：《现代华北秘密宗教》，上海文艺出版社 1990 年影印本。

余英时：《现代儒学的回顾与展望》，生活·读书·新知三联书店 2005 年版。

余英时：《现代儒学论》，上海人民出版社 1998 年版。

余英时：《现代危机与思想人物》，生活·读书·新知三联书店 2005 年版。

方克立等主编：《现代新儒学研究论集（二）》，中国社会科学出版社 1991 年版。

牟宗三：《现象与物自身》，台湾学生书局 1984 年版。

黎志添等:《香港道堂科仪历史与传承》,香港中华书局2007年版。

(清)王闿运撰,吴容甫点校:《湘绮楼日记》,岳麓书社1997年版。

(宋)项安世撰:《项氏家说》,《丛书集成初编》本。

(宋)陆九渊撰:《象山集》,《文渊阁四库全书》本。

(宋)陆九渊撰:《象山先生全集》,《四部丛刊初编》景印明嘉靖刊本。

(明)陶望龄撰:《歇庵集》,《续修四库全书》影印明万历间乔时敏等刻本。

牟宗三:《心体与性体》,上海古籍出版社1999年版。

劳思光:《新编中国哲学史》,广西师范大学出版社2005年版。

[美]杜维明:《新加坡的挑战:新儒家理论与企业精神》,高专诚译,生活·读书·新知三联书店1989年版。

(宋)欧阳修等撰:《新唐书》,中华书局1975年版。

(明)张世雍等纂:天启《新修成都府志》,《中国地方志集成·四川府县志辑》影印钞本。

(明)杨文焕纂:万历《新修余姚县志》,明万历间刊本。

龙云等修,李春龙等点校:《新纂云南通志》,云南人民出版社2007年版。

李肖聃著,绛希点校:《星庐笔记》,岳麓书社1983年版。

(清)吴焯撰:《绣谷亭薰习录》,中华书局1995年版。

(明)徐𤊹撰:《徐氏家藏书目》,《明代书目题跋丛刊》本。

徐亮工:《徐中舒先生学术编年(1898—1950)》,未刊稿。

藏经书院编辑:《续藏经》,台湾新文丰出版公司1993年影印本。

张慎仪著,张永言点校:《续方言新校补 方言别录 蜀言》,四川人民出版社1987年版。

(明)王圻撰:《续文献通考》,影印明万历年间刻本,现代出版社1986年版。

中国科学院图书馆整理:《续修四库全书总目提要(稿本)》,齐鲁书社1996年版。

中国科学院图书馆整理:《续修四库全书总目提要(经部)》,中华书局1993年版。

（明）董其昌撰：《玄赏斋书目》，《明代书目题跋丛刊》本。

张世林编：《学林春秋》，二编，朝华出版社1999年版。

石兴泽：《学林风景：傅斯年与他同时代的人》，河南人民出版社2005年版。

王元化主编：《学术集林》，卷六，上海远东出版社1995年版。

刘龙心：《学术与制度——学科体制与现代中国史学的建立》，新星出版社2007年版。

Y

梁实秋：《雅舍散文》，文化艺术出版社1998年版。

（清）徐时栋撰：《烟屿楼笔记》，《续修四库全书》影印民国十七年（1928）铅印本。

（清）阮元撰，邓经元点校：《揅经室集》，中华书局1993年版。

（明）颜钧撰，黄宣民点校：《颜钧集》，中国社会科学出版社1996年版。

（北齐）颜之推撰，王利器集解：《颜氏家训集解》，增补本，中华书局1993年版。

郑晓江、李承贵：《杨简》，台湾东大图书公司1996年版。

（宋）杨简撰，董平校点：《杨简全集》，浙江大学出版社2015年版。

张念诚：《杨简心、经学问题的义理考察》，台湾中央大学中国文学研究所博士学位论文，2003年。

张实龙：《杨简研究》，浙江大学出版社2012年版。

（宋）杨简撰：《杨氏易传》，《四明丛书》本。

（明）湛若水撰：《杨子折衷》，《四库全书存目丛书》影印明嘉靖刻本。

叶树望编著：《姚江碑碣》，浙江古籍出版社2011年版。

商金林撰著：《叶圣陶年谱长编》，人民教育出版社2004年版。

徐一士：《一士类稿》，中华书局2007年版。

（清）胡培翚撰，段熙仲点校：《仪礼正义》，江苏古籍出版社1993年版。

（宋）洪迈撰，何卓点校：《夷坚志》，中华书局1981年版。

缪荃孙撰，昌彼得句读：《艺风堂文漫存》，影印民国间刻本，台湾文史哲出版社1973年版。

（南朝宋）刘敬叔撰，范宁校点：《异苑》，中华书局1996年版。

（南朝梁）殷芸撰，周楞伽辑注：《殷芸小说》，上海古籍出版社1984年版。

（清）王臣锏等纂修：《圻村王氏族谱》，清乾隆四十一年（1776）刻本。

（清）钱维乔修：乾隆《鄞县志》，清乾隆五十三年（1788）刻本。

（元）刘壎撰：《隐居通议》，《读画斋丛书》丙集，清嘉庆四年（1799）桐川顾氏刊本。

（清）杨鼎新等修：《永昌县乡土志》，影印清宣统元年（1909）清稿本，台湾学生书局1987年版。

永川县志编修委员会编纂：《永川县志》，四川人民出版社1997年版。

（明）谢缙等编纂：《永乐大典》，中华书局1986年影印本。

郝庆柏撰：《永乐大典书目考》，影印《辽海丛书》本，收入张昇编：《永乐大典研究资料辑刊》，北京图书馆出版社2005年版。

栾贵明编：《永乐大典索引》，作家出版社1996年版。

黄进兴：《优入圣域：权力、信仰与正当性》，陕西师范大学出版社1998年版。

黄进兴：《优入圣域：权力、信仰与正当性》，修订版，中华书局2010年版。

龚鹏程：《游的精神文化史论》，河北教育出版社2001年版。

陈来：《有无之境：王阳明哲学的精神》，2版，北京大学出版社2013年版。

（清）刘籔廷等纂修：《余姚开原刘氏宗谱五编》，清宣统二年（1910）敦睦堂木活字本。

（清）邵友濂纂：光绪《余姚县志》，清光绪二十五年（1899）刻本。

（宋）王应麟撰：《玉海》，日本中文出版社1977年影印合璧本。

（清）孙岳颁等撰：《御定佩文斋书画谱》，《文渊阁四库全书》本。

（清）李慈铭撰，由云龙辑，本社重编：《越缦堂读书记》，上海书店出版社2000年版。

（清）李慈铭撰：《越缦堂读书记》，中华书局2006年版。

萧霁虹等：《云南道教史》，云南大学出版社2007年版。

云南省编辑组编：《云南少数民族社会历史调查资料汇编（一）》，云南人民出版社1986年版。

李小缘编辑：《云南书目》，云南社会科学院文献研究室校补，云南人民出版社1988年版。

Z

（清）王嘉桢撰：《在野迩言》，周光培编：《清代笔记小说》，河北教育出版社1996年影印本。

（清）邵懿辰撰，邵章续录：《增订四库简明目录标注》，中华书局1959年版。

昌彼得：《增订蟫庵群书题识》，台湾商务印书馆1997年版。

严昌洪等编：《张难先文集》，华中师范大学出版社2005年版。

苑书义等主编：《张之洞全集》，河北人民出版社1998年版。

陈福康等编：《章克标文集》，上海社会科学院出版社2002年版。

（东晋）僧肇撰，张春波校释：《肇论校释》，中华书局2010年版。

（清）沈初等撰，杜泽逊等点校：《浙江采集遗书总录》，上海古籍出版社2010年版。

蒋庆：《政治儒学：当代儒学的转向、特质与发展》，生活·读书·新知三联书店2003年版。

（宋）陈振孙撰，徐小蛮等点校：《直斋书录解题》，上海古籍出版社1987年版。

宋原放主编：《中国出版史料·近代部分》，湖北教育出版社2004年版。

阳海清编撰：《中国丛书广录》，湖北人民出版社1999年版。

上海图书馆编：《中国丛书综录》，上海古籍出版社1986年版。

北京图书馆《文献》丛刊编辑部等编：《中国当代社会科学家》，第五辑，书目文献出版社 1983 年版。

陈翔华等编：《中国当代社会科学家传略》，第十一辑，书目文献出版社 1990 年版。

卿希泰主编：《中国道教》，知识出版社 1994 年版。

《中国地方志集成·四川府县志辑》，巴蜀书社 1992 年版。

《中国地方志集成·浙江府县志辑》，上海书店 1993 年版。

秦宝琦：《中国地下社会》，学苑出版社 2009 年版。

中国第一历史档案馆、中国藏学研究中心合编：《中国第一历史档案馆所存西藏和藏事档案目录（汉文部分）》，中国藏学出版社 2000 年版。

中国典籍与文化编辑部编：《中国典籍与文化论丛》，第七辑，北京大学出版社 2002 年版。

瞿冕良编著：《中国古籍版刻辞典》，增订本，苏州大学出版社 2009 年版。

中国古籍善本书目编辑委员会编：《中国古籍善本书目（集部）》，上海古籍出版社 1996 年版。

中国古籍善本书目编辑委员会编：《中国古籍善本书目（经部）》，上海古籍出版社 1986 年版。

中国古籍总目编纂委员会编：《中国古籍总目·史部》，上海古籍出版社 2009 年版。

赵嘉珠主编：《中国会道门史料集成》，中国社会科学出版社 2004 年版。

上海图书馆编：《中国家谱资料选编》，上海古籍出版社 2013 年版。

国家档案局二处等编：《中国家谱综合目录》，中华书局 1997 年版。

毛邦伟：《中国教育史》，北平文化学社 1932 年版。

孟兆臣：《中国近代小报史》，社会科学文献出版社 2005 年版。

梁启超：《中国近三百年学术史》，上海民志书店 1929 年四版。

梁启超著，夏晓虹等校：《中国近三百年学术史》，新校本，商务印书馆 2011 年版。

钱穆：《中国近三百年学术史》，商务印书馆1997年版。
蒋维乔：《中国近三百年哲学史》，中华书局1932年版。
陈来：《中国近世思想史研究》，商务印书馆2003年版。
彭林主编：《中国经学》，第3辑，广西师范大学出版社2008年版。
［日］本田成之：《中国经学史》，孙俍工译，中华书局1935年版。
马宗霍：《中国经学史》，台湾商务印书馆1966年版。
徐复观：《中国经学史的基础》，台湾学生书局1982年版。
赵所生等主编：《中国历代书院志》，江苏教育出版社1995年版。
丁守和等主编：《中国历代奏议大典》，哈尔滨出版社1994年版。
马西沙等：《中国民间宗教史》，中国社会科学出版社2004年版。
王重民：《中国善本书提要》，上海古籍出版社1983年版。
郑志明：《中国善书与宗教》，台湾学生书局1988年版。
袁珂：《中国神话传说》，人民文学出版社1998年版。
王桐龄：《中国史》，北平文化学社1931年版。
王桐龄：《中国史》，江西人民出版社2008年版。
余秉权编：《中国史学论文引得续编》，哈佛大学哈佛燕京图书馆1970年版。
仓修良主编：《中国史学名著评介》，山东教育出版社1990年版。
盛朗西：《中国书院制度》，中华书局1934年版。
梁祖灵等：《中国土地管理史》，天津人民出版社1996年版。
柳诒徵：《中国文化史》，东方出版中心1988年版。
郑鹤声等：《中国文献学概要》，上海古籍出版社2001年版。
郑志明：《中国文学与宗教》，台湾学生书局1992年版。
唐兰：《中国文字学》，上海古籍出版社1979年版。
蒙默编校：《中国现代学术经典·廖平 蒙文通卷》，河北教育出版社1996年版。
牟宗三：《中国哲学的特质》，上海古籍出版社2007年版。
唐君毅：《中国哲学原论（原教篇）》，台湾学生书局1984年版。
中国宗教学会秘书处编：《中国宗教学》，第2辑，宗教文化出版社2004年版。

郭卿友主编：《中华民国时期军政职官志》，甘肃人民出版社 1990年版。

郑梁生：《中日关系史》，台湾五南图书公司 2001 年版。

郑梁生：《中日关系史研究论集（三）》，台湾文史哲出版社 1993年版。

周公才：《周公才旅行笔记》，商务印书馆 1918 年版。

（明）周汝登撰，张梦新等点校：《周汝登集》，浙江古籍出版社 2015年版。

（宋）朱鉴编：《朱文公易说》，《文渊阁四库全书》本。

（宋）朱熹撰，朱杰人等主编：《朱子全书》，上海古籍出版社、安徽教育出版社 2002 年版。

（宋）黎靖德编，王星贤点校：《朱子语类》，中华书局 1986 年版。

《诸子集成》，上海书店 1986 年影印本。

（宋）裘万顷撰：《竹斋先生诗集》，《宋集珍本丛刊》影印清康熙四十八年（1709）裘奏刻本。

（宋）裘万顷撰：《竹斋先生诗集》，江西南城李氏宜秋馆民国四年（1915）刊本。

（宋）孙应时撰：《烛湖集》，《文渊阁四库全书》本。

（宋）孙应时撰：《烛湖集》，清嘉庆八年（1803）静远轩重刻本。

沈文倬：《宗周礼乐文明考论》，浙江大学出版社 1999 年版。

日　文

宫崎滔天：《三十三年の梦》，国光书房 1902 年版。

国士馆大学附属图书馆编：《楠本正继先生中国哲学研究》，国士馆大学附属图书馆 1975 年版。

尊经阁文库编：《尊经阁文库汉籍分类目录》，尊经阁 1934 年版。

英　文

Francis Fukuyama, *Trust*: *The Social Virtues and the Creation of Prosperity*,

New York: The Free Press, 1995.

Julia K. Murray, *Ma Hezhi and the Illustration of the Book of Odes*（马和之与《毛诗》图）, England and New York: Cambridge University Press, 1993.

Yoav Ariel, *K'ung-Ts'ung-Tzu*（孔丛子）, Princeton: Princeton University Press, 1989.

后　记

从前在川大历史系读书的时候，听说学术成就极高的老先生才有出版论文集的殊荣，所以我一直认为论文结集是个难以企及的目标。没有想到，我的学问尚未成熟，这样的机会就来了，我非常激动，又很惭愧。

收在集子中的论文和读书笔记，有的讲汉学，有的讲宋学，有的汉学宋学都不讲，但有点汉学或宋学的样子，所以取个题目叫"汉宋相假"。假者，借也，是凭借的意思。汉学和宋学是中国传统学术的两种基本形态，它们的学术内涵和研究方法都不相同，有着明显的差异与界限，但对于从事研究的学者而言，又是一种互相凭借、左右取资的关系。我在这两个方面的认知都很浅薄，严格说来，现有的文章只是一些不成熟的习作，学术价值微乎其微。现在编为一集，如果"榨出皮袍下面藏着的'小'来"，可能是有些"临渊羡鱼"的心思。当然，也可以借此作个学习的小结和思考，或许将来能有些进步。

集子中的这些文字本身不足道，但是它们的写作经历颇值得回味。二十多年间，学术写作在技术层面发生了跳跃式的巨大变化，写作方式（从手工书写到电脑输入）和研究手段（从搜寻查阅纸质资料到电子文献数据库检索）的时代差异，在论文的形式要素——如史料使用、论证方式、篇幅长短，甚至修辞用语等方面，都留下了明显的印记，不同时期的作品有着很大的差异。整理这些文字的时候，当初写作的情景——闪现眼前，使人思绪万千。

我在成都上学的时候，幸运地遇到几位授业的老师，不骛声华而读书自守，在他/她们身上表现出一种清澹高远的学风，薰染所及，使我甘心以学问作为人生的一种追求。之后到上海、香港，在华东师大古籍所、史学所，岭南大学哲学系，先后修读古籍版本目录、先秦史、宋明儒学的硕士和博士学位。我的几位导师，不论学术成就抑或品格修养，都是高明之士。我是不够用功的，所以成绩非常有限。从前蒙文通先生说，研究生最好是四十岁左右，这样可以讨论问题。在老师们身边读书的时候，我年纪还轻，没有认真读什么书，学识浅薄不说，研究思考能力很弱，又有些青年人的虚骄和狂气，但是老师们给予我的总是宽容和鼓励，思之感愧无已。

这些论文笔记，有些发表后引起过关注、批评和讨论，有的批评意见学术价值很高，映照出我学识的盲点，对我的启发和帮助很大。文集编纂过程中，各篇都经过少许修订，但限于时间和学力，特别是目前手上有几项重要的文献研究工作正在进行，不能挤出较多时间来修订错失，进行充分的讨论与回应，这是要请读者原谅的。

这本小书原先准备了家父手书的封面题签，可惜限于丛书体例没有用上。因为双亲的养育和关爱，着意创造一个良好的成长环境，使我能够从云南边地一个小县城开始，一步步走上学术研究的道路，这是我永远感念的。

在我的人生历程中，有众多的师长、亲人和朋友，数十年来在学习、工作、生活各个方面，给予我无数的支持、鼓励、帮助与关爱，我把这一长串的名字记在心间，并献上我千万分的谢忱！

我想把这本小书，献给我的妻子思磐博士，作为我们相爱十八年的一个纪念。她的真诚、善良、热情与智慧，是我在学术道路上前行力量的源泉。

赵灿鹏
2016 年 12 月 26 日
于暨南大学古籍研究所